북 유 럽 여 행

덴마크 노르웨이 스웨덴 핀란드 러시아

북유럽여행

초판인쇄 2015년 5월 30일
초판발행 2015년 6월 10일

글 쓴 이 진 영 서
펴 낸 이 이 석 환
펴 낸 곳 서우출판사
등 록 제8-159호
주 소 서울시 은평구 대조동 188-8
전 화 (02)383-1696, 1697
팩 스 (02)387-9578
정 가 20,000원

ISBN 978-89-97153-71-8 93610

서 문

인간은 물리적으로 과거로 회귀할 수 없다. 그래도 몇 가지 장치를 통해 가끔 우리는 과거로 돌아가는 기회를 잡기도 한다. 그중 사진은 과거의 현재를 미래에 보여주는 신기한 도구이고 또한, 지나가는 현재는 또 다른 미래의 과거이기에 오늘도 셔터를 누른다.

아내와 함께 북유럽 여행을 시작하면서 든 생각 중에 끊임없이 지나가는 현재를 잡고 싶다는 생각에 사로 잡혔고, 여행 전후로 그 방법은 오로지 사진기와 연필, 여러 장의 메모지에 흔적을 남기는 일로 이어졌다. 덕분에 이번 북유럽 답사는 그래서 흔치 않게 세 번의 답사를 하게 된 셈이 되었다.

여행을 준비하면서 가게 될 곳 곳곳을 찾아보았고, 실제 여행을 하면서 직접 만나고 체득한 것들과 여행을 마치고 돌아와서 정리를 하며, 또 한 번 기억들을 되새기는 기회를 갖게 되었다.

처음 생각으로는 은퇴 후 아내와 함께 세계일주를 기획했으나 체력, 비용등을 고려 대략 10년에 걸쳐 전세계 10개 지역을 선정해 나누어 진행하기로 수정 하였다.

이번 2014 북유럽 여행은 그중 제2편에 해당 되며 제1편 격인 2013년 3주간의 서유럽여행 (로마, 베니스, 피렌체, 니스, 바르셀로나, 몬세라트, 마드리드, 그라나다, 리스본, 파리)과, 2015년 여름 22일간의 인도 여행은 제3편에 해당한다. 이 책이 출간될 즈음 인도여행도 마무리 될듯하다.

본디 이 책은 아내를 위해 1권만 만들 예정이었으나 출판사의 고마운 배려로 세상에 나오게 되었다.

처음부터 독자들의 시선을 고려하지 않고 집필한, 다분히 개인사적인 관점의 기록이다 보니 이런저런 부담과 책 곳곳에 우리 부부의 조각들이 산재해 있다.

또한 단순한 메모와 사전적 정보에 의지한 것이다 보니 문학적 가치도 기대할 수 없는 졸고가 되었고, 뿐만 아니라 세심히 살피긴 했어도 군데군데 사실과 다른 정보도 인용되었을 수 있음과 그에 대한 편집 책임은 오롯이 저자에게 있으며 게재된 사진은 사진 촬영이 불가한 러시아 에르미따쥐 미술관을 제외하고 직접 촬영한 것이며, 각 나라와 도시 등 지역정보는 사전 및 해당 공식홈페이지에서 인용했음을 아울러 밝혀 둔다.

기획부터 탈고까지 몇 달을 꼬박 투자했지만 좋은 기행문 하나 만드는 일이 그리 녹녹치 않음을 깊이 깨닫게 한 2014년 여름이었다.

- 저자 -

차 례

■ ■ 북유럽 01일차 2014. 6. 25 (수)

그림 2 뉘하운 운하 [Nyhavn]

2014. 6. 25 (수) 01 : 20 출발 카타르 항공 10시간 비행 기내식 2회 05 : 25 도하 공항 도착 08 : 20 도하 출발 카타르 항공 6시간 비행 기내식 2회 13 : 35 코펜하겐 도착 / 시내 투어

● 덴마크 국가개요

덴마크 국가개요			
수도	코펜하겐	Copenhagen(영)	원어명 København(덴)
면적(㎢)	2,673		
인구(명)	1,145,804		2008 년 통계
위치	경도 / 위도	동경12°34′7.32″	북위55°40′30″
행정관청	소재지	Gammel Kongevej 1, 1610 Copenhagen V, Denmark	
홈페이지		http://www.copcap.com	
기 타	추가 정보	화폐단위 : 크로네(Kroner) / 언어 : 덴마크어 종교 : 복음루터교 / 수교일 : 1959년 3월 2일 정치·의회형태: 입헌군주제,내각책임제,단원제 변형형	

표 1 덴마크 국가개요

덴마크 1) 의 수도 코펜하겐은 덴마크어로는 쾨벤하운(København)이라고 한다. 셸란섬의 북동안에 있는 무역항으로 대안에 있는 스웨덴의 말뫼 사이에는 철도연락선이 오간다. 코펜하겐의 기원은 오래며, 1043년에는 하운(Havn) 또는 하프니아(Hafnia:항구)라는 이름으로 기록되었다. 1167년에 최초로 성채가 축조된 뒤에 발전하여 13세기 중엽에는 수륙 교통의 요지를 차지하는 지리적 조건으로 인하여 쾨벤하운(去來港)이라고 하였다. 13~16세기에 한자동맹의 공격을 받기도 하였으나, 1422년 도시권을 획득하였고, 1443년 이후 덴마크의 도시가 되었다. 1658~1659년 스웨덴의 공격을 받았으며, 1660년에는 이곳에서 코펜하겐 조약이 체결되었다.

그림 3 덴마크의 수도 코팬하겐

---

1) 덴마크
덴마크의 공식 국가 명칭은 덴마크 왕국(Kingdom of Denmark)으로 셸란 섬,퓐 섬, 보른홀름 섬 등 3개의 큰 섬과 529개의 작은 섬으로 이루어졌으며 면적 43,098㎢에 인구 약 550만 명이 살고 있다. 스칸디나비아와 중앙유럽을 지리적, 문화적, 상업적으로 잇는 다리 역할을 하고 있으며 수도는 코펜하겐으로 낙농업과 조선공업이 발달했고 현재는 제약회사와 의료기 건축, 디자인도 세계 일류 수준으로 국가 경제 발전에 기여하고 있다. 사회보장제도가 잘 정비되어 있으며 화폐단위는 덴마크 크로네 (Danish Krone/Dkr)로 국민소득 6만불이 넘는 선진 일류국가로 강소국이라 할 수 있다. 코펜하겐은 코펜(산다)+ 하겐(섬)의 합성어로 '상인의 항구'라는 뜻을 가지고 있으며 셸란 섬에 위치하고 인구는 1백만 명이 넘어 스칸디나비아 반도에서 두번 째로 큰 깨끗하고 아름다운 도시로 궁전을 비롯한 많은 역사적인 건물, 박물관, 미술관 등이 있다.

나폴레옹 시대에는 1801년과 1807년, H.파커와 H.넬슨이 이끄는 영국함대의 포격을 받았다. 제2차 세계대전 중에도 1940~1945년에 독일군의 지배를 받았고, 연합국의 폭격으로 항구와 조선구(造船區)가 파괴되었으나 시가지의 피해는 없었다. 구(舊)시역의 중심은 사각형 광장 콩겐스뉘토르이며, 인접한 카를로텐보르 궁전은 17세기의 건조물로 현재는 왕립미술협회이다.

해안 가까이에 현(現)왕궁인 아말리엔보르 궁전, 가로를 사이에 두고 '대리석의 가람'이라는 프레데릭스 교회, 그 남쪽에 좀 떨어져서 왕립극장·니콜라이 교회 등이 있고, 도심부의 남단에 중앙역·티볼리 공원·시청사 등이 있다. 왕궁의 북쪽에는 별 모양으로 해자(垓子)를 두른 성채가 있고, 그 해안에 H.C. 안데르센의 동화로 유명한 인어상(人魚像)이 있다.

시내에는 녹지가 많으며 유서 깊은 궁전·교회 등의 건축물이 많아 유럽에서도 아름다운 도시로 꼽힌다. 문화·예술의 중심으로 미술관·박물관이 많고 세계적으로 권위 있는 학회·연구기관의 본부가 있다. 대안의 아마게르 섬에는 조선소와 철공장 등이 있다. 공업은 도자기·낙농제품·화학·섬유 등의 제조업이 활발하며 가구·피아노 등도 유명하다.

그림 4 코펜하겐 시청사 (Copenhagen city hall). 1892년 마르틴 뉘롭의 설계

[네이버 지식백과] 코펜하겐 [Copenhagen(영)] (두산백과)

● 코펜하겐 시청사 (Copenhagen city-hall)

시청사는 덴마크의 건축가 1892년 마르틴 뉘롭의 설계로 북유럽의 낭만적 스타일로 지어져 1905년 개청한 붉은 벽돌 건물로 이탈리아 시에나 시청 건물을 모방했다고 하는데 정면 발코니 위에는 12세기 후반 덴마크의 대주교 겸 정치인이었던 압살론(Absalon)상이 부착되어 있다.

시청사로 접근하는 길가에 안데르센 2) 동상이 어딘가 허공을 쳐다보며 앉아 있다. 어린이를 사랑했던 그가 바라보고 있는 곳은 바로 길 건너 티볼리 공원이다. 1805년 덴마크의 오덴세에서 태어난 그는 가난에서 벗어나고자 15세 때 코펜하겐으로 상경하여 배우가 되려고 노력하였으나 뜻을 이루지 못하고 독지가의 도움으로 대학교육을 마쳤는데 인어공주, 벌거벗은 임금님, 미운 오리새끼, 성냥팔이 소녀 등 130餘 편의 동화를 발표하여 백년이 지난 지금까지도 전세계 어린이들의 사랑을 한몸에 받고 있다. 코펜하겐 시청사(København Rådhuset)는 1905년 건립됐다. 청사 내부에는 100년에 1천분의 1초밖에 오차가 생기지 않는다는 옌슨 올센의 천문시계가 있으며 105.6m의 시계탑에서는 코펜하겐 시내의 전망을 감상할 수 있다. 청사 견학은 가이드 투어로만 가능하다. [네이버 지식백과] 코펜하겐 시청사 [Copenhagen City Hall] (저스트고(Just go), 시공사)

● 코펜하겐 시청 광장 [City Hall Square, Copenhagen]

덴마크 코펜하겐에 있는 광장이다. 원어명 Rådhuspladsen 코펜하겐 시내 중심부, 코펜하겐 시청사 앞에 있는 광장이다. 광장의 전체 면적은 약 29.300 ㎡에 이르며, 시에서 주관하는 다양한 공식 행사와 축제, 시민들의 시위와 집회 장소로 사용된다. 이 광장은 코펜하겐과 다른 지역의 거리를 측정할 때 기준점으로 사용되기도 한다. 광장을 에워싼 대부분의 건물들에는 전광판과 네온사인 간판이 설치되어 있어 독특한 야경을 자랑하며, 1920년대부터 덴마크에서 전광판이 가장 많이 운집해 있는 곳으로 유명했다. 코펜하겐 시청 광장은 과거 축성으로 둘러싸인 곳이었으나 1850년대에 성벽이 철거되었다. 이후 1872년과 1888년에 북유럽 박람회(Nordic Exhibition) 개최 장소로 사용

---

2) 안데르센 과 인어공주
안데르센의 세 번째 작품집에 수록된 작품으로 안데르센 자신이 가장 감동적인 동화라고 여기는 작품이다. 육지의 왕자를 만나기 위하여 마녀에게 자신의 영혼까지 저당 잡히지만, 결국에는 물거품이 되고 마는 인어공주의 애절한 사랑을 주제로 한 작품이다.
안데르센은 이 작품의 바닷속 주인공들을 만들어내면서 여러 가지 요정에 대한 민담과 문학적인 전통을 참고했다. 셀키(인간과 물개의 모습을 한 상상 속 존재), 님프(그리스어 '님페(Nymphe)'의 영어식 발음으로 그리스인들은 자연계에 여러 정령이 깃들어 있다고 믿었고, 이것을 님프라고 하였다), 닉시(게르만 신화 속 물의 요정), 운디네(물의 요정) 등이 그것이다. 그중에서도 바다의 암초에 누워 햇볕을 쬐며 인간을 유혹하면서 아름다운 인간으로 변하기도 하는 물개 셀키에 관한 이야기는 스코틀랜드 연안 오크니 섬에 널리 알려져 있으며, 닉시는 인간을 꾀어 죽게 하는 그리스 신화 속의 사이렌과 비슷하다. 또한 바다 왕의 딸과 사랑에 빠진 기사가 그녀를 배신한다는 내용인 푸케의 1811년 발표 단편 「운디네(Undine)」에서 아이디어를 얻었다고도 한다. 『인어공주』는 다시 후대의 여러 작가들에게 영향을 주었는데, 그중에서도 1891년에 발표된 오스카 와일드의 『어부와 그의 영혼(The Fisherman and His soul)』은 안데르센의 이야기에서 영향을 받은 작품이다. 이외에도 『인어공주』는 영화, 미술, 음악 부분에서도 사용되었는데, 1989년 존 머스커 감독의 영화 제작과 덴마크의 조각가 에드바르트 에릭센의 인어공주 동상, 알렉산더 폰 쳄린스키의 교향곡이 대표적인 예이다. [네이버 지식백과] 인어공주 [The Little Mermaid] (낯선 문학 가깝게 보기 : 북유럽문학, 2013.11, 인문과교양)

되었다. 1895년 프랑스 파리에서 세계 최초의 영화 상영이 이루어진 이듬해인 1896년 6월에 이곳에서 덴마크 최초로 약 1분 남짓의 짧은 영화가 상영되기도 했다. 1996년에 코펜하겐이 유럽 문화 수도(European Capital of Culture)로 지정됨과 발맞추어 자동차의 광장 내 통행을 전면 금지 시켰다. 당시 광장의 북쪽에 버스 터미널이 새롭게 지어졌으나, 검은 유리로 된 새 버스 터미널이 광장의 경관을 해친다는 비난을 받았다. 이 버스 터미널은 결국 14년이 지난 2010년에 철거되었으며 현재는 2018년 완공을 목표로 한 지하철 역사 건축이 진행되고 있다. 코펜하겐 시청 광장은 아름답고 유서 깊은 여러 건축물로 둘러싸여 있다. 오늘날의 코펜하겐 시청사는 1892년에 이 광장에 지어지기 시작해 1905년에 완공되었다. 코펜하겐 역사상 여섯 번째로 지어진 이 시청사는 1981년에 문화재로 지정되었다. 또한 덴마크의 유력 일간지 가운데 하나인 폴리티켄(Politiken)의 발행사 폴리티켄스 후스(Plitikens Hus) 사(社)의 본사 건물이 이 광장에 있다. 1905년에 지어진 이 건물의 전면 상단에는 뉴스를 알리는 전광판이 설치되어 있다. 1902년에 지어졌으며 세계적인 음악가 야콥 가데(Jacob Gade)가 연주했던 장소로도 유명한 브리스톨 호텔(Hotel Bristol) 건물과 1985년에 문화재로 지정된 팔라스 호텔(Palace Hotel) 등이 있다. 이 밖에도 1904년에 청동과 화강암으로 만들어진 '용의 분수'(Dragespringvandet)와 1961년에 제작된 안데르센의 동상이 광장에 있다. 특히 1938년에 지어진 리치 빌딩(Richshuset) 꼭대기의 탑에는 날씨를 알려주는 것으로 유명한 소녀 상이 있다. 금색으로 만들어진 이 소녀 상은 맑은 날씨에는 자전거를 타고, 비가 올 때는 강아지와 함께 우산을 쓰고 나타난다.

그림 5 코펜하겐 시청 광장 [City Hall Square, Copenhagen] 덴마크 코펜하겐에 있는 광장이다. 원어명 Rådhuspladsen

[네이버 지식백과] 코펜하겐 시청 광장 [City Hall Square, Copenhagen] (두산백과)

● 뉘하운 운하 [Nyhavn]

니하운 운하 주변 지역으로 니하운은 '새로운 항구'라는 의미이다. 운하는 1673년에 개통되었다. 운하 남쪽에는 18세기의 고풍스러운 건물들이 즐비하고, 북쪽에는 네모난 창이 많이 달린 파스텔 색조의 건물이 화려하게 이어진다. 과거 선원들이 휴식을 즐기던 술집 거리였으나 현재는 야외 테라스를 갖춘 세련된 레스토랑이 즐비한 거리가 됐다. 니하운 항구 근처는 한때 안데르센이 살았던 곳으로도 알려져 있는데 그는 방세 때문에 세 번씩이나 부근으로 이사를 했다고 한다.

그림 6 뉘하운 운하 [Nyhavn]

주소 Nyhavn 40, 1051 København K 가는방법 메트로 Kongens Nytorv 역 하차 [네이버 지식백과] 니하운 [Nyhavn] (저스트고 (Just go) 관광지, 시공사)

● 티볼리 공원 [Tivoli Gardens]

공원, 음식점, 놀이기구 등이 다양하게 갖춰진 놀이 공원이다. 면적 약 7,900㎢ 1843년 문을 열었다. 유럽의 여러 나라를 여행하고 돌아온 게오르크 카르스텐센 (Georg Carstensen)이 당시 국왕 크리스티안 8세에게 건의하여 왕가의 정원을 개조하여 만든 새로운 형태의 도시형 공원이다. 공원의 모델이 이탈리아 티볼리시에 있는 에스테가(家)의 정원이었으로 티볼리라는 이름이 붙여졌다. 한편 왕가의 공원을 시민공원으로 조성하도록 허가한 데는 주변 국가와의 분쟁으로 불안한 상태에 놓여 있던 당시 코펜하겐 시민들의 마음을 위로해 주려는 배려도 작용하였다. 이에 따라 공원의 운영 주체를 모든 시민이 주주로 참여하는 주식회사로 하고, 입장료는 공원을 환경친화적으로 조성하는 일에 사용하였다.

그림 7 티볼리 정원과 안데르센 동상 / 코펜하겐 시청 광장 부근

많은 소설가와 시인들이 이 공원을 사랑했는데, 특히 동화작가 안데르센은 자주 이 곳을 찾아 새로운 동화를 구상했다고 한다. 공원 안에는 레스토랑과 제트코스터·회전목마 등의 놀이기구, 미니 카지노, 슬롯머신 등이 있다. 야외무대와 팬터마임 극장, 야외음악당 등에서는 각종 이벤트와 공연이 하루종일 열린다. 공원 내 명물로 건물의 경비를 맡고 있는 티볼리소년경비단이 있다. 이 경비단은 1844년에 결성되었으며 받는 보수는 맥주와 샌드위치뿐이다. 또 티볼리에서 규모가 가장 크고, 가장 오래 된 놀이시설인 롤러코스터는 1914년에 만들어져 아직 운전 중인 목제 롤러코스터로서는 세계에서 가장 오래되었다. 주된 이용객은 아침부터 낮 동안은 중년 이상, 낮부터 저녁 무렵까지는 학교에서 돌아온 아이들, 밤에는 젊은이들이다. 개장기간은 4월 24일에서 9월 15일까지 6개월 동안이며, 관람시간은 오전 10시부터 밤 12시까지이다. 1997년 7월 일본의 쿠라시키시[倉敷市]와 합작으로 같은 테마공원을 일본에 만들었다. 연간 입장객 수는 평균 450만 명이다. [네이버 지식백과] 티볼리공원 [Tivoli Gardens] (두산백과)

● 크리스티안보르그 성 (Christianborg Slot)

18세기 말까지 왕실의 거처였으나, 1794년 화재로 아말리엔보르 궁전으로 왕실이

그림 8 크리스티안보르 성

그림 9 청동기마상

그림 10 도서관

그림 11 케에르케고르 상

그림 12 성안 정원 입구

그림 13 국회의사당

그림 14 성곽 주변

옮겨갔다. 1828년에 새로운 궁전이 지어졌지만 프레드릭 6세는 이곳으로 돌아오지 않

고 별장처럼 사용하였다. 그 후 다시 화재가 발생해 건물이 불탔으며 현재의 궁전은 20세기 초에 지어진 것이다. 건물은 코펜하겐의 창설자 압살론 주교가 1167년에 세운 성채터 위에 있다. 지금은 여왕 알현실, 박물관, 국회의사당 등으로 사용되고 있다. 크리스티안보르그성에 있는 프레드릭 7세(Frederick Ⅶ of Denmark)의 동상. 유럽의 장인이라 불리는 크리스티안 9세(Christian Ⅸ of Denmark)의 동상. 그의 딸들은 유럽 각국의 왕비가 되었다는데 러시아 니콜라이 황제의 어머니도 그의 딸이다. [네이버 지식백과] 크리스티안보르 궁전 [Christiansborg Slot] (두산백과)

그림 15 인어공주 동상 [A statue of the Little Mermaid]
덴마크의 수도 코펜하겐에 있는 동상. 원어명 Den lille Havfrue

● 안데르센 동화에 등장하는 인어공주 상

카스텔레트 요새에서 약 300m쯤 떨어진 해안가에 있는 랑겔리니공원의 끝부분에 있으며 관광명소로 알려져있다. 칼스버그 맥주회사가 1913년 조각가 드바르트 에릭슨에게 의뢰하여 제작한 80Cm짜리 동상으로 코펜하겐을 상징하는 상징물. 육지세계의 왕자와 사랑을 이루지 못하고 물거품으로 변해 버린다는 인어공주 아리엘의 슬프고도 아름다운 한 편의 애뜻한 이야기가 서려 있다. 안데르센의 《인어공주》에서 영감을 얻은 조각가 에릭센은 자신의 부인을 모델로 하여 만들었다. 그 동안 머리와 팔이 잘려나가고 페인트를 뒤집어쓰는 등 여러 차례 수난을 겪었으며, 2003년 9월 11일에는 폭탄공격으로 파손되어 바다에 버려지기도 했다. [네이버 지식백과] 인어공주 동상 [A statue of the Little Mermaid] (두산백과)

● 게피온(Gefion) 분수대.

그림 16 게피온(Gefion) 분수대.

제1차 세계대전 당시 사망한 덴마크 선원들을 추모하기 위해 칼스버그 맥주회사가 경비를 출연하여 건립하였으며 덴마크의 예술가 안데스 분드가르드(Anders Bundgard)가 디자인했다. 게피온 분수대는 북유럽 신화의 여신 게피온이 황소 4마리를 몰고 가는 조각작품으로 처음에는 시청 앞 광장에 설치하려다가 항구가 바라보이는 시타델(Citadel) 부근에 세워졌고 1999년 부터 보수가 이루어지고 있다고 한다.

● 아밀리엔보르 성 [Amalienborg Slot]

아말리엔보르 궁전1794년 이래 덴마크 왕실의 거처로 사용되고 있는 로코코 풍의 건축물. 1794년 이래 덴마크 왕실 3) 의 거처로 사용되는 로코코 풍의 건축물이다. 광장을 둘러싼 4개 의 건물에는 왕족들이 살고 있다. 궁전 내부는 공개되지 않으나 돌이 깔린 광장에서 매일 정오에 행해지는 위병 교대식을 볼 수 있다. 궁전 서쪽에는 바로크 풍의 프레데릭스 교회가 있는데 중앙 돔에 올라가면 아말리엔보르 궁전의 전경을 볼 수 있다. 전체 건물의 구성은 4개의 주 건물과 로코코 양식으로 내부가 이루어져 있다. 또 주변의 8각형으로 되어있는 정원도 있다. 광장에는 선황인 프레드릭5세의 동상도 세워져 있다. 원래 이성은 네 귀족가문이 쓰던 별장이었다고 한다. 그러다가 크리스티안스보그 성이 불타벌이면서 왕가에서 아밀리엔보르 성을 사들여서 그 성에서 머물렀다고

---

3) 덴마크 왕국(Kingdom of Denmark)의 역사
덴마크는 450여개의 섬과 유틀란드 반도로 구성. 셸란섬을 중심으로 525만중 코펜하겐 에 1/4 정도 거주. 약 25,000 년전 유틀란트에 유목민 유입 AD500 데인 이란 부족이 스웨덴에서 이주하며 단마르크 구성. 북해를 두고 벌인 영국 및 서유럽과의 싸움 . 덴마크와 노르웨이 사이의 스카게르크 해협 을두고 스웨덴과 벌인 전쟁 발트 해를 두고 독일 폴란드 러시아와의 전쟁 이 이어지나 빠른 전함 용맹한 전투력으로 1033년 영국과 노르망디 대부분지역 통치 발트 해의 무역로 장악. 이후 300년간 독일 한자동맹의 도움을 받아 발트해 장악. 발데마르 4세(1340~1375) 시절 스웨덴 노르웨이 아이슬란드 그리인란드 페로스제도 지배. 그의 딸 마르그레타는 칼마르 동맹으로 스칸디나비아 연합 주도. 16세기 덴마크 와 스웨덴사이의 외레순 해협의 통과 세금 으로 부국 18세기 극동무역 1803~1815 나폴레옹 과 제휴. 영국 넬슨 에게 참패 노르웨이를 스웨덴에 넘김 19세기 사회민주주의 와 무역조합 발전 1901년 의회 민주주의 시작 1, 2차 대전중 중립 선언 1972 EC 가입 동화작가 안데르센 . 철학자 키에르 케고르 의 나라. 고부가가치의 의약산업. 디자인 산업 절대 강국 , 자전거 천국

한다. 아말리엔보르성은 4개의 궁전으로 구성되어 있어 네 귀족이 각각 이용하였다. 크리스티안 7세의 궁전, 크리스티안 8세의궁전, 프레드릭 8세의 궁전 크리스티안 9세의 궁전. 지금은 크리스티앙 7세와 8세의 궁전만 일반 대중에게 공개가 되고 있다. 또 이 성의 정원은 1983년(?) 에 지어졌는데 그 시대에 가장 현대적으로 지어진 정원이다.

그림 17 아말리엔보르 궁전 [Amalienborg Slot]
덴마크의 수도 코펜하겐에 있는 궁전.

저녁식사 6.25
서울식당 한식 중국인 운영 맛은 개맛 김치만 3가지 불고기 숙주 나물 버스기사 와 불통 뱅뱅 돌다 호텔 외곽 퀼리티 단 호텔 투숙

(앙카라 레스토랑(Ankara Restaurant)에서 49Dkr 짜리 buffet로 : 26일 런치)

그림 18 아말리엔보르 궁전 [Amalienborg Slot]

■ ■ 북유럽 02일차 2014. 6. 26 (목)

그림 19 프레데릭스보르 성 Frederiksborg Castle

06:30 기상 07:30 조식 호텔 08:30 코펜하겐 시내 Quality dan hotel 호텔 출발

● 코펜하겐 오페라 하우스.

1956년 시드니 오페라 하우스 4)를 설계하여 세계적 명성을 얻은 덴마크의 건축가 웃존 (Utzon Jorn, 1918~2008)이 설계한 것으로 인공 섬 위에 건축하였는데 항구에 정

그림 20 코펜하겐의 운하에 자리한 코펜하겐 오페라 하우스 의 모습. 1956년 시드니 오페라 하우스를 설계하여 일약 세계적 명성을 얻은 덴마크를 대표하는 건축가 웃존 (Utzon Jorn, 1918~2008)이 설계

박한 선박의 모형으로 외관을 유리로 장식해 자연채광이 되도록 했다. 코펜하겐의 명

---

4) 시드니 오페라 하우스(Sydney Opera House)
시드니 하버 베넬롱 포인트(Bennelong Point)에서 빛의 결에 따라 우아하게 반짝이는 하얀 지붕. 오페라하우스가 자리한 지점은 거대한 만(灣)이 여러 개의 작은 만으로 갈라진 올록볼록한 형태의 시드니 해안에서도 거의 중앙이라, 도시 어느 곳에 있더라도 어김없이 그 자태를 볼 수 있다.
건물 지붕은 두 종류의 세라믹 타일로 이뤄져 있다. 하나는 유광이라 화창한 날 햇빛을 받아 화려하게 반짝이고, 다른 하나는 무광으로, 비가 오면 습기를 머금어 연한 크림 빛을 띤다. 비를 맞으면 자체적으로 지붕을 정화하는 기능도 있다. 자연의 음영에 섬세하게 반응하는 이 세라믹 타일은 덴마크 건축가 예른 웃손(Jorn Utzon)이 스웨덴의 타일 회사와 3년에 걸친 연구 끝에 개발한 것이다. 요트의 돛을 겹친 모양을 형상화한 시각적 아름다움 과 함께 그 지붕 속에 숨겨진 묘방이 아닐 수 없다. 오페라하우스의 건축적 우수함은 안으로 들어갈수록 더 확실하게 드러난다. 화강암, 목재, 스틸 그리고 바다에서도 부식이 더딘 밀도 높은 콘크리트가 오페라하우스의 실내를 책임지는데, 창 너머로 보이는 시원한 바다가 각 건축 요소와 어우러져 고요하면서도 친환경적인 분위기를 자아내는 것이다.

국제 공모전을 통해 당선된 예른 웃손의 설계안은 당시에는 비현실적이라고 느껴질 만큼 대담하고 창의적이었다. 실제 공사 착공 후 14년의 기간이 걸려 준공되었고, 초기 예상 건축비의 10배가 넘는 비용이 들어갔다. 새로운 구조 공학과 건축 기술이 있어야 가능한 청사진이었기 때문이다. 1959년에 시작한 건축은 1973년에야 완공했다. 2007년 유네스코 선정 세계문화유산으로 지정되었다. 오페라하우스에 대한 시드니 사이더(Sydneysider, 시드니 사람)의 문화적 자부심이 마음껏 표현된 작품이다.

물로 자리잡은 오페라 하우스. 특히 음향설계가 아주 잘되어 객석 어느 자리에서나 똑같은 음악을 들을 수 있도록 되어 있다. 또한 조명설계도 매우 뛰어난 결과를 낳았다는 평가.

- 웃존 과 시드니 쉘 그리고 길고 지리한 작업 -

1940년대 말 호주의 뉴 사우스 웰스 주립 음악원의 교장이었던 유진 굿 센스(Eugène Aynsley Goossens)는 대형 무대 장치를 설치할 수 있는 대형 극장을 시드니에 건설해야 한다고 주장하며 정재계의 요인들을 설득하고 그의 노력으로 마침내 1954년 오페라 전용 극장 디자인안의 국제현상설계 공모를 실시하였다.

그림 21 웃존 과 시드니 쉘 그리고 길고 지리한 작업

당시 전 세계에서 모두 233건의 응모가 있었는데 당시 무명이었던 덴마크의 건축가 요른 웃존(Jorn Utzon)의 설계안이 당선안으로 채택되었고, 1955년에 기본설계가 결정되었다. 원래 웃존이 그린 돛을 연상하게 하는 복잡하고 유기적인 디자인은 최초 현상설계심사에서는 낙선했지만 심사위원이었던 건축가 에로 사리엔(Eero Saarinen)에 의해 웃존의 계획안 재추천 되어 당선작으로 선정 되었다. 1957년 웃존은 시드니에 도착하여 건설의 지휘를 맡게 되고, 오페라 하우스를 지을 자리에 있던 전철 차고는 1958년에 해체되었고 1959년 3월에 착공식. 3단계로 계획되어 있던 건설 계획은 1단계의 기본 골조공사, 2단계의 콘크리트 쉘 구조의 건설, 3단계 내장 공사가 예정되어 있었는데, 총 공사비는 350만 오스트레일리아 달러(700만 미국 달러: 당시 환율 ?), 완공은 1963년을 목표로 하였다. 1단계 공사는 1958년 12월 5일에 시작되었는데 웃존의 복잡한 곡면 쉘 디자인을 구현하기 위한 구조 검토가 지속 되고, 여기에 우기에 비가 계속 내리는 등 여러 가지 문제로 공사 계약이 변경되면서 47주간 공사가 지연되었다. 결국 1단계 공사는 1962년 8월 31일에 완공되고 2단계 공사는 건물의 외벽 및 지붕이 되는 쉘의 건설이었는데 원래 계획으로는 1965년 3월까지 완성하려 했으나 1965년에 이르러서는 1967년 7월로 공사기간 조정. 3단계 내장 공사는 1967년부터 1973년까지 이어졌는데 주 설계자인 웃존은 공사가 늦어지는 것 등을 이유로 공공사업성의 데이비드 휴즈와 갈등이 불거져 결국 사임을 하게 되고, 당초 700만 달러를 예상했던 오페라 하우스 계획의 비

그림 22 코펜하겐의 운하에 자리한 코펜하겐 오페라 하우스 의 모습. 1956년 시드니 오페라 하우스를 설계하여 세계적 명성을 얻은 덴마크의 건축가 (Utzon Jorn, 1918~)이 설계

용은 1966년 10월에 이미 2,290만 달러에 이르고 있었지만 이는 최종적으로 사용된 비용의 1/4도 되지 않는 비용이었다. 이런 저런 여러가지 어려움 속에서 오페라 하우스는 1973년에 마침내 완공되었다. 처음 준공 예정일이 1963년 1월 26일이었으므로 무려 10년이나 더 걸린 것이며, 총 공사비 또한 1억 200만 달러로 최초 예상공사비 700만 달러의 14배 이상이 소요 되었다. 개관 후 1973년 10월 20일의 첫 공연 때는 엘리자베스 2세가 함께 했으며 베토벤의 교향곡 9번이 연주되었다.

● 로젠보르그 성 Rosenborg Castle

출처 : wikimedia commons 제작시기 1634년 건축가 베르텔 랑게, 한스 반 슈텐빙켈, 크리스티안 4세 위치 덴마크 오스터 폴드가데 양식 르네상스 재료 벽돌, 사암 / 덴마크와 노르웨이의 국왕 크리스티안 4세(1577~1648년)는 문화, 특히 건축과 음악에 조예가 깊었다. 코펜하겐에는 크리스티안 4세가 세운 건축물들을 곳곳에서 볼 수 있는데 그 중에는 옛 증권거래소, 원탑, 그리고 로젠보르그 성이 있다.

그림 23 로젠보르그 성은 원래 왕의 여름 궁전으로 세운 것으로 역시 왕이 직접 설계한 왕실 정원 안에 있다. 건축과 증축에 30년이 넘는 세월이 걸렸지만, 오늘날에도 네덜란드 르네상스 양식의 훌륭하고 완전한 예로 남아 있다.

로젠보르그 성은 원래 왕의 여름 궁전으로 세운 것으로 역시 왕이 직접 설계한 왕실 정원 안에 있다. 건축과 증축에 30년이 넘는 세월이 걸렸지만, 오늘날에도 네덜란드 르네상스 양식의 훌륭하고 완전한 예로 남아 있다. 1606년부터 1607년 사이 왕은 첨탑 터렛이 달린 2층짜리 붉은 벽돌 건물을 지었다. 베이 두 개에 동향의 여름별장이다. 오늘날 로젠보르그 성의 시초가 된 이 부분은 남쪽 구조의 중앙부를 차지하고 있다. 1613

년 이래 이 벽돌 건물은 점차 증축되어 1624년에는 건물 대부분이 완성되었다. 3층을 올리고, 롱 홀과 그레이트 타워, 그 밖에 첨탑 몇 개가 더 추가되었다. 1634년 왕은 주요 공무실로 통하는 보다 눈에 띄는 출입문을 만들도록 했다. 그로 인해 기존의 층계형 터렛이 현재의 모양으로 바뀌고 정문에서 1층을 바로 연결하는 외부의 이중 계단이 만들어졌다. 로젠보르그 성은 세 가지 자연색을 붉은 벽돌, 잿빛 사암, 녹청색 구리 지붕과 함께 사용하여 두드러지게 눈에 띄는 건물이다. 오늘날 로젠보르그 성은 17세기 말 왕의 후계자들이 고른 호화로운 바로크 양식의 전시실에 왕실 보석과 덴마크 왕관, 그리고 왕실이 소장하고 있는 열병용 무기들, 자기, 유리 세공품들을 보관하는 미술관이다. 크리스티안 4세의 구상을 기술적으로 지원한 것은 베르텔 랑게(1620~1630년 활동), 한스 반 슈텐빙켈(1587~1639년) 등의 건축가들이었다. 오늘날까지 로젠보르그 성 건축에서 크리스티안 4세가 얼마만큼 깊숙이 관여했는지는 확실치 않다.

그림 24 로젠보르그 성 Rosenborg Castle
제작시기 1634년 건축가 베르텔 랑게, 한스 반 슈텐빙켈, 크리스티안 4세 위치 덴마크 오스터 폴드가데

그림 25 로젠보르그 성 Rosenborg Castle

● 스트레외 보행자 거리

그림 26 스트레외 보행자 거리에서

12:40 ~ 13:10

● 런치 : 앙카라 레스토랑(Ankara Restaurant)에서 49Dkr 짜리 buffet로

13:20 ~ 14:00

● 프레드릭 5세궁전 (여름별장)

프레데릭스보르 성 [Frederiksborg Castle]

[네이버 지식백과] [Frederiksborg Castle] (두산백과) 죽기 전에 꼭 봐야 할 세계 역사 유적 1001

위치 덴마크>힐레뢰드 / 저자 카타리나 호록스 / 크리스티안 4세의 유물

그림 27 프레데릭스보르 성 Frederiksborg Castle

프레데릭스보르 성의 이름은 1560년 이 성을 지은 덴마크의 프레데릭 2세 왕의 이름에서 붙여진 것이다. 그러나 이 궁전의 수려한 외관은 1602년에서 1620년에 걸쳐 이 궁전을 지었던 그의 아들, 크리스티안 4세의 덕택이라 해야 할 것이다. 프레데릭스보르는 네덜란드와 프랑스 르네상스 양식으로 지어졌는데, 이는 넓은 박공, 나선형 계단의 탑들, 사암으로 된 장식, 구리로 덮인 지붕 등에 전형적으로 나타나 있다. 프레데릭스보르 성의 독특한 스타일은 '크리스티안 4세 스타일'이라 불리게 되었는데, 이 성이 그의 건축적인 기호와 취향을 그만큼 정확하게 반영하기 때문이다.

그림 28 프레데릭스보르 성 Frederiksborg Castle

이 성은 여러 가지 역할을 맡아 왔으며, 지금도 덴마크인들의 삶에서 중요한 부분을 차지하고 있다. 1648년부터 이곳은 새로운 군주의 머리에 성유를 바르고 대관식을 거행하는 등 의식을 치르는 장소로 쓰여 왔다. 궁전의 예배당은 아직도 왕실 결혼식을 여는 데 사용되며, 코끼리 기사단과 다너브로그 기사단을 위한 기사 예배당이기도 하다. 프레데릭 7세가 재위하던 시절인 1859년, 화재가 일어나 궁전 대부분이 무너

졌다. 즉시 재건축 작업이 시작되어 1864년이 되자 외부 구조 대부분이 완성되었다. 이렇게 빠른 속도로 재건축에 성공할 수 있었던 것은 부분적으로 거액을 기부한 유명한 자선가 야콥 야콥센의 덕택이었다. 1878년 프레데릭스보르는 국립 역사박물관이 되었다. 오늘날 이 박물관은 초상화며 역사화를 비롯하여 흉상, 드로잉, 사진 등 덴마크에서 가장 중요한 컬렉션을 소장한 미술관이기도 하다. 1993년 살아 있는 사람의 초상화를 전시하는 일을 금했던 오래된 규칙이 사라지면서, 현대 작품 컬렉션도 들어섰다. 예술과 르네상스 건축, 아름다운 바로크 정원을 모두 감상할 수 있는 프레데릭스보르 성은 진정으로 뛰어난 장소이다

그림 29 헬싱괴르 이동 중 성하나 더보다가 예약 페리승선 실패

[네이버 지식백과] 프레데릭스보르 성 [Frederiksborg Castle] (죽기 전에 꼭 봐야 할 세계 역사 유적 1001, 2009.1.20, 마로니에북스)

바로크정원
헬싱괴르 이동 성하나 더 보다가 예약 페리승선 실패
15:15 - 17:40 2hr 손실

● 크론보르성 Kronborg Castle (선상관람)

국가 덴마크(Denmark) 소재지 Island of Sjaelland, City of Helsingör, County of Frederiksborg 좌표 N56 2 20.004 E12 37 15 덴마크 동부 헬싱외르에 있는 성. 전략적으로 중요한 요충지에 있으며 덴마크와 스웨덴의 경계이기도 하다. 덴마크인들이 16~18세기에 역사적으로 중요한 위치에 있다는 것을 알게 해준다. 크론보르성은 셰익스피어의 작품인 햄릿의 무대가 되는 엘시노어성으로 널리 알려져 있다. 현재는 해상박물관으로 이용된다.

덴마크 헬싱괴르(Helsongør) 시에 있는 르네상스 양식의 고성으로, 일반인들에게는 셰익스피어의 비극 〈햄릿〉의 무대로 유명한 곳이다. 한적한 바닷가 언덕 위에 서 있는 성은 웅장한 외양에도 불구하고 왠지 외롭고 칙칙하다는 느낌을 준다. 견고한 수비벽에 외곽보루까지 딸린 철옹성 같은 모습 때문일 수도 있고, 어쩌면 누구나 너무나 잘 아는 햄릿의 비극의 잔영 때문일 수도 있으리라. 햄릿의 무대였다는 이유로 세계적인 명성을

얻게 된 것이 사실이지만 실제 역사적인 의의도 큰 곳이다. 맑은 날이면 바다 건너 스웨덴이 보이는 전략적으로 중요한 국경지대에 위치하고 있어 16~18세기 북유럽 역사에서 중요한 역할을 했기 때문이다. 특히 덴마크 사람들에게는 상징적인 의미가 크다. 성이 건설되기 시작한 것은 1574년 프레데릭 2세(Frederick II) 때이다. 1585년 웅장한 르네상스 양식으로 완공되었으나, 1629년 화재로 예배당을 제외한 모든 건물이 소실되었다. 크리스티안 4세(Christian IV)의 재건으로 1639년에 옛모습을 되찾았다. 전략적으로 중요한 곳에 위치한 탓에 여러 차례 전쟁으로 많은 피해를 입었고, 그 때마다 보수 과정을 거쳐 1924년에 현재의 모습을 갖추게 되었다. 특히 1658년 스웨덴의 침공

그림 30 헬싱괴르(Helsongør)페리에서 본 크론보르성 Kronborg Castle

으로 성이 함락된 뒤, 방어시설로서의 기능이 대폭 강화되었다. 견고한 수비벽에 외곽의 망루까지 덧붙여지면서 난공불락의 철옹성 같은 이미지를 굳혔다. 성 내부에서는 르네상스와 바로크 양식 으로 장식된 방들을 볼 수 있다. 특히 62미터에 이르는 대형 연회장이 인상적이다. 왕과 왕비의 침실을 비롯해서 대부분의 방이 일반인에게 공개된다. 높은 첨탑이 눈길을 끄는 예배당은 과거의 모습이 많이 남아 있는 곳이다. 지하에는 홀러 단스크(Holger Danske)의 동상이 있다. 평소에는 잠을 자고 있다가 덴마크가 중대한 위기에 빠지면 잠에서 깨어 나라를 구한다는 전설 속의 영웅이다. 전설에서처럼 팔짱을 낀 채 앉아 잠자는 모습이다. 성 안에는 또한 덴마크 해양 박물관이 들어서 있다. 희곡 <햄릿>의 무대가 된 곳이긴 하지만 햄릿을 연상시키는 것들은 많지 않다. 햄릿이 아버지의 망령은 본 곳으로 설정된 망루와 햄릿 연극 대 사용되었던 의상을 포함한 각종 소

품들을 전시한 전시실 정도다. 여름에는 셰익스피어의 연극이 상연되고, 덴마크 국왕 부부의 은혼식 같은 중요한 왕실 행사가 열린다. 스칸디나비아에 있는 한적한 고성은 2000년 유네스코 세계문화유산으로 지정되었다.

19:00 - 19:40
외테보리 도착 전 휴게소 타입 카페에서 현지식 디너 해결
19:44 - 22:00 버스이동
호텔 도착
Scandic Backadal hotel 투숙

그림 31 헬싱괴르 이동 중 페리 안에서

● 유럽과 커피의 역사

커피는 6~7세기경 에티오피아(Ethiopia)의 칼디(Kaldi)라는 목동에 의해 처음 발견되었다고 알려져 있다. 염소들이 빨간 열매(berry)를 따 먹고 흥분하여 뛰어다니는 광경을 목격한 칼디는 자신도 이 열매를 먹어보게 되었고, 그 결과 머리가 맑아지고 기분이 상쾌해지는 느낌을 받았다. 그는 이 사실을 이슬람 사원의 수도승에게 알렸고, 기분이 좋아지고 졸음을 방지해 주는 등 수양에 도움이 되는 신비의 열매로 알려지면서 여러 사원으로 퍼져 나갔다.
원산지 에티오피아에서는 농부들이 자생하는 커피 열매를 끓여서 죽이나 약으로 먹기도 했다. 9세기 무렵 아라비아반도로 전해져 처음 재배되었으며, 나중에는 이집트, 시리아, 터키에 전해졌다. 이곳에서는 커피 열매를 끓여 그 물을 마시거나 열매의 즙을 발효시

켜 카와(kawa)라는 알콜음료를 만들어 마셨다. 이 음료는 13세기 이전까지는 성직자만 마실 수 있었으나, 그 이후부터 일반 대중들에게도 보급되었다. 이 무렵 커피는 이슬람 세력의 강력한 보호를 받았다. 커피 재배는 아라비아 지역에만 한정되었고, 다른 지역으로 커피의 종자가 나가지 못하도록 엄격히 관리되고 있었다. 그러던 중 12~13세기에 걸쳐 십자군전쟁이 발발하면서 이슬람 지역을 침입해 온 유럽 십자군이 커피를 맛보게 되었다. 기독교 문화권인 유럽인들은 초기에는 커피를 이교도적 음료라 하여 배척했다. 그러나 밀무역으로 이탈리아에 들어온 뒤 교황으로부터 그리스도교의 음료로 공인받게 되었고, 일부 귀족들과 상인들을 중심으로 커피가 유행처럼 번져나가기 시작했다. 15세기에 이르러 수요가 늘자 아라비아의 상인들은 이를 독점하기 위하여 수출항을 모카(Mocha)로 한정하고 다른 지역으로의 반출을 엄격하게 제한했다.

그림 32 카페에서 현지식 디너 해결

본격적으로 유럽에 커피가 처음 소개된 것은 1600년쯤으로, 당시 이슬람권과의 무역을 주도한 베네치아 상인들에 의해서였다. 동양에서 레몬, 오렌지 등 감귤류가 수입된 직후이기도 했다. 거리의 상인들은 레모네이드, 오렌지에이드와 함께 커피를 팔았다. 이때까지만 해도 커피는 약(藥)으로 인식되었다. 상인들은 커피를 동양의 묘약처럼 선전했다. 우연의 일치였을까. 커피가 유럽에 소개된 시기는 또 다른 기호음료인 차(茶)가 소개된 시기와도 거의 같다. 차는 1610년 유럽에서 처음으로 판매되었다. 커피는 이슬람권에서와 마찬가지로 빠른 속도로 팬을 늘려갔다.

그러나 16세기부터 인도에서 밀반출한 커피를 재배하기 시작했고, 17세기 말에는 네덜란드가 인도에서 커피 묘목을 들여와 유럽에 전파했다. 그 뒤 유럽의 제국주의 강대국들이 인도와 인도네시아 등 아시아 국가들을 식민지로 만들고 커피를 대량 재배하면서 전 세계에 알려졌다. 커피나무가 세계로 퍼져 나가면서 인도, 서인도제도, 중앙아메리카, 그리고 에티오피아의 바로 이웃나라인 케냐, 탄자니아 등에서도 광범위하게 재배되었다. 커피가 점차 대중화되면서 유럽 곳곳에 커피하우스가 생기기 시작했다.

한국에서는 1895년 러시아 공사관에 머물던 고종황제가 처음 커피를 마셨다고 전해진다. 민간에서는 독일인 손탁이 정동구락부에서 커피를 팔기 시작한 이후 1920년대부터 명동과 충무로, 종로 등지에 커피점들이 생겨나면서 소수의 사람들에게 알려졌다. 그 뒤

8.15해방과 6.25전쟁을 거치면서 미군부대에서 원두커피와 인스턴트 커피들이 공급되어 대중들이 즐기는 기호음료로 자리잡게 되었다. [네이버 지식백과] 커피의 역사 (올 어바웃 에스프레소, 2010, Coffee&Tea)

● 유럽의 호텔

호텔 [Hotel] 숙소와 식음료 등 종합적인 서비스를 제공하고 일정한 대가를 받는 서비스 업체. 호텔의 기원은 라틴어의 호스피탈레(Hospitale)로, '순례 또는 참배자를 위한 숙소'를 뜻한다. 이후 '여행자의 숙소 또는 휴식 장소, 병자를 치료하고 고아나 노인들을 쉬게 하는 병원'이라는 뜻의 호스피탈(Hospital)과 호스텔(Hostel)을 거쳐 18세기 중엽 이후에 지금의 뜻으로 바뀌었다.

유럽에서는 산업혁명을 계기로 교통 수단이 발달하고 여행자의 수가 증가하면서 현대식 기업 형태의 호텔이 등장하였는데, 1850년에 세워진 프랑스의 그랜드 호텔이 유럽의 호화 호텔의 효시로 꼽힌다. 이후 유럽의 호화롭고 사치스러운 경향의 호텔이 대중성을 잃고, 미국을 중심으로 편리함과 쾌적함을 추구하는 새로운 개념의 호텔이 등장해 이것이 오늘날까지 호텔의 대중을 이루고 있다.

호텔의 개념에 대해서는 나라마다 약간씩 다르나, 보통 일정한 지불 능력이 있는 사람에게 숙소와 식음료를 제공할 수 있는 시설을 갖추고, 고객이 원하는 서비스를 제공하는 장소 또는 그러한 서비스 업체를 가리킨다. 한국에서는 관광진흥법에서 '관광객의 숙박에 적합한 구조 및 설비를 갖춘 시설에서 사람을 숙박시키고 음식을 제공하는 업'이라고 규정하고 있는데, 일반적인 정의와 크게 다르지 않다.

그림 33 Scandic Backadal hotel

기능은 크게 3가지로 나뉘는데, 첫째 서비스 안내 및 판매와 객실 정비 및 접객 등 인적 서비스 기능, 둘째 고객을 위해 호텔 시설을 제공하는 물적 서비스 기능, 셋째 인터넷이나 팩시밀리와 같이 고객에게 편의를 제공하는 기타 서비스 기능을 들 수 있다. 또 호텔은 장소에 따라 도시·교외·해변·항구·공항·터미널·컨트리 호텔 등 여러 형태로 분류되며, 기타 목적이나 요금 지불 형식에 따라서도 여러 형태로 분류된다.

크기는 보통 객실 수 300개 이상을 대규모 호텔, 객실 수 100~300개를 중규모 호텔이라 하고, 객실 수 100개 이하를 소규모 호텔이라 한다. 등급은 유럽에서는 별(star)로 표시하며, 우리나라에서는 무궁화로 나타낸다. 이에 따르면 특1등급·특2등급은 무궁화 5개, 1등급은 무궁화 4개, 2등급은 무궁화 3개, 3등급은 무궁화 2개로 표시한다. 등급 결정은 현관 및 로비, 객실 부문, 식당 및 주방, 부대시설 관리 및 운영, 종사원 복지 및 관광사업에 대한 기여, 주차시설, 건축 및 설비, 전기 및 통신, 소방 및 안전 등 9개 부문의 평가를 통해 이루어진다.

그림 34 Gala wadal hotel / Norway

한국 최초의 호텔은 1889년(고종 26) 인천에 세워진 대불호텔이며, 1902년 서울 정동에 세워진 손탁호텔은 최초의 서구식 호텔로 꼽힌다. 이후 1909년 하남호텔, 1912년 철도호텔(부산·신의주), 1914년 조선호텔, 1936년 반도호텔을 거쳐 1963년 워커힐호텔, 1966년 세종호텔, 1973년 롯데호텔 등 대규모의 현대식 호텔들이 잇따라 생겨났다. [네이버 지식백과] 호텔 [Hotel] (두산백과)

■ ■ 북유럽 03일차 2014. 6. 27 (금)

그림 35 오슬로 오페라하우스 Oslo Opera House

05:30 기상　06:30 조식 호텔　07:30 외테보리 시내
Scandic Backadal hotel 출발

노르웨이 Norway, Kingdom of Norway 국가개요			
수도	오슬로	Oslo	
면적(㎢)	323,802		
인구(명)	4,644,000		2008
위치	경도 / 위도	동경	북위
홈페이지	국가 / 수도		
행정관청	소재지		
기 타	추가 정보	화폐단위 크로네(Kroner) 언어 노르웨이어 종교 복음루터교 수교일 1959년 3월 2일 정치·의회형태 입헌군주제, 내각책임제, 단원제 변형형태 유럽 북부 스칸디나비아반도 북서부에 있는 입헌군주국.	

표 3 노르웨이 Norway, Kingdom of Norway 국가개요

노르웨이 [Norway, Kingdom of Norway]
노르웨이 왕국, Kingdom of Norway
위치 유럽 북부 스칸디나비아반도 북서부
인구 464만 4,000명(2008년 기준)
면적 32만 3,802㎢
수도 오슬로

개관(槪觀)

정식 명칭은 노르웨이왕국(Kingdom of Norway)으로, 해안선의 길이는 25148㎞이다. 면적은 32만 3,802㎢, 인구는 464만 4,000명(2008년 기준), 수도는 오슬로(Oslo)이다.
인종은 대부분이 게르만족인 노르웨이인이며, 그밖에도 켈트족이 있다. 언어는 노르웨이어이며, 전인구의 94%가 복음루터교를 신봉하여 헌법상 국교로 지정되어 있으나, 종교의 자유는 인정된다. 노르웨이는 전국토의 3%만이 경작 가능하여 농업생산은 미미하나, 해운업 및 어업이 크게 발달하였다. 또 풍부한 수력발전을 이용한 금속·제철·목재·제지·조선·전기공업 등이 주종산업을 이루고 있으며, 영국과 공동개발한 북해유전에서 1975년부터 시작된 원유 및 천연가스의 생산은 노르웨이 경제의 새로운 활력소가 되고 있다. 이웃나라인 스웨덴·덴마크와 더불어 세계 최고수준의 복지국가로, 1971년에 완성된 국민사회보장계획에 따라 전국민에 대하여 무료교육제도·의료혜택·실업수당·노후연금 등의 완벽한 사회보장시책이 베풀어지고 있다. 2007년 현재 국내총생산은 3914억 달러, 1인당 국민소득은 8만 3992 달러이다. 정치 형태는 입헌군주제의 내각책임제로서, 의회는 임기 4년의 단원제 변형형태(165석)이다. 주요 정당으로는 노동당, 진보당,

보수당, 중앙당, 기민당, 사회주의 좌파당 등이 있다.

약사(略史)

노르웨이인의 조상인 노르드인은 8세기 말까지 남부에서 여러 개의 작은 나라들을 이루고 있었다. 9세기에 들어와서 노르드인의 해외 진출, 즉 바이킹 5) 활동이 활발해져서 11세기까지 이어진다. 872년에는 하랄왕(Harald王)에 의하여 통일왕국이 세워졌고, 11세기 중엽에는 노르웨이왕이 덴마크왕을 겸하는 세력을 지녔다. 14세기 말부터 1814년까지는 덴마크의 지배를, 1814년부터 1905년까지는 스웨덴의 지배를 받았다. 1905년 스웨덴으로부터 독립하면서 오늘의 왕가가 시작되었다. 2차 세계대전중에는 독일의 지배를 받았다. 노르웨이는 내각책임제의 입헌군주국이며, 대외정책은 친서방중립 및 북구협력(北歐協力)으로 요약된다.

그림 36 오세베르그호
노르웨이 오슬로 바이킹 박물관 소장. 1904년 발굴되었다. 815~820년에 만들어진 배로 1834년에 여성 귀족의 무덤으로 사용되었다. 발굴당시 배 안에 관이 발견되었고, 부장품도 함께 있었다. 당시에는 사후 생활을 믿었기 때문에 사후 생활에 필요한 음식, 보석, 가구, 하인 등을 함께 넣었다.

1949년 종래의 중립 정책에서 친서방 정책으로 전환하여 북대서양조약기구(NATO)에 가입하였다. 1952년에는 북유럽이사회(Nordic Council)의 창설 회원국이 되었다. 1962년과 1967년 두 번에 걸쳐 유럽공동체(EC)의 가입을 신청하였으나 프랑스의 반대로 무산되었다. 1992년 11월 다시금 EC가입을 신청하려 했으나 무산되었다. 1994년 국민투표로 유럽연합(EU) 가입이 부결되어 유럽연합 가입 협정안에 서명하지 않았다.

---

5) 바이킹 [Viking] 8세기 말~11세기 초 해상으로부터 유럽 ·러시아 등에 침입한 노르만족(북게르만족). 원래는 고국땅인 스칸디나비아에서 덴마크에 걸쳐 많이 있는 협강(vik)에서 유래한 말로 '협강에서 온 자'란 뜻이다. 전투(vig), 성채화된 숙영지(wik), 해적(viking) 등에서 유래하였다는 설도 있으나 아직 정설은 없다. 이 무렵에 그들이 각지에 진출한 원인은 인구증가에 의한 토지의 협소화 때문이며, 한랭하고 메마른 땅에서 온난하고 비옥한 땅을 얻기 위하여 감행한 민족대이동이라 할 수 있다. 당시의 노르만족은 씨족제(氏族制)사회가 해체되고 계급사회로 이행하여 국가형성기에 이르는 과도기로서, 부족 간의 항쟁으로 뜻을 이루지 못한 족장(族長)이 부족민을 인솔하여 해외로 신천지를 찾아 진출한 경우가 많았다. 일찍부터 뛰어난 항해술을 가진 그들에게 전쟁과 모험, 전리품의 갈망 등은 해외진출을 더욱 촉진하였다. 무자비한 침입·싸움·약탈 등으로 '해적 민족'으로서 각지의 공포 대상이 되었다. 그러나 해적행위는 민족이동뿐 아니라 전투·정복·탐험·식민·교역 등 다양한 활동을 초래하였다. 근년에 유적·유물의 발굴과 조사 및 여러 과학의 종합적 연구에 의해 파괴적인 바이킹관(觀)은 상당히 수정되어, 중세 유럽사(史)의 전 영역에 커다란 영향을 준 장대한 운동으로서 보게 되었다.

1991년 1월에 즉위한 하랄드 5세(Harald V) 국왕이 형식상 국가 원수이고, 2005년 10월에 취임한 스톨텐베르그(Jens Stollenberg) 총리가 내각을 이끌고 있다. 대외정책은 중도좌파의 외교를 펴고 있으며, 1945년 유엔에 가입하였다.

한국(韓國) 과의 외교(外交) 관계

노르웨이는 6·25전쟁 당시 이동외과 야전병원단을 보내주었다. 양국은 1959년 3월 2일 공식 외교관계를 수립하였으며, 우리나라는 1972년 12월 노르웨이에 상주공관을 설치하고, 노르웨이는 1980년에 주한 상주대사관을 설치하였다. 양국은 1956년 3월 메디칼센타 설치운영 협정을 체결한 이래 1965년 5월에 특허 및 상표권보호 협정, 1969년 10월에 사증면제 협정, 1969년 10월에 국제운수에 있어서 선박 및 항공기의 운영에 대한 상호면제 협정, 1973년 2월에 이중과세방지 협정, 1982년 10월에 경제 및

그림 37 노르웨이가 이렇게 잘 살게 된 것은 1969년 북해 유전에서 석유가 발견되면서부터 이다. "북해산 브렌트유"라고 불리어진 이 유전은 베르겐 바로 아래에 위치하고 있으며, 다수의 산유국들의 유전이 대개 경질유인 것에 비하여 석유 부산물 등의 부가가치가 높은 중질류 일 뿐만 아니라 품질도 매우 좋다. 하루 생산량은 약 300만 배럴인데, 유전개발에 따른 예상 국민소득액은 2만 달러 이상이지만, 국가와 후손들의 미래를 위해 유전개발로 얻은 수익을 국가펀드화 하여 남겨 둔다고 한다. 실로 부러운 일이 아닐 수 없다.

기술협력협정, 1984년 9월에 해운 협정, 1985년 1월에 무역 및 통상 협정, 1999년 11월에 경제기술산업협력협정 개정 의정서, 2002년 1월에 수산협력 협정, 2006년 9월에 한-EFTA를 체결한 바 있다. 1982년에는 재 노르웨이한인회가 결성되어 활동하고 있으며, 많은 한국인 입양고아가 살고 있다. 우리나라의 대 노르웨이 수출액은 2007년

현재 5억 9627만 달러로 주종목은 선박·자동차·고무제품 등이고, 수입액은 15억 3568만 달러로 주종목은 원동기·기계부품·어류 등이다. 노르웨이는 제24회 서울올림픽대회 때 119명의 선수단을 파견하였으며, 2007년 현재 KOTRA를 비롯하여 현대중공업·대우중공업·삼성중공업·현대미포조선·STX조선 등이 진출해 있고, 302명의 한국민 교민과 151명의 체류자가 있다. 북한은 1973년 6월 22일 외교관계를 맺고, 같은 해 주 노르웨이 상주대사관을 개설하였다. 1974년 10월에는 무역 협정을 체결하였으나 1976년에는 북한 외교관의 마약·주류 등 밀수사건으로 공관원이 모두 추방되었다가 1978년 북한대사가 새로 부임하였고, 2008년 현재 주 스웨덴 대사가 그 업무를 겸임하고 있다.

그림 38 천혜 자연을 보유한 나라! 빙하기에 만들어진 피요르드는 물론 한자동맹 당시 분위기를 그대로 간직한 소도시 베르겐에 이르기까지 빼어난 자연환경을 배경으로 한 독특한 문화를 느낄 수 있는 나라이다.

노르웨이 안의 한국문화(韓國文化) 6)

6) 노르웨이 안의 한국문화(韓國文化) 등 참고문헌 목록
『세계각국편람』(외교통상부, 2008)
『한국의 창』(동아일보사, 2008)
『해외동포현황』(외교통상부, 2007)
『세계무역통계』(한국무역협회, 2007)
『주요수출입통계』(관세청, 2007)
『노르웨이』(산업연구원 편, 선진국국별편람, 1986)
『서양현대사』(Stuart, H. 저, 박성수 역, 종로서적출판주식회사, 1986)
『중세유럽의 형성』(임명방, 형설출판사, 1983)
[네이버 지식백과] 노르웨이 [Norway, Kingdom of Norway] (한국민족문화대백과, 한국학중앙연구원)

2009년 4월 11일에는 전남 강진군에서 80여일간 노르웨이를 비롯한 유럽 8개국, 9개 주요도시를 순회하며 고려청자의 창의성과 우수성을 알린 바 있다.

노르웨이의 수도 오슬로 에 도착. 조금 흐려 있으나 관광하기에는 더없이 좋은 날씨다. 천혜 자연을 보유한 나라! 빙하기에 만들어진 피요르드는 물론 한자동맹 당시 분위기를 그대로 간직한 소도시 베르겐에 이르기까지 빼어난 자연환경을 배경으로 한 독특한 문화를 느낄 수 있는 나라이다.
노르웨이는 스칸디나비아 3국(노르웨이, 덴마크, 스웨덴) 연합(1397-1523)의 일원으로서 지구 최북단에 위치하고 있고, 25만개의 섬으로 이루어진, 총 면적은 남한의 4배 크기이며, 인구는 460만명에 불과하지만 개발도상국에 많은 원조를 하고 있는 대표적인 복지국가이다. 전 국토의 80%가 아직 개발되지 않은 땅으로 10 ㎢당 1명의 인구 분

그림 39 영국과 공동개발한 북해유전에서 1975년부터 시작된 원유 및 천연가스의 생산은 노르웨이 경제의 새로운 활력소가 되고 있다. 이웃나라인 스웨덴·덴마크와 더불어 세계 최고수준의 복지국가로, 1971년에 완성된 국민사회보장계획에 따라 전국민에 대하여 무료교육제도·의료혜택·실업수당·노후연금 등의 완벽한 사회보장시책이 베풀어지고 있다.

포를 이루고 있다. 국토의 길이는 2천km, 피요르드 해안선의 총 거리는 2만km로 지구의 반 바퀴에 해당한다. 2006년 기준 1인당 국민소득이 64,000달러로 세계 최상위권에 해당한다. 노르웨이가 이렇게 잘 살게 된 것은 1969년 북해 유전에서 석유가 발견되면서부터 이다. "북해산 브렌트유"라고 불리어진 이 유전은 베르겐 바로 아래에 위

치하고 있으며, 다수의 산유국들의 유전이 대개 경질유인 것에 비하여 석유 부산물 등의 부가가치가 높은 중질류 [7] 일 뿐만 아니라 품질도 매우 좋다. 하루 생산량은 약 300만 배럴인데, 유전개발에 따른 예상 국민소득액은 2만 달러 이상이지만, 국가와 후손들의 미래를 위해 유전개발로 얻은 수익을 국가펀드화 하여 남겨 둔다고 한다. 실로 부러운 일이 아닐 수 없다.

물가는 비교적 비싸다. 가령 담배의 경우 1갑에 13,000원(면세점 4,500원), 1회용 라이터 1,700원이다. 굳이 이 나라 국민이 되기로 한다면 방법은 국제결혼이나 난민지위를 인정받는 것뿐. 우리 교민은 현재 570명이 등록되어 있고 상사직원을 제외한 실거주 교민은 200명에 불과 하다 ?. 한국의 젊은이들이 꿈을 펼쳐 볼 무대임에 틀림없다

12:30 lunch(오슬로 시내 한국 요리)

---

7) 중질유

서부 텍사스 중질유(西部 - 中質油, West Texas Intermediate, WTI)는 세계 유가 변동의 기본이 되는 미국의 대표적인 원유이다. 원유의 품질은 미국석유협회(API)의 비중 측정단위인 API도에 의해 결정되는데, 이 비중이 가벼울수록 고품질이다. 즉 나프타와 휘발유의 구성비가 높은 경질유는 API 비중이 34도 이상, 중질유는 33~30도, 중(重)질유는 29도 이하로 분류되는데, WTI는 이 가운데 최고 등급의 국제유가 기준유로 API 비중이 40이다. 국제 원유시장에서는 생산지에 따라 분류하는 하는데 크게 브렌트유, 두바이유, 서부 텍사스 중질유로 나뉘고 있다. 현재 국제 석유현물 및 선물시장에서는 북해산 브렌트유와 중동산 두바이유 및 미국산 WTI가 기준가격 원유로 통용되고 있으며, 그 중에 미국산 WTI가 국제유가의 가격 결정에 가장 많은 영향을 끼친다. 미국산 WTI는 미국내 뉴욕상업거래소(NYMEX New York Mercantile Exchange)에만 거래되며 국제시장으로의 반출이 허용되지 않는다.

원유의 품질은 석유 내 탄소비중(API)과 황 함유량에 따라 구분되는데 WTI는 API가 39도로 3대 원유 중 가장 높은 경질유(34도 이상)인 반면,황 함유량은 0.3%로 가장 낮다. API는 높을수록,황 함유량은 낮을수록 가정 난방용으로 사용하기에 좋은 고품질유다. 반면 두바이유는 API가 28도로 가장 낮고,황 함유량은 2.9%로 가장 높아 산업용에 적합한 고유황 중질유다. 세계경제 성장세와 계절적 영향으로 휘발유나 경유(저유황 경질유)에 대한 수요가 높지만 WTI의 생산은 허리케인 영향 등으로 줄어든 대신 상대적으로 수요가 크지 않은 두바이유는 석유수출국기구(OPEC)의 증산으로 꾸준히 늘어나면서 양 원유의 가격차가 커지고 있다.

사실 서부 텍사스 중질유(西部 - 中質油, West Texas Intermediate, WTI)는 미국 텍사스 주 서부지역에서 생산되는 원유이고 대표적인 경질유(API 40도)이며, 유황 성분이 0.40%로 황 함유량이 적다. 다만 화학 용어로는 '중간 생성물'이란 뜻으로 쓰이는 '인터미디엇'(intermediate)이 '중질'(中質)로 오역(誤譯)된 이후로, 경질유(硬質油)에도 불구하고 중질유(中質油)로 불리고 있다.

한편 한국석유공사 측은 WTI가 경질유임에도 불구하고 '서부텍사스산 중질유'로 통용되고 있어 올바른 표기 홍보에 고심 중이라 한다. 공사 측에 따르면 WTI(West Texas Intermediate)의 Intermediate는 중질유가 아닌 텍사스 중간지역이라는 뜻이다. 공사 측은 WTI유나 서부 텍사스산 원유가 올바른 표현이라고 설명했다

● 오슬로 오페라하우스

Oslo Opera House(영) Operahuset i Oslo(노)

그림 40 Oslo Opera House / 노르웨이의 대표적인 건축회사 스뇌헤타(Snøhetta)가 디자인

노르웨이의 대표적인 건축회사 스뇌헤타(Snøhetta)가 디자인했다

노르웨이 최대 규모의 현대적인 문화복합시설로 오슬로(Oslo) 중심부의 남쪽 해안가에 위치하고 있다. 1999년 건립이 결정되었고, 2008년 개관했다. 오슬로를 세계적인 수준

의 문화도시로 끌어 올리기 위해 2020년 완성될 대규모 항만 재개발 계획의 대표적인 프로젝트로 추진되었고, 약 5천억원의 공사비가 소요되었다. 노르웨이의 대표적인 건축회사 스뇌헤타(Snøhetta)가 디자인했다. 총면적은 38,500 평방미터이며, 1,364석의 대극장과 각각 200석과 400석 규모의 소규모 공연장을 갖추고 있다.

오슬로의 대표적인 현대건축물로, 오슬로 피오르(Oslo Fjord)가 바라다 보이는 해안가에 빙하가 떠있는 형태로 건설되었다. 외벽은 웅장한 흰색 화강암과 대리석으로 마감되어 있으며, 비스듬한 평면으로 조성되어 계단 없이 걸어서 올라갈 수 있는 옥상정원이 인상적이다. 중앙 로비는 높이 15m의 대형 유리 창문을 통해 오슬로 항과 바다가 바라다 보인다. 건물의 정문은 전체 규모에 비해 작고 단순한 형태로 만들어졌는데, 이는 입구를 들어서면서 만나게되는 거대한 중앙 로비를 더욱 웅장하게 보이게 하기 위해 설계되었다고 한다. 2008년 4월 12일 열린 오픈 기념 공연에는 노르웨이의 해롤드 5세 국왕과 왕비를 비롯하여, 마그레테 2세 덴마크 여왕, 타르야 헬로넨 핀란드 대통령 등이 참

석했다. 1957년 설립된 노르웨이 국립오페라단과 발레단의 활동 근거지이며, 연중 세계적인 수준의 오페라와 발레 등의 다양한 공연이 개최된다. 2008년 바르셀로나 세계건축페스티벌(World Architecture Festival)의 문화부문, 2009년 유럽연합의 현대건축상인 미스반데로에 어워드(Mies van der Rohe Award) 등의 건축상을 수상했다.

그림 41 오슬로 오페라하우스 Oslo Opera House(영) Operahuset i Oslo(노)

오슬로 관광의 시작점인 오슬로 중앙역(Oslo Central Station)에서 남쪽으로 도보 5분 이내의 거리에 있다. 일반 관광객의 출입이 허용되며, 카페·레스토랑 등의 부대시설을 갖추고 있다.

그림 42 오슬로 오페라하우스 전경 Oslo Opera House(영) Operahuset i Oslo(노)

그림 43 오슬로 오페라하우스 Oslo Opera House 광장에 전시된 현대미술작품

● 오슬로 시청사 Oslo City Hall (Oslo Raadhus)

휴관일 : 12월 25일, 1월 1일 주소 : Radhusplassen, N-0037 Oslo
가는방법 : 트램 12번을 이용하여 Radhusplassen에서 하차

매년 12월 노벨상 수상식이 열리는 곳으로 유명하다. 오슬로 창립 900주년을 기념해 세운 건물로 1931년 착공에 들어갔다. 제2차 세계대전으로 인해 공사가 잠시 중단되었다가 1950년에 이르러 완공되었다. 붉은 벽돌로 쌓은 좌우 대칭형 외관으로 유명한데, 겉은 소박하지만 안은 무척 화려하다. <뭉크의 인생>을 비롯해 조각, 벽화 등을 전시해 놓았다. 월~금요일은 하루 3번(10:00, 12:00, 14:00) 약 45분 동안 가이드 투어가 진행된다.
1950년에 건립된 시청사 건물! 우리에게는 2000년도 12월 10일 오후 4시30분 시청사 콘서트홀에서 김대중 대통령에 대한 노벨평화식이 거행되었던 곳으로 알려졌다. 시상식 날짜와 시간은 같은 시간 이탈리아 산레모 휴양지에서 숨을 거둔 노벨을 기리기 위해서 정해졌다 한다. 노벨의 뜻에 따라 노벨상 수상자 선정 발표는 스웨덴의 한림원에서, 시상식은 스웨덴 스톡홀름 콘서트홀에서 거행되는 것이 일반적이다. 그러나 노벨평화상만은 노벨의 유서에 의하여 노르웨이 퇴임 국회의원 5명으로 구성된 노벨위원회가 발표하며, 시상식 또한 노르웨이 오슬로 시청사에 거행된다.

그림 44 오슬로 시청 파사드

그림 45 오슬로 시청 벽시계

그림 46 오슬로 시청 주출입구

그림 47 오슬로 시청 입구

그림 48 오슬로 시청 로비

그림 49 오슬로 시청 홀

그림 50 입센 동상

그림 51 칼 요한슨 거리의 국립극장

그림 52 오슬로 중앙역

그림 53 칼 요한슨 거리의 왕궁

● 칼 요한슨 거리

중앙역 에서 왕궁까지 도보
칼 요한슨 거리(Karl johan Street)

그림 54 칼 요한슨 거리의 오슬로 시립 소년 소녀 합창단

오슬로 시내 모습은 너무 고요하기만 하다. 인구 50만 명이 말해 주듯이 높은 빌딩은 좀처럼 찾아보기 힘들다. 피요르드 해안에 정박되어 있는 수많은 요트만 눈에 들어온다. 이 나라 국민의 1/3이 요트를 가지고 있다고 하니 차량보다 요트를 더 선호하는 국민인가 보다. 이곳 젊은이들은 집이나 차보다도 최우선으로 요트구입에 혈안이라고 한다.
약 1.3㎞에 이르는 거리로 오슬로 중심부를 동서로 가로지르고 있는 최대의 번화가이다. 서쪽 끝에는 왕궁이 있으며, 거리의 중심에는 국회의사당이 있다. 여름철에는 일광욕을 즐기기 위해 모여든 사람들과 관광객들로 북적거리는 젊음을 만끽할 수 있는 곳이다.
노르웨이의 문호 입센과 뵈른손의 동상이 서있는 국립극장도 보인다.

● 바이킹 박물관(Vikingskipshuset)

3척의 바이킹 중에서 1904년 노르웨이 남부의 오세베르라는 농촌에서 발굴 복원된 오세베르그호가 그 중 가장 아름다운 조각으로 장식되어 있으며, 9세기 초에 건조된 것으로 35명이 동시에 노를 저을 수 있도록 되어 있다. 이 배는 50년 정도 사용 후 오사여

왕의 관으로 사용되었다 한다. 발굴 당시 이 배에서 출토된 각종 장식품, 부엌용품, 가재도구 등이 전시되어 있다. 노르웨이 바이킹에 관한 최초기록은 서기 800년경으로, 바이킹들은 유럽 전역에 걸쳐 약탈 및 영토 확장을 통한 강력한 세력으로 부상된다. 이러한 바이킹 활동도 1000년대에 들어 체계적인 군사력을 보유한 국가 출현으로 막을 내리게 되었다 하니 새삼 권력의 유한함을 느끼게 된다.

그림 55 바이킹 박물관(Vikingskipshuset)

● 비겔란 조각공원 (Vigeland Sculpture Garden)

그림 56 Vigeland Sculpture Garden

그림 57 "모노리트(Monolith)"

그림 58 비겔란 조각공원 전경

연간 500만명 이상의 관광객이 찾는다는 "프로그네르 공원" 우리에게는 "비겔란 조각공원"으로 더 알려진 곳으로 오슬로 시내에 있다. 약 10만평의 규모에 청동, 대리석, 화강암과 석고로 된 200점의 작품이 태어나서 죽음에 이르기까지의 생노병사의 이야기를 표현한 것이라 한다. 그러나 전시된 조각 어디에도 그러한 설명과 제목은 없다.
구스타프 비겔란(Vigeland, Adolf Gustav: 1869-1943)은 근대조각의 아버지 "로뎅"에게 탁월한 재능을 인정받아 1906년부터 생을 마감하는 1943년까지 40여년을 공원에서 조각 제작에 열정을 쏟아 붓는다. "주어진 공간에 조각물을 채워 넣는 것이 아니라 조각을 위한 공원 계획을 추진했다"하여 혁신적인 발상으로 평가되고 있다.

그중 인간의 원초적인 내면의 감정 상태가 잘 드러난 "우는 아이의 모습"은 오슬로 시의 상징물이 되었다 한다. 공원의 가장 높은 곳에 설치된 "모노리트(Monolith)"는 높이 17.3m, 무게 260톤의 거대한 화강암으로 된 조각으로 벌거벗은 121명의 남녀노소가 삶의 희노애락 속에 인간의 욕망과 투쟁, 환희와 슬픔을 역동적으로 표현된 작품이다.

그림 59 구스타프 비겔란(Vigeland, Adolf Gustav: 1869-1943)은 근대조각의 아버지 "로뎅"에게 탁월한 재능을 인정받아 1906년부터 생을 마감하는 1943년까지 40여년을 공원에서 조각 제작에 열정을 쏟아 붓는다

16:20 Gol 경유 20:00 Oset 호텔 산악자전거 대회 덕분에 근사한 호텔식 부페 저녁 산책

그림 60 Oset 호텔

그림 61 산악자전거 대회

그림 62 산악자전거 대회

그림 63 Oset 호텔 라운지

그림 64 Oset 호텔 라운지

그림 65 Oset 호텔 객실

그림 66 Oset 호텔 펜션동

그림 67 혹한의 북유럽 계절 특성 상 6월부터 9월까지 노르웨이 사람들의 하계 여가 문화는 절정을 이룬다.

● 23:00 의 백야 8) 촬영

백야 현상(白夜現象)은 위도가 높은 지역에서 여름 동안 밤에 밝아지는 현상을 말한다. 극권 안쪽으로는 24시간 이상 낮이 지속되는데, 특히 극점에서는 낮이 185박 186일 동안 지속된다.

이런 현상은 지구 자천축이 23.44도 기울어져 있어, 위도가 남·북위 66.56도 이상인 지역에서 여름에 햇빛이 비치는 곳과 그 곳의 표준시가 일치하지 않아서 생긴다.

반대로 겨울에 극권 안쪽으로는 24시간 이상 해가 뜨지 않는 기간이 있는데, 이 현상을 극야(極夜)라고 부른다. 백야와 극야는 서로 다른 반구에서 일어나는데, 북반구에서 백야가 일어나면 남반구에서는 극야가 일어나고, 남반구에서 백야가 일어나면 북반구에서는 극야가 일어난다. 이런 현상 또한 지구 자전축이 기울어져 있어서 남반구와 북반구의 계절이 반대로 되기 때문에 일어난다.

그림 68 백야 현상 오후 11시가 되어도 주변이 훤하다

러시아에서는 '하얀 밤(white night)'이라는 표현을 쓰고, 스웨덴 등 다른 지방에서는 '한밤의 태양(midnight sun)'이라는 표현을 한다. 극권 안쪽으로는 24시간 이상 낮이 지속되는데, 북극에서는 하지 무렵, 남극에서는 동지 무렵 일어나며 가장 긴 곳은 낮이 185박 186일 동안 지속된다. 반대로 극야(極夜) 현상은 겨울에 극권 안쪽으로 24시간

---

8) 백야 [white night, 白夜]
위도 약 48 ° 이상의 고위도 지방에서 한여름에 태양이 지평선 아래로 내려가지 않는 현상이다. 북극에서는 하지 무렵, 남극에서는 동지 무렵 일어나며 가장 긴 곳은 6개월 지속된다.
위도 대략 48 ° 이상인 고위도 지방에서는 한여름에 태양이 지평선 아래 18 ° 이하로 내려가지 않기 때문에 생긴다. 백야가 되는 지역과 그 기간은 다음식으로 알 수 있다. : : $90° - \varphi - \delta < 18°$ 여기서 φ는 관측점의 위도, δ는 태양의 적위이다. 예를 들면, 북위 60 ° 에서는 $90° - 60° - 18° < \delta$가 되어, $\delta > 12°$ 인 기간 동안 백야현상이 생긴다. 한편, 태양의 적위는 동지 또는 하지 때 최고 23.5 ° 에 이르므로 위도 48 ° 이하 지역에서는 백야현상을 볼 수 없다. 백야현상은 북극 지방에서는 하지 무렵에, 남극 지방에서는 동지 무렵에 일어나며, 가장 긴 곳은 6개월이나 계속된다.

이상 해가 뜨지 않는 기간을 말한다.

태양이 뜨지 않는 극야(極夜, polar night) 현상은 위도 66.5°보다 고위도로 갈 때 뚜렷하다. 이 위도부터 하루 24 시간이 낮이거나 밤인 날이 생기며, 고위도로 갈수록 그런 현상은 심해져, 극점에서는 6달이 낮이고 6달이 밤이다. 남위 62° 13′인 세종기지에서는 12월 21일경 낮이 가장 길어 오후 11시경에 어두워지고 오전 3시경에 밝아지며 백야가 있다. 반면 6월 21일경에는 10시경 밝아지며 오후 2시경 어두워지고, 극야는 없다.

■ ■ 북유럽 04일차 2014. 6. 28 (토)

효스 폭포 (Kjosfossen)	Myrdal에서 고속열차로 환승
	베르겐의 중심부, 브뤼겐(Bryggen)
	브뤼겐(Bryggen) 시내

06:30 기상 07:30 조식 호텔 08:30 Oset hotel 출발 래르달 방면으로 가다가 좌회전 25km ausland turnnel 경유 11:10 lunch(apartment hotel) 피오르 보이는 곳에서 우아한 런치 (foke 요리) 12:20 Flam 로맨틱 열차 8호칸

■ 플롬(Flåm) 로맨틱 산악열차

해발 2m에 위치한 플롬 기차역에 도착한다. 여기서부터 산악관광열차를 타고 뮈르달(Myrdal) 정상(해발 866m)에 오른 뒤, NSB 정기열차를 타고 보스(Boss)까지 가고 거기서 버스와 조인한다.

그림 73 플롬(Flåm) 역사

그림 74 산악열차 설계자의 동상

그림 75 열차박물관

그림 76 Myrdal에서 Voss 방면 고속열차로 환승

융프라우 산악열차의 경우 톱니바퀴로 되어있는 레일을 따라 오르고 내리는 반면, 이곳 열차는 철길 위를 달리는 보통 열차이다. 지그재그로 되어있는 단선 철길을 따라 기차가 오른다. 산길을 따라 달리는 특성상 어느 한 쪽은 탁 트인 구조로 되어 있어 맞은편 계곡 쪽으로 펼쳐지는 풍경이 매우 아름답다.

출발 후 첫 번째 역인 런덴(Lunden)을 지나면서 창밖에 펼쳐지는 풍경은 마치 한 폭의 그림 같다. 협곡의 아름다운 절경과 눈앞에 펼쳐진 목초지의 그림 같은 모습, 산 정상에서 길게 흘러내리는 크고 작은 폭포, 산등성이에 쌓인 한여름의 흰 눈 이 모두가 환상적인 조화를 이루는 절경이다. 달리던 기차가 정차한 곳은 왼쪽 높은 산위에서 굉음을

내며 흘러내리는 웅대한 폭포 효스 폭포(Kjosfossen)가 있는 곳이다. 이곳은 해발 699m로 플롬역에서 15.6km 떨어진 지점이다. 산 정상에 있는 만년설이 녹아 레이눙가 호수(Reinunga Vatnet)를 이루고 이 호수물이 넘쳐 거대한 폭포를 형성하고 있는데, 일명 훌드라 폭포라고 한다.

그림 77 효스 폭포 (kjos fossen) 에서

■ 효스 폭포 (kjos fossen) 의 요정 공연

효스포젠(Kjosfossen)폭포

특히 이곳에서는 관광객을 위한 훌드라 요정의 전설을 재현하는 깜짝 퍼포먼스가 연출된다. 거칠게 내리치는 물줄기 바로 옆 바위 위에 빨간색 의상을 입은 훌드라 복장을 한 요정(실제로는 아르바이트 대학생)이 홀연히 나타나 음악소리에 맞춰 춤을 추다 자기를 따라 오라는 손짓을 하며 사라진다. 전설에 의하면, 어느 날 밤 신기한 음악소리가 울려 퍼지면서 훌드라 요정이 나타나 마을 남정네들을 홀린다. 이 기이한 음악소리를 들은 마을의 남자들은 요정의 뒤를 따라 산 위로 올라갔고, 훌드라 요정은 따라온 남자 모두를 양으로 변하게 하여 폭포 속으로 몰아 사라지게 한다. 그 이후 사라진 남자들은 어디로 갔는지 아무도 알 수 없다는 전설이 프롬스탈렌 마을에 전해져 내려온다 한다. 이곳에서 5분가량 정차한 열차는 종착역인 뮈르달 myrdal 을 향해 달린다. 뮈르달 역은 산 중턱에 있는 조그마한 역으로 오슬로와 베르겐까지 가는 정기노선의 중간 역이기도 하다,

그림 78 훌드라 요정의 전설을 재현하는 깜짝 퍼포먼스

13:20 Myrdal 에서 산악열차 정차.

Myrdal 동쪽 피요르 관광의 주요 거점인 게일로 방면에서 오는 고속열차로 환승 한다.

14:30 Voss 도착 tour bus join

■ 보스(Voss)

그림 79 보스(Voss)의 패러글라이딩

인구 약 20,600명의 소도시로 패러글라이딩으로 유명한 곳이다. 도착했을 때 마침 날씨도 좋고 많은 패러글라이더의 글라이딩을 볼 수 있었다. 제2차 세계대전이 끝날 무렵 교회 건물 한 곳을 제외하고 모든 시설이 파괴되었으며, 이곳 사람들 또한 대다수가 죽은 애환이 담긴 슬픈 도시이다. 현재의 건물들은 1950년대 이후에 세워진 건물이라서 그런지 산뜻한 인상을 준다.

■ 베르겐(Bergen)

그림 80 유네스코 등재 베르겐 옛 주거군

그림 81 옛 주거군 의 뒷골목

그림 82 베르겐 어시장

그림 83 베르겐 항구

15:45 Bergen 관광 유네스코 등재 옛 주거군 관람 어시장 등 피요르 관광의 시작점 중요도시 우리 일정은 비교적 약함.

낭만이 숨쉬고, 삶의 향기 넘쳐나는 도시, 베르겐 서두르지 않아도 되는 곳, 모든 걸 다 보지 않아도 오롯이 마음에 머무는 도시 베르겐은 낭만으로 그득한 공간이다. 북유럽을 여행해 본 여행자라면 누구나 다시 찾고 싶은 도시 베르겐, 고풍스러움과 동화적 낭만이 어우러진 도시 베르겐은 오랜 추억의 품 안으로 들어와 충만한 여유와 포근함을 전해준다.

도시의 맑은 공기도, 오랜 도시의 은근한 여유로움도, 이 공간 속에 차분히 머물고 싶어지는 이유다. 여행자의 마음을 치유하는 회복의 힘, 노르웨이의 숲과 바다 또한 그곳에

그림 84 삼각 지붕의 아름다운 건물이 늘어선 베르겐 항구 주변을 마냥 걸어도 좋다. 그곳은 중세의 분위기 한껏 자랑하는 베르겐의 중심부, 브뤼겐(Bryggen)이다. 보겐 항을 마주하고 촘촘히 벽을 쌓은 것처럼 보이는 목조 가옥들이 손짓하는 곳이다

있다. 마치 그림 같은 산등성이 아기자기한 집들의 손짓, 동화 속 주인공이 되어 뛰는 가슴 부여잡고 베르겐의 오랜 세월 속으로 빨려 들어가는 우리 자신을 만나게 되는 곳이다.

깎아지른 피요르드의 장엄함에 넋을 잃고 마는 곳, 아름다운 항구도시 베르겐은 멕시코 만류의 영향으로 연평균 275일 비가 내린다. 하지만 한여름에는 맑고 청명한 날이 계속되는 곳이다. 북구 해안 관광의 전초기지 베르겐은 5월부터 파란 하늘과 눈이 부시도

록 화려한 자연과 더불어 다양한 문화 예술 행사가 여행자의 발걸음을 붙잡는 곳이다. 베르겐은 오슬로에 이은 노르웨이 제2의 도시로, 인구는 적지만 활력이 넘쳐나는 곳이다. 1070년 올라브 퀴레 왕에 의해 도시가 형성되었으며, 12세기에서 13세기까지는 노르웨이의 수도이기도 했다. 오슬로에 비해 공기가 맑고 세련된 아름다움을 간직한 베르겐은 주민들의 표정에서도 노르웨이 최상의 도시라는 자부심을 느끼게 된다. 중세의 분위기를 고스란히 간직한 브뤼겐은 베르겐의 얼굴이자 심장이다. 한가로이 걸어 다니며 즐길 수 있는 이 도시는 멋진 항구, 그리고 바다와 더불어 어우러진 완만한 주변 산들이 아름다운 풍광을 자랑한다. 그 바다엔 순백의 요트들이 자유로이 활보하며, 요트에서는 여행자의 미소와 환담이 끊이지 않는다. 바다와 나란히 이어진 도로를 따라 늘어선 노천카페에는 자유와 낭만의 소소한 일상들이 행복한 표정으로 숨어 있다.

그림 85 카페의 베르겐 시민들, 거리의 누구와도 친구가 되는 곳, 아름다운 금발의 미녀에 넋이 나가고, 다정한 청년과의 눈인사도 따스한 도시 베르겐

■ 플뢰위엔 산(Mt. Floyen / Mount Floibanen)

『 나의 일정엔 없지만 참고 자료 : 플리엔산은 케이블카를 타고 최대 경사 26도인 경사면을 10분쯤 걸려 해발 320m 정상의 전망대에 오르면, 1700년대 목조건물들이 즐비한 시내는 물론 항구와 협만 등을 한눈에 내려다볼 수 있는 곳이라 한다. 한 여름 밤 야경이 낭만적. 』

베르겐 시 동쪽에 위치해 있는 320m의 산으로 정상까지는 등산열차가 운행된다. 어시장의 동북쪽 방향에 빨간색과 파란색으로 칠해진 등산열차 승차장이 있다. 최대 경사 26도의 사면을 10분쯤 걸려 전망대에 오르면, 베르겐 시내는 물론, 항구와 협만 등을 한눈에 내려다볼 수 있다. 베르겐 주변 바다 풍광은 시원하고도 짜릿하다. 울리켄 정상에서 는 베르겐 항구전경을 볼 수 있고, 모던한 테라스 카페는 베르겐 시민의 휴식처로도 손색이 없다. 친구와 마냥 길을 걸어도 좋고, 한낮에도 펍에 들어가 맥주나 진한 커피 향에 취해도 좋은 곳, 삐그덕 거리는 골목길을 지나 작은 공예점에 들어가 기웃거려도 환하게 맞아주는 아름답고 여유로운 동네. 베르겐은 그렇게 편안하게 마음으로 다가오는 친구 같은 도시다. 손에 잡힐 듯한 거리의 시가지와 산자락 아래 그림같이 펼쳐진 앙증맞은 집들의 조화는 미치도록 부러운 북구 도시의 전형을 보여 준다.

그림 86 그림 86 브뤼겐의 보물창고인 브뤼게 스트라데 (Brygge strade)는 오랜 역사의 향기와 전통의 질감을 투박하게 드러내고 그늘진 뒷골목은 13세기 한자 상인들의 손 때 묻은 추억과 감성을 드러내는 곳이다.

북구의 낭만주의자, 스칸디나비아의 불꽃 탁 트인 시야는 베르겐의 자유와도 닮았다. 빨간 바탕, 블루 화이트 크로스의 노르웨이 플랙이 산정상의 바람을 따라 물결친다. 찬 기운 머금은 산정상의 공기가 부푼 마음을 달래주고, 아스라이 보이는 저 멀리 해안 정기선은 베르겐의 보겐항을 유유히 가른다. 연신 터지는 산 정상의 셔터 소리는 이 도시를 향한 여행자들 진한 감정 표현이다. 보겐 항구는 베르겐의 심장이며, 노르웨이 최대의 항구도시다.

■ 브뤼겐(Bryggen)거리

브뤼겐의 보물창고 브뤼게 스트라데 (Brygge strade) 는 오랜 역사의 향기와 전통의 질감을 투박하게 드러내고 있다.
그늘진 뒷골목의 돌길을 가벼운 마음으로 터벅터벅 걷는다. 13세기 한자 상인들의 손 때 묻은 추억과 열정을 더듬으며, 말없이 미로 속으로 빨려 들어간다. 삼각 지붕의 아름다운 건물이 늘어선 베르겐 항구 주변을 마냥 걸어도 좋다.
그곳은 중세의 분위기 한껏 자랑하는 베르겐의 중심부, 바로 브뤼겐(Bryggen) 이다. 보겐 항을 마주하고 촘촘히 벽을 쌓은 것처럼 보이는 목조 가옥

그림 87 베르겐의 기념품점

들이 손짓하는 곳이다.
현재의 건물들은 1702년 화마를 겪은 뒤 다시 원형대로 복원해 놓은 것이지만 삐뚤빼뚤 투박하고 질박한 풍모는 여전히 사랑스럽다. 대구의 집산지였던 브뤼겐 9) 은 무역의 전초기지가 되었고 경제적 번영은 곧 국제화로 이어졌으며 개방은 당연한 것이었다. 그 역사의 현장들은 베르겐의 상징성과 인내의 세월을 말없이 표현하고 있다. 원색의 목조 가옥 들은 베르겐 시가지를 생동감 넘치고 정감 있는 매력적인 도시로 각인시킨다.

■ 어시장 (Fish Market)

부두의 광장에는 어시장(Fisketorget)이 선다. 새우, 바다가재, 연어, 고래 고기 등 갖가지 해산물이 풍성하다. 꽃, 채소, 수공예품도 눈길을 끈다. 캐비아의 경우 생선의 종류에 따라 색깔과 가격이 다르고, 그 비싼 연어 알 한 통은 60$ 이 넘는다. 주민과 관광객들로 북적이는 어시장은 물건을 파는 사람들과 물건을 사는 사람들, 그리고 양자 간의 흥정으로 늘 소란하여 베르겐의 살아 있는 허파와 같다. 베르겐 항구 앞의 조그마한

---

9) 브뤼겐 [Bryggen]
브뤼겐(Bryggen)은 노르웨이 호르달란(Hordaland) 주, 베르겐(Bergen) 시의 옛 부두이다. 14세기~16세기 중기에 브뤼겐은 한자동맹이 이룩한 해상무역 제국을 이루는 데에 중요한 역할을 하였다. 이곳에는 매우 독특한 목조 가옥들이 모여 있는데, 당시의 번영과 생활상을 엿볼 수 있다. 이 목조 가옥은 화재로 여러 차례 훼손되었고, 1955년에도 화재가 일어났다. 소실된 건축물은 과거의 양식과 건축 방식에 따라 복원되어, 북유럽 지역에 유행하던 고대 목조 건축물의 구조를 회복했다. 오늘날 브뤼겐에는 과거의 목조 건축물이 62채 가량 남아 있다.
브뤼겐의 건축물은 1702년 화재 이후 복원되어 지금까지 남아 있다. 주변 환경에 잘 조화되면서 고풍스러운 분위기가 풍기는 브뤼겐은 한자동맹 상인들이 활동했던 당시의 모습을 간직하고 있다. 브뤼겐은 북유럽의 상관(商館)으로서 뤼베크(Lübeck)와 노브고로드(Novgorod) 지역보다 더 왕성하게 활동했던 곳이다. 베르겐 시의 브뤼겐은 북유럽에서 오래된 큰 규모의 무역항으로 전통적인 목조 가옥이 많아 옛 도시의 모습을 알아볼 수 있다. 브뤼겐은 한자동맹 영역에서 벗어나 있었지만 당시의 모습을 도시 내 경관으로 잘 간직하고 있다.
베르겐 항구는 1070년경 올라브 퀴레(Olav Kyrre) 왕에 의해 만들어졌으며, 이 항구는 해상무역 독점권을 가지고 있던 노르웨이 귀족 가문의 소유였다. 스베르(Sverre, 약 1180년) 왕의 전설과 같은 이야기에도 나오는 베르겐 항구는 귀족 상인들의 근거지로 묘사되어 있다. 1350년경 한자동맹 소속 상인들이 베르겐에서 활동하였고, 그 후 얼마 지나지 않아 베르겐에서 식료품 포장 무역을 시작했다. 브뤼겐 지역은 독일 이주자에게서 그 외관을 본떴는데, 부두를 향해 나란히 뻗은 좁은 거리를 따라 세워진 건물들이 특징이다.
가옥들은 정원(gård)을 중심으로 들어서 있다. 이러한 구조는 몇몇 3층 목조 가옥에서 흔한데, 박공지붕의 파사드와 측벽 및 지붕을 덧댄 널빤지가 특징이다. 정원의 뒤쪽으로는 화재에 대비하여 주변을 보호할 수 있는 석제 창고나 저장고(kjellere)가 있다. 이 같은 구조는 한자동맹 무역항 거점에 이주자들의 거처를 지을 때 반복적으로 채택되었다. 독신의 독일인 상인은 나무로 지은 작은 집에서 겨울을 지냈으며, 사람들은 저장실을 개인용이나 마을 공용으로 이용했다.
브뤼겐에 한자동맹 상인들이 들어온 이래로, 상인들은 브뤼겐에서 준치외법권을 누렸다. 브뤼겐에서의 준치외법권은 1754년 독일인 어부들과 선주들의 주도하에 노르웨이의 무역 거점이 창설될 때까지 지속되었다. 14세기까지의 역사적 흔적을 간직하고 있는 브뤼겐 지역은 수세기에 걸쳐 훼손되었는데, 1406년과 1702년에 발생한 화재 때문에 가장 큰 피해를 보았다. 이 같은 피해에도 불구하고, 브뤼겐은 애초의 설계 도면에 따라 전통적인 기법으로 재건축되어 중세 시대의 모습을 그대로 간직하고 있다.
1955년 브뤼겐 지역에 발생한 화재는 도시의 ⅓을 파괴하며 도시 전반에 피해를 남겼다. 이 마지막 화재 이후로 남아 있는 58채의 가옥에 대해 세심하게 복원이 이루어졌고, 체계적인 발굴 조사를 통해 12세기~18세기의 다양한 모습을 복원하였다. 이를 계기로 변화 없는 내륙과 달리 역동적이었던 당시 해안 거리에 대한 연구가 진행되었다 국가 노르웨이(Norway) 위치 베르겐 시(City of Bergen), 호르달란 주(Province Hordaland) 좌표 N60 23 49.992, E5 19 23.016 등재연도 1979년 등재기준 (iii) *참고: 세계유산 등재기준 [네이버 지식백과] 브뤼겐 [Bryggen] (유네스코 세계유산, 유네스코한국위원회(번역 감수))

그림 88 돌산이란 뜻을 가진 "베르겐"은 같은 위도 상에 있는 알래스카에 비해 현저히 따뜻한 곳이다. 멕시코 난류의 영향으로 겨울에도 춥지 않으며 7개의 산봉우리가 베르겐시를 감싸고 있어 비가 많이 내린다.

광장에 위치한 노천시장이다. 일요일을 제외하고 매일 시장이 열리며 막 잡아 올린 싱싱한 생선, 캐비어 등과 함께 야채, 과일, 꽃, 날콩 등을 사고파는 사람들로 붐빈다. 훈제연어 등 바로 먹을 수 있는 음식도 팔고 체리와 산딸기 등 과일도 지천이다. 체리는 1kg당 5유로로 싼 편이다.

그림 89 베르겐 어시장 베르겐 항구 앞의 조그마한 광장에 위치한 노천 시장이다. 일요일을 제외하고 매일 시장이 열리며 막 잡아 올린 싱싱한 생선, 캐비어 등과 함께 야채, 과일, 꽃, 날콩 등을 사고파는 사람들로 붐빈다. 훈제연어 등 바로 먹을 수 있는 음식도 팔고 체리와 산딸기 등 과일도 지천이다.

낮에도 좋지만 밤이 되면 더욱 포근하게 변모하는 이 도시에, 아름다운 밤의 현란한 꽃이 피어난다. 앙증맞은 삼각지붕의 상점들과 그림 같은 집 위에 피어오르는 따스한 등불들의 환한 미소, 베르겐은 또 한번 새로운 얼굴로 낭만을 품고, 불꽃의 도시로 재탄생한다. 거리의 누구와도 친구가 되는 곳, 아름다운 금발의 미녀에 넋이 나가고, 다정한 청년과의 눈인사도 따스한 도시 베르겐, 깊어 가는 밤에도 누구나 마음 열고 손 내미는 매력적인 항구도시 베르겐은 북구의 낭만주의자이며 스칸디나비아의 영원한 불꽃이다.

■ 브뤼겐(Bryggen) 박물관

중앙역에서 도보로 10분 거리의 항구근처에 있으며 **한자동맹** (항구도시끼리의 상인들의 조합)의 4개 지부 중 한 곳으로 독일인 전용주거지가 잘 보존되어 있는 곳이기도 하다. 1950년대 두 차례 화재를 입었지만 지금은 모두 복원된 상태로 유네스코에 등록되어있는 중요한 건물이다. 그 당시 상인들의 생활상을 엿볼 수 있는 한자박물관도 근처에 있다.

한자동맹 10) 시대의 생활양식을 볼 수 있는 브뤼겐(Bryggen) 박물관은 - 박물관에서

10) 한자동맹 [Hansa 同盟]
1100년대의 후반기에 엘베 강 동쪽의 독일 식민지가 발트 해 연안까지 확장되자 - 뤼베크(Lübeck)는 1143년에 그곳에 건설된 독일의 가장 오래된 해상무역 도시임 - 북유럽 여러 나라들은 십자군 원정 이후 서유럽에서 일기 시작한 급속도의 경제 발전에 큰 충격을 받게 되었다. 그리하여 한편으로는 발트 해 지역 및 러시아와의 교역이 점차 활발하게 이루어지고, 다른 한편으로는 독일 제국과의 교역도 강화되었다. 이 무렵 독일 제국은 라인 강 주변 국가들과 그 하구(河口) 지역까지 포함하고 있었다. 교역은 북해 연안에 성장한 독일의 여러 상업 도시의 시민들을 주축으로 이루어졌다. 고틀란드 섬의 비스비(Visby)도 처음부터 주요 교역지의 하나로서, 주로 대(對) 러시아 무역의 중심지였다. 뤼베크는 1200년대 들어서서 전성기를 맞이했는데, 이 때는 발트 해 연안의 독일 상업 도시 가운데에서 단연 지도적 위치에 오르게 되었다.
세월이 지나면서 뤼베크는 발트 해와 북해의 상업 도시들 간에 교역상의 이익과 안전을 도모하기 위해 결성된 연합체에서 주도권을 잡게 되었는데, 이 연합체는 점차 한자동맹(Hansaneatic League)이라고 불리었다. 이 동맹에는 비스비를 비롯하여 노르웨이의 베르겐(Bergen)에 주재한 독일 상사(商社)들도 가입하였는데, 베르겐은 한때 북유럽에서 가장 큰 상업 도시였다. 독일 상인들은 베르겐에서 주로 마른 생선들을 많이 사서 서유럽이나 중부 유럽 지방에다 팔았고, 모피나 목재품들도 거래하였다. 그러나 한자동맹에 가입하지 않은 스카뇌르(Skanör)와 팔스테르부(Falsterbo)도 무역 중계소로서 활기를 띠었다. [네이버 지식백과] 한자동맹 [Hansa 同盟] (북유럽사, 2006.3.1, 미래엔)

서쪽으로 200m쯤 가면 보겐만 입구에 면한 브뤼겐 거리에 14~ 16세기의 목조건물이 15채가량 남아 있다. 이는 한자 동맹 시대에 독일 상인들이 살던 집으로, 고향의 습관에 따라 주거와 일터 (창고)가 한 지붕 밑에 있다. 현재 건물 안에는 당시의 생활모습을 말해주는 박물관이 있다. 마리아 교회 바로 옆에 있으며, 중세의 발굴품이 전시되고 있다.

노르웨이의 세계적인 음악가, 에드바르트 그리그 생가 및 박물관(Troldhaugen) - 트롤하우겐(Troldhaugen)이라 불리는 그리그의 생가는 바닷가 근처의 언덕에 자리하고 있다. 트롤은 보는 사람에 따라 선인과 악인으로 변하는 숲 속의 요정으로 트롤 하우겐은 트롤이 살고 있는 언덕이란 뜻이다. <피아노 협주곡>과 <페르귄트>등의 대표작을 남긴 그리그가 사용했던 피아노, 악보, 편지, 가구 등이 진열되어 있으며 규모가 작은 편이다. 그리그 생가의 별실에서는 지금도 세계적인 음악가들의 공연이 개최되고 있으며, 바다를 바라보고 있는 절벽 중간에는 그리그와 그의 아내를 합장한 묘가 바다를 바라보고 있다.

그림 90 한가로이 걸어 다니며 즐길 수 있는 이 도시는 멋진 항구, 그리고 바다와 더불어 어우러진 완만한 주변 산들이 아름다운 풍광을 자랑한다. 그 바다엔 순백의 요트들이 자유로이 활보하며, 요트에서는 여행자의 미소와 환담이 끊이지 않는다. 바다와 나란히 이어진 도로를 따라 늘어선 노천카페에는 자유와 낭만의 소소한 일상들이 행복한 표정으로 숨어 있다.

보스를 떠나 베르겐으로 이동. 베르겐(Bergen)은 1070년 바이킹 왕에 의해 처음으로 도시가 건설되었고, 그 이후 약 100년간 이 나라의 수도였으며, 현재 인구 25만 명의 항구도시 이다. 돌산이란 뜻을 가진 "베르겐"은 같은 위도 상에 있는 알래스카에 비해 현저히 따뜻한 곳이다. 멕시코 난류의 영향으로 겨울에도 춥지 않으며 7개의 산봉우리가 베르겐시를 감싸고 있어 비가 많이 내린다. 1년 365일 중 280일 이상이 비가 내리며, 96일 동안이나 연속해서 비가내린 세계기록을 보유하고 있는 도시다. 대개의 경우 여지없이 스콜 같은 비가 내린다. 이 곳 노르웨이에서 지금까지는 비 때문에 별다른 어려움을 겪지 않고 있다. 다행이다

■ 피요르드 관광의 출발지

U자 형 계곡, 송네 피요르드 - 총 길이 205㎞에 달하는 세계에서 가장 긴 송네 피요르드는 플롬을 출발하여 구드방겐에 이르는 페리 여행으로 그 아름다움을 가까이에서 즐

길 수 있다. 빙하시대에 빙하의 압력으로 깎여진 U자형 협곡으로 계곡 상단에서 떨어지는 폭포는 물빛의 스펙트럼으로 환상적이다. 페리는 약 1시간 15분 정도 운항하게 되는데 페리를 따라오는 갈매기에게 먹이를 던져주면 멋진 비행모습을 볼 수 있다. 노르웨이에서는 송네 피요르드 외에 하르당게르피요르드, 에이랑게르 피요르드 등 빙하가 만들어낸 멋진 자연의 조각품을 감상할 수 있다.

19:00 Voss 귀환 빈재 호텔 투숙

빈제 호텔에서 바라보는 산속에서의 공기가 너무 좋고 상쾌하다. 주변 경관 또한 너무 아름답다. 유네스코에 등록되었다는 경치를 배경으로 추억에 담는다.

그림 91 빈제 호텔에서 바라보는 산속에서의 공기가 너무 좋고 상쾌하다. 주변 경관 또한 너무 아름답다. 유네스코에 등록되었다는 경치를 배경으로 추억에 담는다.

연어 요리 디너 / 빈제호텔은 근사한 테라스도 있으나 두 가구 공유로 DMZ 되어 프라이버시에 아쉬움

■ ■ 북유럽 05일차 2014. 6. 29 (일)

06:00 기상 07:00 조식 호텔 08:00 Voss 출발
많은 시간과 비용을 들여서라도 북유럽을 찾는 데에는 이곳 노르웨이의 몫이 크다. 아무데서나 볼 수 없는 빙하 침식지대인 피요르를 볼 수 있기 때문이다. 지구상의 피요르는 노르웨이, 뉴질랜드에서만 볼 수 있는 희귀한 지형이다. 오늘은 이번 답사일정 13일간의 북유럽 여행의 꽃 중의 꽃인 “피요르” 여행이 시작되는 날이다.
25km ausland turnnel 경유. 세계 최장터널(24.5km)

그림 96 노르웨이에서는 기본적으로 U자곡을 따라 도로를 만들지만 지형적 특징상 급경사의 단단한 절벽에는 수많은 터널을 뚫어 자동차 도로망을 발달시켰다. 사진은 래르달 지역에서 촬영한 길이 6.6km의 터널로서 이러한 규모의 터널은 노르웨이에서는 일반적이다. 2003년에는, 송네 피오르와 베르겐 사이에 24km라고 하는 세계 최장 터널을 만들었는데 터널을 통과하는데만 20분이 소요된다.너무 긴 터널이다보니 중간에 6km마다 눈의 피로를 풀기위한 특수 조명시설도 갖추고 있다. 이들 터널은 우리와 같이 시멘트를 이용하지 않고 단단한 자연 암반을 그대로 이용한 땅굴 형태'이다.

버스는 세계에서 제일 길다는 라르달 터널을 다시 한번 어제와 반대쪽에서 통과하여 지난다. 라르달 터널은 24.5km로 2000년에 준공된 2차선 도로다. 규정 속도 80km, 3군데 과속 카메라가 설치되어 있다 한다. 조금 전 통과한 6.3km터널 통행료가 약 7만8천원인데 이곳 통행료는 무료다. 이는 당시 기준 7,000억원에 이르는 공사비를 아울라 시에서 전액 지원했기 때문이다.

(57㎞ 의 2010년 완공 된 취리히~밀라노간 알프스 산악 지대를 관통하는 터널이 완공할 때까지 기록은 유지되었다 .)

■ 래르달 경유 11)

계절상 한 여름인 북반구에서 두꺼운 옷을 준비하라는 말에 새삼 북위 61도 근처에 있다는 실감과 우리 일행 모두 겨울을 만난 듯 어제의 옷차림하곤 사뭇 다르다. 피요르드를 건너기 위함인데 벌써부터 주변 경관에 대해 흥분하기 시작한다. 페리 위에서의 카메라 셔터 누르는 소리가 여기저기서 요란하다.

---

11) 레르달 [Lærdal]
노르웨이 송노피오라네주에 있는 지방자치구역이다.위치 노르웨이 송노피오라네 주,
경위도 북위61° 03′ 04″ 동경07° 35′ 52″ 면적(㎢) 1,342.47 시간대 CET (UTC+1)/CEST (UTC+2)
홈페이지 www.laerdal.kommune.no
송노피오라네주의 남동쪽에 위치하며 자치 구역의 행정 관청은 레르달쇠위리(Lærdalsøyri)라고 하는 마을에 있다. 전체 면적의 약 절반 정도가 산악 지형으로 이루어져 있으며 나머지는 계곡 지대이다. 1838년에 설립된 이 지방 자치 구역의 전체 인구는 약 2천 170여 명으로 대부분이 레르달쇠위리에 거주한다. 레르달쇠위리에는 약 160여 채의 건물들이 과거의 모습을 간직한 채 보존되어 있으며 몇몇 건물들은 18세기 중반에 지어진 것이다. 레르달에 있는 보르군(Borgund) 마을에는 1180년부터 1250년에 걸쳐 지어진 중세 목조교회인 보르군 목조 교회(Borgund Stave Church)가 보존되어 있다. 레르달과 아울란(Aurland)을 연결하는 레르달 터널은 전체 길이 24.51km 로 세계에서 가장 긴 터널로 기록되어 있으며, 1995년에 지어지기 시작하여 2000년에 완공되었다. 산 사이의 계곡 지역을 이용한 농업이 발달하였으며 전통적으로 기후가 건조하여 노르웨이에서 가장 처음으로 작물 재배를 위해 인공 관개 시설을 설치한 지역 중 한 곳에 포함된다.

오늘 총 2번의 페리를 타고 피요르드를 건너는 날이다 물에 잠길 듯한 아름다운 마을들과 바위산에서 쏟아져 내리는 수많은 폭포, 바닷물 속에 비친 또 하나의 마을, 폭포 모습이 잠시라도 한 눈을 팔게 내버려 두지 않는다.

■ 09:20 Fodnes - 만힐러

게이랑에르로 가기 위해서는 중간에 래르달 터널을 지나 송네 피요르드의 일부인 포드네스 - 만헬러 구간의 페리를 20분 정도 타야한다. 기상 조건 변화 등 대체 여행일정에는

그림 97 "송네 피요르드!" 최장 204km의 길이로 세계에서 가장 길며, 가장 깊은 곳이 1309m이다. 구드방겐에서 플롬 구간의 유람선 관광이 유명 (송네 피요르드의 일부인 포드네스-만헬러 구간의 페리에서 파노라마 촬영)

송네피요르드 관광이 별도로 있다. 대체 일정이지만 사실 최장 204km의 길이로 세계에서
가장 길며, 가장 깊은 곳이 1,309m나 되는 "송네 피요르드!" 구드방겐에서 플롬 구간의 유람선 관광이 유명하다는데 일정상 이곳을 보지 못해 너무 아쉽지만 다음을 기약한다.

그림 98 송네 피요르드의 일부인 포드네스 - 만헬러 구간의 페리를 20분 정도 타야한다.

선착장 버스함께 페리이동

10:20 피얼란드 빙하박물관 관람 와이드비젼 체험관 뵈이야 빙하 사진 촬영(

처음 접해보는 빙하 모습. 빙하! 지구상에 10%가 남아 있으며 그 중에서 1%가 노르웨이에 있고, 그 중에서 80%가 이곳 요스테달 빙하(Jostedal Glacier)에 남아있다. 노르웨이에 있는 빙하는 곡빙하로 평균 두께가 560m이며, 1일 최대 2m씩 움직인다. 계곡에 흐르는 물은 지금까지 보아왔던 것과는 다른 우유 빛 물이다. 빙하에 머물러 있는 석회석이 함께 녹아 흘러내린 것이다.

그림 99 빙하박물관 에서 주변경관을 배경으로

뵈이야 빙하 는 해발 1,450m에 있는 **요스테달 빙하(Jostedal Glacier) 국립공원** 12) (1991년 국립공원 지정)내에 있다. 빙하박물관에서 도보로 20분정도 걸으면 거대한 얼음덩이가 산꼭대기에서부터 골짜기까지 누워있는 빙하를 볼 수 있다. 파란색으로 촬영된 사진모습이 그저 신기하다. 빙하 속에 푸른빛이 도는 것은 빙하가 햇빛 중 파란색을 흡수하지 못하기 때문(?)이란다. 겉으로는 얼음 덩어리가 산위에 걸쳐있는 것처럼 보이지만 그 얼음 밑에는 쉴 새 없이 녹아 흘러 강물을 만든다 한다.
달력 수준)

■ 11:43 - 스케이 경유

13:50 lunch(Raftevold hotel)

---

12) 요스테달스브렌 국립공원 [Jostedalsbreen National Park]
노르웨이 서부 송노피오라네주(Sogn og Fjordane)에 있는 국립공원.원어명 Jostedalsbreen nasjonalpark 1991년 10월 25일 국립공원으로 지정되었으며, 1998년 북서쪽 지역까지 확장되었다. 총 면적은 1,310 km² 이며, 유럽대륙에서 가장 큰 빙하인 요스테달 빙하(Jostedalsbreen)를 비롯한 여러 개의 지류 빙하들을 포함하는 고원지대이다. 노르웨이 서부의 송네피오르(Sognefjord)와 노르피오르(Nordfjord) 사이에 위치하고 있다. 국립공원은 루스테르(Luster), 푀르데(Fø rde), 스트륀(Stryn) 등의 지역에 걸쳐 있다. 가장 높은 봉우리는 해발 2,083m의 로달스코파(Lodalskapa)이며, 빙하의 가장 높은 지점은 해발 2,018m의 브레니바(Brenibba)이다. 이 지역의 빙하는 고원지역에 쌓인 많은 양의 눈이 압력으로 다져져 주변의 계곡 일대를 얼음으로 뒤덮고 있는 형태이며, 기후 온난화 등의 이유로 최근 수 년간 빙하의 양이 감소하고 있는 추세에 있다. 오슬로에서 북서쪽으로 약 460km 떨어진 노르피오르 안쪽의 마을 스트륀에 요스테달스브렌 국립공원센터(Jostedalsbreen National Park Center)가 있으며, 이 곳에서는 빙하의 역사와 웅장한 자연환경을 체험할 수 있는 영상과 전시물을 제공한다. 6월 중순부터 9월 중순까지 송네피오르 관광의 중심지인 송달(Sogndal), 플롬(Flam), 래르달(Lardal) 등에서 버스가 운행한다. [네이버 지식백과] 요스테달스브렌 국립공원 [Jostedalsbreen National Park] (두산백과)

그림 100 뵈이야 빙하

호텔 정원 피오르 보이는 곳에서 우아한 런치 (은어 요리) 14:40 출발

■ 15:10 헬레실트 도착 - 탑승준비

많은 시간과 비용을 들여서라도 북유럽을 찾는 데에는 이곳 노르웨이의 몫이 크다. 아무데서나 볼 수 없는 빙하 침식지대인 피요르를 볼 수 있기 때문이다. 지구상의 피요르는 노르웨이, 뉴질랜드에서만 볼 수 있는 희귀한 지형이다. 오늘은 13일간의 북유럽 여행의 꽃인 "피요르" 여행이 시작되는 날이다. **피오르 fjord** [13] 수십억년 전부터 지구상에는 4번의 빙하기가 있었는데 이곳 피요르드는 마지막 4기 빙하기에 만들어졌다 한다. "피요르"란 지금부터 4-5만년 전에 이 지역을 덮고 있던 두께 1-2km에 이르는 빙하가 그 무게를 이기지 못하고 내려앉으면서 거듭된 침식작용으로 만들어진 U자 또는 V자 형태의 계곡을 의미하며, 그 계곡으로 바닷물이 유입되면서 오늘날과 같은 특이한 모습을 갖게 된 것이다.

---

13) 피오르 : 빙식곡이 침수하여 생긴 좁고 깊은 후미를 말한다. 세계에서 가장 긴 피오르는 노르웨이 송네피오르로서 그 길이가 204km 가량이며, 캐나다의 북극해 연안에도 많은 피오르가 있다. 피오르는 형태상 협만(峽灣)을 만든다. 빙식곡 은 종단면이 U자형을 이루고 있으므로 양쪽 곡벽(谷壁)은 급한 절벽을 이루며, 후미는 너비보다 만의 길이가 지나치게 길고, 후미의 안쪽도 수심이 깊다. 제4기의 빙기(氷期)에 해안에서 발달한 빙하가 깊은 빙식곡을 만들었고, 간빙기(間氷期)에 빙하가 소멸한 다음, 그곳에 바닷물이 침입하였다가 해면이 다시 상승하여 형성된다. 노르웨이·그린란드·알래스카·칠레 등의 해안에 널리 발달되어 있다. 세계에서 가장 긴 피오르는 노르웨이의 송네피오르로서 그 길이가 204km 가량이며, 캐나다의 북극해 연안에도 많은 피오르가 있다. 그린란드나 스피츠베르겐섬 등의 피오르에는 깊숙한 협만 안쪽에서 지금도 빙하가 밀려나온다. 덴마크에서는 골짜기가 얕은 피오르를 페르데(Fjärde)라고도 하며, 스코틀랜드 서안에서는 구조선(構造線)에 지배된 직선적인 것이 많이 발달되어 있는데 이를 퍼스(Firth)라고도 한다.

15:30 게이랑에르 피요르 승선 칠자매 폭포 . 술병 폭포 관람
16:40 게이랑에르 도착 출발
16:50 게이랑에르 피요르 굽어보며 멋진 사진 촬영
게이랑에르 [Geiranger] 노르웨이의 뫼레오그롬스달(Møre og Romsdal) 주에 있는 마을이다. 위치 노르웨이 뫼레오그롬스달 주 경위도 북위62°05′58″ 동경07°12′23″

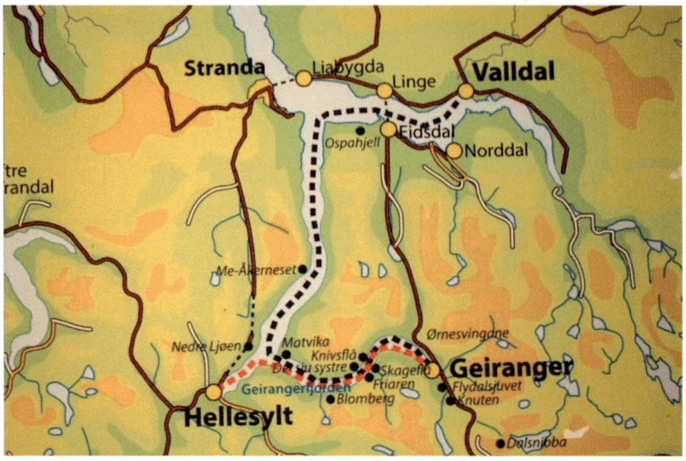

그림 101 게이랑에르 [Geiranger] 노르웨이의 뫼레오그롬스달(Møre og Romsdal) 주에 있는 마을이다. 위치 노르웨이 뫼레오그롬스달 주 경위도 북위62° 05′ 58″ 동경07° 12′ 23″

노르웨이 서부의 뫼레오그롬스달 주, 순뫼레(Sunnmøre) 지역에 속해있는 작은 관광 마을로, 2005년부터 유네스코 세계 자연 유산으로 선정되어 있는 게이랑에르 피오르(Geiranger fjord)의 끝 부분에 위치한다. 유네스코 세계 자연 유산에 포함되어 있는 7자매 폭포(Seven Sisters Waterfall, Norway)가 마을에서 서쪽으로 약 6.5km 떨어진 곳에 있다. 마을에서 가장 유서 깊은 건축물은 1842년에 지어진 게이랑에르 교회이다. 홈페이지 http://www.geiranger.no/
이곳에는 노르웨이의 3대 크루즈 선박 항구가 있어 여행 성수기인 4개월 동안 많은 선박과 크루즈 여행객이 이 마을을 방문한다. 매년 6월에는 '게이랑에르-피오르에서 정상까지'(Geiranger - From Fjord to Summit)라는 행사가 이곳에서 개최된다.
[네이버 지식백과] 게이랑에르 [Geiranger] (두산백과)

■ 게이랑에르 피요르드

헬레쉴트에 도착하기전 항구 바로 앞에 위치해 있는 호텔에서 뷔페식으로 점심을 먹었다. 피요르드 해안이 전면에 바라보이는 전망이 좋은 곳이다. 2시30분 선박에 탑승한다. 헬레쉴트에서 게이랑에르까지 총 25km, 70분 정도 소요되는 피요르드 구간은 유네스코 세계문화유산으로 등록되어 있을 정도로 경치가 빼어나다. 1000m가 넘는 산으로 둘러싸인 게이랑에르 피요르드 는 높은 산 위에서 떨어지는 수많은 절벽 폭포가 웅장함을 더해준다.
그 중 폭포 줄기 182m의 암반 절벽을 타고 일곱 줄기로 쏟아지는 "7자매폭포"는 게이랑에르 피요르드 관광의 극치이다. 7자매폭포의 맞은편에는 "총각폭포"가 큰 줄기를 이루며 떨어지고 있다. 한국어 안내방송을 통해 7자매폭포에 관한 전설을 들려준다.

옛날 이곳 해안 왼쪽에 위치한 총각이 맞은편 일곱 자매에게 차례대로 구혼을 청하였으나 모두 거절당하자 상심하여 술로 세월을 보내다가 마침내 폭포로 변했다 하며, 지금도 폭포 중간에는 술병모양의 무늬가 선명하게 남아있다고 한다.

그림 102 게이랑에르 전경

그림 103 7자매 폭포

그림 104 술병모양의

그림 105 게이랑에르 전경

가파른 절벽위에 사람이 살지 못할 것 같은 곳에 농가가 있다. 지금은 비어 있지만 그 옛날에는 농부가 양을 치며 살다가 세무공무원이 세금을 매기기 위해 기르는 양의 숫자를 실사하러 농장을 찾아올 때면 사다리를 걷어 올려 올라오게 못하게 했다고 한다.

곳곳에 커다란 호수와 미처 녹지 않은 눈이 지천에 깔려있다. 매년 10m이상이 눈이 쌓인다는 이곳 도로, 길을 따라 4-5m 크기의 막대기가 심어져 있으며 이것이 제설작업에 있어 비표 역할을 한다.
힘든 작업 끝에 매년 5월초 이곳 도로가 개통된다고 하니 북유럽 여행이 5월부터 시작되는 이유가 여기에 있는 듯하다.

목적지 '링에' 선착장에 도착하였다 작은 마을 게이랑에르에서 내려가는 길도 험난하다. 70-80도의 경사에 지그재그로 만든 길로 독수리나 날아서 넘을 수 있다하여 "독수리길"이라 불리어진다 한다. 산골 마을들을 지나 계속 서쪽으로 달린다. 창밖에는 키가 작고 옆으로 퍼져있는 자작나무 몇 그루만 듬성듬성 보인다. 우리가 지금까지 보아왔던 위로 쭉쭉 뻗은 자작나무와는 모습이 영 다르다. 해발 1000M 기준이 수목 한계선이며 그 이상 지역에는 나무가 자라지 못하기에, 주변 나무 모양을 보고 해발 높이를 짐작할 수 있다 한다.

고지대를 통과하고 있어서 그런지, 곳곳에 아직 잔설이 남아 있으며 녹아 흐르는 물이 폭포를 형성하고 있다. 한여름에 아직까지 눈이 있다니 그저 신기할 뿐이다. 이에 대한 가이드의 설명이 시작된다. 9월부터 이듬해 4월까지 눈이 내리며 겨울 평균 10m-15m

의 눈이 쌓인다. 4월부터 녹기 시작한 눈은 9월 눈이 내리기 전까지 계속하여 녹는다 한다. 이 덕분에 이 나라는 물이 풍부하고 수질이 양호하여 호텔 세면대 물도 먹을 정도다.

그림 107 게이랑에르 [Geiranger] 유람선에서 / 이곳에는 노르웨이의 3대 크루즈 선박 항구가 있어 여행 성수기인 여름철 4개월 동안 많은 선박과 크루즈 여행객이 이 게이랑에르 마을을 방문한다. 매년 6월에는 '게이랑에르-피오르에서 정상까지'(Geiranger - From Fjord to Summit)라는 행사가 이곳에서 개최된다.

노르웨이의 사회보장제도 는 아마 지구상에서 최고인 것 같다. 1주일에 37.5시간 근무, 년 간 휴가는 5주이다. 오슬로대학에 근무하는 사무직 기준으로 월 급여 580만원, 여름휴가비 500만원, 68세 정년을 마치면 2인기준 월 1000만원을 연금 형태 등으로 받는다 하니 노후 걱정은 없는 나라인 것 같다. 복지혜택이 넘쳐나는 반면 부정적인 면도 강한 것 같다. 결혼 보다는 '산무르(동거)'가 보편화 되었고 이혼율 또한 높다. 68세 이상 부부 중 정상적인 결혼 생활을 유지한 부부는 2%에 불과하다.

게이랑에르를 떠나 갈라을 향해 이동이 계속된다. 창가로 보이는 피요르드, 스쳐지나가는 폭포 등은 더 이상 관심사가 아닌 듯 눈을 감고 잠깐의 휴식을 취하는 일행이 늘어난다. 너무 좋은 경치를 감상한 탓인지 웬만한 것은 눈에 들어오지 않는 모양이다.
2시간 가량 지난 후 우리 버스는 중간 휴게소에 도착한다. 체리를 산다. 유로로 결제가 가능하다 하여 구매했으나 계산하는데 시간이 너무 소요된다. 1kg에 99크로네(한화기준 14,000원)로 매우 비싼 편이다.

19:30 오따 경유 Gala 소재
와달 호텔 도착

그림 108 와달 호텔

19:50 호텔 디너
20:50 산책
23:30 취침

■ ■ 북유럽 06일차 2014. 6. 30 (월)

그림 109 First hotel grand in Falun

07:00 기상 08:00 조식 호텔 / 창가 09:00 출발
10:40 릴리함메르 경기장 스키점프대 정상 개인 탐방 (15€ 비니 구입)
20 분 만에 주파 버스 3€ 2bottle 생수 구입

● 제17회 릴리함메르 동계올림픽경기대회
The17th Lillehammer Olympic Winter Games

그림 110 1994년 노르웨이의 릴레함메르에서 개최된 제17회 동계 올림픽 경기대회. 스키점프대

1994년 제17회 동계올림픽이 개최되었던 릴레함메르(Lillehammer)가 강 건너 보이는 곳에 잠시 머문다. 인구는 2만명, 매년 3월 이 곳에서는 "뷔리끼바이에르"스키대회가 열린다. "뷔리끼바이에르"는 흰 자작나무라는 뜻으로 그 옛날 이 곳 부족이름을 나타내며, 전쟁으로 이 곳 왕은 사망하고 신하가 어린 왕자를 업고 스키를 타며 56km를 도피한 것이 유래가 되어 도피모습 그대로 도피경로와 동일한 코스로 스키대회가 열린다 한다. 노르웨이 최대호수인 "미요자호수(Lake Mjosa)"의 장관 이 2시간 가량 이어진다.

대회조직위원회는 'Green and White'를 주제로 한 환경 올림픽을 표방했는데, 감자전분을 이용한 식기와 자연산 샴푸·오일 그리고 썩는 비닐의 제공, 쓰레기 줄이기운동 등 환경보호를 위해 세심하게 배려를 했다. 또한 대규모경기장 건설로 인한 자연파괴를 막기 위해 인공으로 동굴을 파

서 아이스하키 경기장인 요빅 동굴경기장을 건립하고, 봅슬레이·루지 경기장은 능선을 그대로 이용함으로써 산림훼손을 막았다.

● 대회기록요약

1994년 노르웨이의 릴레함메르에서 개최된 제17회 동계 올림픽 경기대회는 67개국에서 1739명이 참가했다.
대회기간 : 1994년 2월 12일~1994년 2월 27일
개최도시 : 노르웨이 릴레함메르
대회규모 : 67개국, 선수 1,737명
한국참가인원 : 임원 21명, 선수 24명
메달순위 : 1위 노르웨이, 2위 독일, 3위 러시아(금·은·동 합계)
한국획득메달 : 금 4, 은 1, 동 1
개최종목 : 크로스컨트리, 노르딕 복합, 루지, 바이애슬론, 봅슬레이, 쇼트트랙, 스노우보드, 스키점프, 스피드스케이팅, 아이스하키, 알파인, 프리, 피겨 등 61개 세부종목
참가종목 : 노르딕(크로스컨트리), 바이애슬론(거리별), 쇼트트랙, 스피드스케이팅, 알파인(대회전, 회전), 피겨(싱글)

그림 111 제17회 동계 올림픽 경기대회는 1994년 2월 12일부터 27일까지 열렸으며, 경기는 6개 종목, 61개 세부종목이 실시되었다. 1956년 제6회 오슬로대회 이후 42년만에 북구의 나라 노르웨이에서 다시 열린 동계 올림픽으로, 역대 동계올림픽 사상 가장 완벽하고 성공적인 대회로 평가받는다.

제17회 동계 올림픽 경기대회는 1994년 2월 12일부터 27일까지 열렸으며, 경기는 6개 종목, 61개 세부종목이 실시되었다. 1956년 제6회 오슬로대회 이후 42년만에 북구의 나라 노르웨이에서 다시 열린 동계 올림픽으로, 역대 동계올림픽 사상 가장 완벽하고 성공적인 대회로 평가받는다. 국제올림픽위원회(International Olympic Committee:IOC)가 동·하계 올림픽의 간격을 2년으로 하기로 결정함에 따라 전 대회인 제16회 동계 올림픽 경기대회 이후 2년만에 열렸다. 개최국 노르웨이와 인구 23만의 소도시 릴레함메르는 동계 올림픽 사상 최대경비인 7,832억 달러를 투자했으며, 대회규모도 67개국의 선수 1,737명이 참가하여 사상 최대였다. 대회기간 동안 적설량이 풍

그림 112 대회조직위원회는 'Green and White'를 주제로 한 환경 올림픽을 표방했는데, 감자전분을 이용한 식기와 자연산 샴푸·오일 그리고 썩는 비닐의 제공, 쓰레기 줄이기운동 등 환경보호를 위해 세심하게 배려를 했다. 또한 대규모경기장 건설로 인한 자연파괴를 막기 위해 인공으로 동굴을 파서 아이스하키 경기장인 요빅 동굴경기장을 건립하고, 봅슬레이·루지 경기장은 능선을 그대로 이용함으로써 산림훼손을 막았다.

부하고, -20℃의 기온에서도 바람이 강하지 않아 대회진행이 순조로웠다. 한국에서는 남녀 선수 24명이 출전하여 금메달 4개, 은메달 1개, 동메달 1개를 획득하여 종합성적 세계 6위라는 놀라운 성적을 올렸다. 그러나 쇼트트랙 이외에서는 부진을 면치 못했다. 쇼트트랙 남자1,000m에서, 1991년 일본 삿포로[札幌] 동계 유니버시아드 4관왕이자 지난 동계대회 우승자인 김기훈 선수는 대회 2연패를 기록했으며, 채지훈 선수가 은메달을 차지했고, 500m에서는 채지훈 선수가 금메달을 획득했다. 쇼트트랙 여자 1,000m에서 전이경 선수가 금메달을 획득하고, 김소희 선수가 동메달을 차지하였다.

여자 3,000m 계주에 출전한 김소희 · 전이경 · 원혜경 · 김윤미 팀도 우승했는데, 특히

김윤미 선수는 만13세로 동계올림픽 사상 최연소 금메달 리스트가 되었고, 전이경 선수는 2관왕이 되었다. 구소련의 후예 러시아는 전 대회에서 동·서독 단일팀에 당했던 패배를 설욕하며 금메달 11개로 6년만에 대회 우승을 차지했고, 노르웨이(금메달 10개), 독일(9개), 이탈리아(7개), 미국(6개)이 그 뒤를 이었다.

11:00 출발 12:00 하마르 도착 시간남아 쇼핑 비니사고 거슬러 받은 노르웨이 크로네로 무알콜 맥주 6개 65크로네 구입

12:50 스칸딕호텔 런치 (포크 요리) 14:00 출발 15:00 스웨덴 국경 17:00 말룽

20:00 Falun 20:30 호텔 디너 First hotel grand in Falun

■ ■ 북유럽 07일차 2014. 7. 01 (화)

그림 113 스웨덴 스톡홀름 시청사

07:00 기상 08:00 조식 호텔 First hotel grand in Falun 연어회
한국의 주요 수산물 공급원 노르웨이! 세계 최대 연어 생산국으로 전 세계 생산량의 49%를 점유하고 있다 한다. 바이킹라인 선상 뷔페에서 먹어 본 연어 요리는 젓갈류 같은 연어, 훈제연어, 올리브 등에 가미된 연어, 양념에 쪄서 나오는 연어 등 아주 다양.

09:00 출발 11:30 Enkoping 12:30 Stockholm 스웨덴 [Sweden, Kingdom of Sweden] 스웨덴왕국, Kingdom of Sweden 위치 유럽 북부 스칸디나비아반도
인구 904만 5,000명(2008년 현재) 면적 45만 295㎢ 수도 스톡홀름 국화 은방울꽃
화폐단위 크로나(Krona) 언어 스웨덴어 종교 복음루터교, 가톨릭교
수교일 1959년 3월 11일 정치·의회형태 입헌군주제, 의원내각제, 단원제
유럽 북부 스칸디나비아반도에 있는 입헌군주국.

그림 114 스웨덴의 정식 명칭은 스웨덴 왕국(Kingdom of Sweden)으로, 스칸디나비아반도 동남부에 위치하며, 해안선의 길이가 3,218㎞에 달한다. 면적은 45만 295㎢, 인구는 904만 5,000명(2008년 현재), 수도는 스톡홀름(Stockholm)이다.

개관

정식 명칭은 스웨덴왕국(Kingdom of Sweden)으로, 스칸디나비아반도 동남부에 위치하며, 해안선의 길이가 3,218㎞에 달한다. 면적은 45만 295㎢, 인구는 904만 5,000명(2008년 현재), 수도는 스톡홀름(Stockholm)이다.
종족구성은 게르만족인 스웨덴인이 95%를 차지하며, 핀란드인이 4% 정도이다. 스웨덴어가 공용어이며, 전국민의 87%가 기독교의 한 분파인 복음루터교를 믿으며, 가톨릭교

가 1.5% 이다. 기후는 겨울은 한랭하고 여름은 온화하다. 다른 서유럽제국에 비하여 공업화 착수가 다소 늦었으나 제1·2차 세계대전시 전쟁수요에 힘입어 공산품 위주의 수출주도형 경제로 발전하였다.

그림 115 기후는 겨울은 한랭하고 여름은 온화하다. 다른 서유럽제국에 비하여 공업화 착수가 다소 늦었으나 제1·2차 세계대전시 전쟁수요에 힘입어 공산품 위주의 수출주도형 경제로 발전하였다.

그 뒤 1960년대의 자유무역환경, 노사관계의 협조분위기, 정치적 안정 등에 힘입어 세계적인 산업국가로 등장하였다. 특히, 풍부한 수력, 임산자원, 철광석 등을 이용한 기계·운송기기·에너지·통신·전자·전기 부문의 산업이 발전하였다.

스웨덴은 북구의 낙원이라 불리는 세계최고수준의 복지국가로서, 전국민에 대한 의료혜택·실업수당·무료교육·노후연금 등 완벽한 사회보장제도를 실시하고 있다.

2007년 현재 국민총생산은 4,553억 달러, 1인당 국민소득은 4만 9654 달러이다.

이 나라의 정체는 입헌군주제의 의원내각제이며, 의회는 임기 4년의 단원제(349석)이다. 주요 정당은 사민당, 보수당, 좌파당, 기민당, 자유당, 중앙당 등이다.

약사

이 나라의 역사는 중세 초기 스베아족이 중부지방에 촌락을 형성하면서 시작되었다. 9~11세기의 바이킹시대를 거쳐 13세기 초에 신왕조를 창시한 비르에르얄(Birger Jarl)

이 통일국가의 기초를 닦았다. 14세기 말 인접한 덴마크·노르웨이와 함께 칼마르동맹을 결성하였고, 1523년 구스타브 에릭슨(Gustav Eriksson)의 지휘 아래 독립할 때까지 사실상 덴마크왕조의 지배를 받아왔다. 1809년 6월 헌법을 제정하였고, 17세기 후반에는 한때 유럽의 강대국으로 국세를 떨치기도 했으나, 나폴레옹전쟁 이후 덴마크로부터 양도받은 영토인 노르웨이가 1905년에 독립함에 따라 오늘날의 스웨덴을 이루게 되었다. 현재 명목상의 국가원수는 국왕이지만 정치권력은 수상의 책임하에 행사되는 내각책임제 정부형태이다. 현재 1973년 9월 즉위한 구스타프 16세(Carl Gustaf XVI) 국왕 아래 실권자 라인펠트(Fredrik Reinfeldt) 총리가 2006년 10월 취임하여 내각을 이끌고 있다. 대외적으로는 중도우파 입장을 취하고 있으며, 1946년 유엔에 가입하였다. 스웨덴의 외교정책의 기조는 한마디로 '전시의 중립을 목표로 한 평화시의 비동맹'이다. 따라

그림 116 스웨덴은 북구의 낙원이라 불리는 세계최고수준의 복지국가로서, 전국민에 대한 의료혜택·실업수당·무료교육·노후연금 등 완벽한 사회보장제도를 실시하고 있다

서 완벽한 방위능력을 보유하고, 유사시에는 입체적으로 격퇴한다는 총력방위개념으로서, 주요 물자 비축, 생산대체 태세 및 전시 대비 병력 동원 체제를 갖추고 있다.

한국과의 관계

스웨덴은 6·25전쟁 당시 야전병원선을 파견한 바 있으며, 휴전 후에는 중립국감시위원단으로 활약하고 있어, 실질적인 양국관계는 1959년 3월 11일 정식 외교관계를 수립하기 이전부터 시작되었다. 1959년 5월 주 영국 대사가 초대 공사로 신임장을 제정하였으며, 1960년에는 양국관계가 대사급 외교관계로 승격되었다. 1963년 7월에는 주 스웨덴 한국상주대사관이 설치되었으며, 2008년 현재 존속되고 있다. 스웨덴은 1973년 7월에 주 한국 상주대사관을 설치하였다.

양국은 1968년 7월 가족계획에 관한 기술 협정을 체결한 이래, 1969년 10월 사증면제 협정, 1978년 2월 섬유 협정, 1981년 5월 이중과세방지 협정, 1983년 11월 스포츠교류 협정, 1985년 1월 경제 및 과학기술협력 협정, 1997년 6월 투자증진 및 보호협정을 체결한 바 있다.

그림 117 2007년 현재 우리나라의 대 스웨덴 수출액은 9억 5,004만 달러로 주종목은 선박·자동차·무선전화기 등이고, 수입액은 11억 9,279만 달러로 주종목은 화물자동차·의약품·승용차 등이다.

스웨덴은 우리나라의 농어촌 통신시설현대화작업, 중소도시 시외자동전화교환기설치계획에 참여하는 등 한국기업과의 합작투자를 확대시켜가고 있다. 특히, 우리나라의 해외시장 개척능력과 스웨덴의 기술 및 자본이 합작하여 제3국에 플랜트·엔지니어링 중심의 해외건설 분야 등에 공동 진출에 관심을 가지고 있다.

2007년 현재 우리나라의 대 스웨덴 수출액은 9억 5,004만 달러로 주종목은 선박·자동차·무선전화기 등이고, 수입액은 11억 9,279만 달러로 주종목은 화물자동차·의약품·승용차 등이다. 제24회 서울올림픽대회에는 284명의 스웨덴 선수단이 참가하였다. 2007년 현재 스웨덴에는 KOTRA를 비롯하여 현대자동차, 삼성전자, LG전자 등의 업체가 진출해 있으며, 1만 64명의 한국민 교민과 159명의 체류자가 있다. 대부분의 교민들은 스톡홀름 등 대도시에 거주하고 있으며, 다른 나라에 거주하는 교민들에 비해 안정된 생활을 영위하고 있다.

또한, 교민 및 체류자들의 친목단체로 1962년에 조직된 재스웨덴한인회가 있으며, 교민 이외에 한국출신 입양고아가 많이 거주하고 있다.

한편, 북한은 1973년 4월 7일 외교관계를 체결하고, 같은 해 6월 상주대사관이 개설되었으며, 2008년 현재 존속되고 있다.

그림 118 한국문화관계의 유물을 다소간 소장하고 있는 스웨덴의 박물관·미술관은 무려 15개소에 이른다. 무용박물관 등의 특수박물관에는 소수의 유물만이 있을 뿐이고, 상당한 한국소장품으로 이름난 곳은 스톡홀름에 있는 동아시아박물관과 민족학박물관을 손꼽는다.

1976년에는 북한외교관의 밀수사건으로 양국 관계가 소원해졌고, 북한의 대 스웨덴 채무상환 실패로 냉각상태가 지속되었으나, 북한의 채무상환으로 1983년 이후 점차 관계가 정상화되어가고 있다. 양측은 1973년 11월에 무역 협정, 1996년 1월에 공업소유권협력 협정을 체결하고, 2002년 4월에는 경제 및 기술 협조에 관한 합의서를 교환한 바 있다.

2007년 현재 북한의 대 스웨덴 수출액은 14만 1,000달러로 주종목은 전기기기·잡품 등이고, 수입액은 118만 달러로 주종목은 철강·화학제품·동물성유지 등이다.

스웨덴 안의 한국 문화

스웨덴에 우리 문화가 소개된 것은 구스타프 6세(Gustaf VI) 국왕이 왕자이던 1920년대에 경주의 고분발굴에 참가한 뒤 약간의 값진 유물을 가져간 때라고 할 수 있다. 그러나 한국에 관한 본격적인 연구는 1956년이 되어서야 웁살라대학교에서 처음으로 시작되었다. 그러다가 1969년 동아시아 언어연구와 교육체계가 재조직됨에 따라 한국학 연구는 스톡홀름 대학교로 이양되었다. 그 뒤 이 대학의 동양언어 연구소에는 한국어 관계의 개설되어 지금까지 계속되고 있다. 강좌는 초급반 · 중급반 및 고급반 I · II 로 되어 있고, 시간강사들이 이들 과목을 담당한다. 1974년에는 「중부한국어의 억양에 관한 연구(A Study on Tones and Tone marks in Middle Korea)」라는 제목의 박사학위논문이 나왔다. 한국어의 어원과 알타이 비교언어학에 대한 연구작업도 진행되고 있

그림 119 스웨덴에 우리 문화가 소개된 것은 구스타프 6세(Gustaf VI) 국왕이 왕자이던 1920년대에 경주의 고분발굴에 참가한 뒤 약간의 값진 유물을 가져간 때라고 할 수 있다.

다. 한국에 관한 연구는 다른 대학교의 여러 연구소에서도 이루어지고 있다. 1970년대 말 웁살라대학교의 경제사연구소에는 여러 학생이 한국경제를 연구하고 같은 대학 사회학연구소에서는 박사학위 과정에 한국가족사회학을 두기도 하였다. 스톡홀름 대학교의 경제연구소는 「남북한의 생태문제들(Ecological Questions in Different Parts of Korea)」이라는 제목의 박사학위논문을 같은 때 통과시켰다. 이 대학교의 경제사연구소와 정치과학연구소에서도 약간의 학생들이 한국을 주제로 연구하고 있다. 특히, 룬드

대학교 경제과학과에서는 남북한의 교육 및 사회체계에 대한 비교연구가 행하여져 1978년 그 결과가 『한국의 교육(Utbildung in Korea)』이라는 책으로 출판되었다. 같은 대학교의 평화 및 인간생태학연구소에서도 같은 해 「대한민국의 경제개발에 있어서 외국자본(Foreign Capital in the Development of the Republic of Korea)」이라는 박사학위논문이 나왔다. 이들 연구를 위한 한국관계도서는 스톡홀름 대학도서관에 얼마간 있고, 구스타프 6세의 극동연구도서관에는 꽤 많이 모아져 있다. 1980년 이 극동연구도서관에다 스톡홀름대학교·스웨덴왕립도서관·극동고미술박물관의 동아시아관계 소장품을 통합하여 스톡홀름대학교에 태평양아시아연구센터(Center for Pacific·Asian Studies)가 설립되었으며, 여기에는 수천 권의 한국학도서가 갖추어져 있다. 특히 웁살라대학교의 동아시아언어연구소는 한국의 고인쇄 자료를 수장하여 특기할만하다. 이들 자료를 중심으로 1974년 '한국 고인쇄 전시회'가 개최된 일도 있다. 한국문화관계의 유물을 다소간 소장하고 있는 스웨덴의 박물관·미술관은 무려 15개소에 이른다. 무용박물관 등의 특수박물관에는 소수의 유물만이 있을 뿐이고, 상당한 한국소장품으로 이름난 곳은 스톡홀름에 있는 동아시아박물관과 민족학박물관을 손꼽는다. 전자에는 서화·도자기·인쇄술 등의 예술유물이 소장되어 있고, 후자에는 한국의 민속품을 중심으로 다양한 유물이 모아져 있다. 이 밖에 스톡홀름의 국립박물관도 약간의 한국유물을 소장하고 있다. 2009년 4월 11일에는 전남 강진군에서 80여 일간 스웨덴을 비롯한 유럽 8개국, 9개 주요도시를 순회하며 고려청자의 창의성과 우수성을 알린 바 있다. [14)]

14) 스웨덴 자료 - 참고문헌 목록
『세계각국편람』(외교통상부, 2008)
『한국의 창』(동아일보사, 2008)
『해외동포현황』(외교통상부, 2007)
『세계무역통계』(한국무역협회, 2007)
『주요수출입통계』(관세청, 2007)
『스웨덴 개황』(외교통상부, 2006)
『스웨덴』(산업연구원 편, 선진국국별편람, 1986)
[네이버 지식백과] 스웨덴 [Sweden, Kingdom of Sweden] (한국민족문화대백과, 한국학중앙연구원)

● 스톡홀름 시청사 Stockholm City Hall

그림 120 스웨덴의 수도 스톡홀름의 시청사. 원어명 Stadshuset 라구날 오스트베리가 설계하고 800만 개의 벽돌과 1900만 개의 금도금 모자이크를 사용하여 1923년에 완공

요약 스웨덴의 수도 스톡홀름의 시청사. 원어명 Stadshuset 라구날 오스트베리가 설계하고 800만 개의 벽돌과 1900만 개의 금도금 모자이크를 사용하여 1923년에 완공했다. 스톡홀름의 상징적 건물이며, 스웨덴 낭만주의 건축물의 대표작으로 평가받고 있다. 갈색 벽돌로 지어진 청사 건물은 베네치아와 동양의 건축 양식을 함께 연상시킨다. 건물의 서쪽에는 블루 홀(Blue Hall)과 골든 홀(Golden Hall)이 있다. 블루 홀에는 대형 오르간이 설치되어 있는데 오르간은 총 10,270개의 파이프로 구성되어 있어 스칸다나비아 최대 규모를 자랑하고 있다. 블루 홀 위쪽에 있는 골든 홀(Golden Hall)에는 스웨덴 역사를 모티브로 한 대형 타일 모자이크 작품이 있다. 건물 남동쪽에는 세 개의 왕관으로 장식된 높이 106m의 탑이 있다. 시청사의 탑에 오르면 스톡홀름의 시가를 한

그림 121 블루 홀 위쪽에 있는 골든 홀(Golden Hall)에는 스웨덴 역사를 모티브로 한 대형 타일 모자이크 작품이 있다

눈에 바라볼 수 있다. 또한 15세기 스웨덴의 혁명가 엥겔브렉트(Engelbrekt Engelbrektsson)의 동상과 각종 조각상들도 전시되어 있다. 이곳의 '블루 홀'에서는 해마다 노벨상 수상식 후 만찬회가 열린다. 매월 셋째 주 월요일에 스톡홀름 시 의회가 개최된다. 일반 관광객의 입장은 가이드 투어를 통해서만 가능하고, 자유 입장은 허용되지 않는다.

그림 122 이곳의 '블루 홀'에서는 해마다 노벨상 수상식 후 만찬회가 열린다. 매월 셋째 주 월요일에 스톡홀름 시 의회가 개최된다. 이 계단의 경사는 긴 드레스를 입은 숙녀들의 편안안 스텝을 고려하여 완만하게 계획하였다고 한다.

● 감라스탄 Gamla Stan

주소 Gamla Stan, Stockholm 가는방법 세르옐 광장에서 도보 30분, 또는 버스로 15분

오래된 건물들이 빽빽이 들어서 있다. 오페라극장 앞의 노르 다리를 건너 국회의사당을 오른쪽으로 바라보며 걸어가면 나오는 돌문이 구시가지의 입구이다. 입구의 바로 앞에는 왕궁이 있고, 왕궁을 기점으로 주위에는 중세를 방불케 하는 옛 건물들이 있다. 구시가지의 중심은 스토르토리에트 광장인데, 광장 양쪽의 좁은 길에는 13~19세기의 오랜 건물이 당시 모습 그대로 남아 있다. 광장 북쪽에 1776년 세워진 증권거래소의 맨 위층에는 노벨상 수상자를 뽑는 스웨덴 아카데미 본부가 있다.

광장 남쪽에는 바로크 양식의 첨탑이 아름다운 독일교회가 있는데, 이것은 한자동맹 시대의 상인들이 17세기에 세운 것이다. 광장의 서쪽에는 네덜란드풍 바로크 건축물인 귀족의 성관이 있다.

오래된 건물이 즐비한 구시가지다. 스톡홀름을 다녀온 많은 사람들이 가장 인상 깊은 곳으로 꼽는 곳이 감라스탄 지구다. 구불구불 이어진 골목 사이를 돌아다니다 보면 마치 16세기 유럽의 어느 마을 속으로 들어간 듯한 착각이 인다. 실제로 이곳은 13세기에 형성돼 지금까지 이어져온 곳으로 건물 외벽에서 묻어나는 세월의 흔적 하나하나가 살아있는 역사다. 지금은 스톡홀름의 부자들이 모여 사는 고급 주택가로 거듭났지만 그

그림 123 바사호 박물관 근처에 자리한 북유럽다운 거대한 스케일로 지어진 북방민족박물관. 스웨덴 건국의 아버지로 불리는 구스타프 1세 바사왕의 기마상도 있다.

리 부담스러운 분위기는 아니다. 오히려 저렴하게 스웨덴 전통 요리를 즐길 수 있는 레스토랑도 많아 주머니 가벼운 여행자들이 선호한다.

중세 스톡홀름의 중심지였던 곳이다. 스타드스홀멘, 헬게안드스홀멘, 리다르홀멘으로 이루어져 있다. 이 지역에 있는 건물들은 대부분 16~17세기에 건립되었으며, 법적으로 개조가 금지되어 있다. 스타드스홀멘에는 왕궁을 비롯하여 산크트니콜라스 성당으로도 불리는 스토르퀴르칸, 독일 교회, 상원의사당, 정부청사, 증권거래소 및 유명한 건물들이 많다. 리다르홀멘은 리다르홀름 교회가 소유하고 있다. 국회의사당과 중앙은행은 헬게안드스홀멘에 있다.

● 스톡홀름 대성당 Stockholm Cathedral

주소 Storkyrakan, Gamla Stan, Stockholm
왕궁 근처에 자리한 스웨덴 왕실 스톡홀름 대성당이다. 스웨덴에서 가장 오래된 성당으로 1279년에 건립됐다. 원래 고딕 양식으로 지어졌지만 여러 번 증·개축을 반복하면서 이탈리아 바로크 양식이 섞이게 됐다. 그래서인지 독특한 느낌이다. 예부터 스웨덴의 중요한 행사는 대부분 이곳에서 열렸다. 역대 국왕의 대관식, 결혼식 등이 열리는 곳으로도 유명하다. 영어로 진행되는 가이드 투어 도 있다 스톡홀름에서 가장 오래된 13세기의 성당으로 왕가와 귀족들의 문장으로 장식된 내부에는 볼 것이 많다. 덴마크와의 전쟁에서 승리한 것을 기념하기 위해 1489년에 성당에 기증되었다는 높이 4m의 나무조각상 《세인트 존 괴물퇴치상》이 유명하다. 이 성당에서는 역대 국왕의 세례식·대관식·결혼식이 거행되기도 했다.

그림 124 시청사에서 호수가에 줄지어 선 요트며 보트며 고기잡이 배들을 보면서 동쪽으로 걷다보면 스웨덴의 또 다른 자랑거리인 유르고덴섬이 나온다. 그곳은 박물관의 섬이다. 바사호 박물관과 세계 최초의 야외 민속 박물관인 스칸센, 그리고 북방민족 박물관과 가장 최근에 지어진 아바 박물관 등 무려 100여개의 크고 작은 박물관으로 가득한 섬이다

● 바사박물관 The Vasa Museum, ―博物館

요약 스웨덴의 스톡홀름에 있는 박물관.

바사박물관 스웨덴 스톡홀름. 1625년에 건조되어 1628년 8월10일 처녀항해 때 스톡홀름항에서 침몰한 스웨덴 왕실의 전함 바사호가 전시된 곳이다.

설립일 1990년 소재지 스웨덴 스톡홀름 주요소장품 바사호

그림 125 스웨덴에서 가장 오래된 전함으로, 바사왕가의 구스타브 2세(Gustav II)가 재위하였던 1625년에 건조되어 1628년 8월 10일 처녀항해 때 침몰한 전함 바사호(號)가 전시된 곳으로, 스톡홀름의 스칸센 서쪽에 자리잡고 있다.1990년 7월 15일에 개관하였으며, 스웨덴 국립 해양 박물관 재단(Swedish National Maritime Museums)에 소속되어 있다.

스웨덴에서 가장 오래된 전함으로, 바사왕가의 구스타브 2세(Gustav II)가 재위하였던 1625년에 건조되어 1628년 8월 10일 처녀항해 때 침몰한 전함 바사호(號)가 전시된 곳으로, 스톡홀름의 스칸센 서쪽에 자리잡고 있다.1990년 7월 15일에 개관하였으며, 스웨덴 국립 해양 박물관 재단(Swedish National Maritime Museums)에 소속되어 있다.

당시 스웨덴은 북유럽 발트해 주변 제국 건설에 분주해 막강한 해군력을 절실히 필요로 했기 때문에 전함 건설에 총력을 기울였다. 바사호는 그 당시 건설된 전함 중의 하나인데, 바사는 길이 69m, 높이 48.8m, 탑승 가능 인원 450명, 탑재 가능 대포 수량 64개에 이르는 거대한 배로 제작되었으며, 동시에 300kg 이상의 포탄을 발사할 수 있는 강력한 화력을 지니고 있었다. 그러나, 국내외 귀빈 등 많은 사람들이 지켜보는 가운데 진수식을 하자마자 열린 포문 사이로 물이 스며들어 수분 만에 침몰하고 말았다. 이 사고로 배에 승선하고 있던 150여 명 중 30여 명이 익사했다.

바사 박물관은 현존하는 세계 유일의 17세기 선박인 〈바사〉 호가 전시된 곳이다. 원형

의 95% 이상이 보존됐고, 예술적 가치가 뛰어난 조각상도 많아 스웨덴의 관광명소로 꼽힌다. 바사호는 구스타브 2세(Gustav II)가 재위하던 1625년에 건조된 호화 전함이다. 총길이 69m, 최대 폭 11.7m, 높이 52.2m, 배수량 1210t, 적재 대포 64문, 탑승 가능인원은 450명이었다.

그림 126 스웨덴 스톡홀름. 1625년에 건조되어 1628년 8월10일 처녀항해 때 스톡홀름항에서 침몰한 스웨덴 왕실의 전함 바사호가 전시된 곳이다.

〈바사〉 호는 1628년 8월 10일 스웨덴의 해군력을 과시하기 위해 스톡홀름 항에서 폴란드로 첫 항해에 나섰지만 침몰했다. 애초 계획보다 많은 대포와 포탄을 배에 싣는 바람에 균형을 유지하지 못한 채 돌풍에 가라앉고만 것이다. 1956년 해양 고고학자인 안데스 프란첸(Anders Franzen)에 의해 발견된 〈바사〉 호는 침몰 이후 333년 만인 1961년에 인양됐다. 전함에서는 1만 4000개 이상의 목조품과 700여 개의 조각상, 선원들의 유골과 유품들이 함께 발견됐다.

〈바사〉 호는 1962년 임시 박물관으로 옮겨진 뒤 1988년 새로운 박물관으로 이전해 1990년 바사 박물관으로 개관했다. 7층으로 구성된 바사 박물관은 〈바사〉 호를 다양한 각도에서 바라볼 수 있다. 또한 바사호 발견 당시 해저탐색에 사용된 잠수복, 배 안에서 발견된 보석상자 등도 전시되어 있다.

1625년에 건조되어 1628년 8월10일 처녀항해 때 스톡홀름항에서 침몰한 스웨덴 왕실의 전함 바사호가 전시된 곳이다.
스웨덴에서 가장 오래된 전함으로, 바사왕가의 구스타브 2세(Gustav II)가 재위하였던 1625년에 건조되어 1628년 8월 10일 처녀항해 때 침몰한 전함 바사호(號)가 전시된 곳으로, 스톡홀름의 스칸센 서쪽에 자리잡고 있다.1990년 7월 15일에 개관하였으며,

그림 127 침몰한 바사호는 1956년 해양고고학자인 안데스 프란첸에 의해 발견되어 333년 만인 1961년에 인양되었는데, 인양된 배에서 25구의 유골이 발견되었다. 바사호는 1962년부터 임시 박물관에 있다가 1988년에 새로운 박물관으로 이전하여 1990년 바사박물관으로 개관하였다.

스웨덴 국립 해양 박물관 재단(Swedish National Maritime Museums)에 소속되어 있다.
당시 스웨덴은 북유럽 발트해 주변 제국 건설에 분주해 막강한 해군력을 절실히 필요로 했기 때문에 전함 건설에 총력을 기울였다. 바사호는 그 당시 건설된 전함 중의 하나인데, 바사는 길이 69m, 높이 48.8m, 탑승 가능 인원 450명, 탑재 가능 대포 수량 64개에 이르는 거대한 배로 제작되었으며, 동시에 300kg 이상의 포탄을 발사할 수 있는 강력한 화력을 지니고 있었다. 그러나, 국내외 귀빈 등 많은 사람들이 지켜보는 가운데 진수식을 하자마자 열린 포문 사이로 물이 스며들어 수분 만에 침몰하고 말았다. 이 사고로 배에 승선하고 있던 150여 명 중 30여 명이 익사했다.
침몰한 바사호는 1956년 해양고고학자인 안데스 프란첸에 의해 발견되어 333년 만인

1961년에 인양되었는데, 인양된 배에서 25구의 유골이 발견되었다. 바사호는 1962년부터 임시 박물관에 있다가 1988년에 새로운 박물관으로 이전하여 1990년 바사박물관

으로 개관하였다. 이곳은 스칸디나비아에서 관광객들이 가장 많이 찾는 박물관으로, 바사호에 관련된 자료와 수장품 등이 전시되어 있다.

관람객들은 배의 선박 바닥을 받치는 재목인 용골(keel)에서부터 꼭대기까지 총 6 곳의 서로 다른 위치에서 바사를 감상할 수 있다. 박물관은 총 4층으로 이루어져 있으며, 각 층에서는 바사의 준공, 취항, 침몰, 인양의 각 과정을 설명하고 있다.

침몰한 바사호는 1956년 해양고고학자인 안데스 프란첸에 의해 발견되어 333년 만인 1961년에 인양되었는데, 인양된 배에서 25구의 유골이 발견되었다. 바사호는 1962년부터 임시 박물관에 있다가 1988년에 새로운 박물관으로 이전하여 1990년 바사박물관으로 개관하였다. 이곳은 스칸디나비아에서 관광객들이 가장 많이 찾는 박물관으로, 바사호에 관련된 자료와 수장품 등이 전시되어 있다.

관람객들은 배의 선박 바닥을 받치는 재목인 용골(keel)에서부터 꼭대기까지 총 6 곳의 서로 다른 위치에서 바사를 감상할 수 있다. 박물관은 총 4층으로 이루어져 있으며, 각 층에서는 바사의 준공, 취항, 침몰, 인양의 각 과정을 설명하고 있다. [15]

---

15) 원문자료
Architects: Marianne Dahlbäck and Göran Månsson.
Construction cost: 200 million SEK (until the opening in 1990).
Volume of the building: 117,000 cubic metres.
The Vasa Museum has become a natural part of Stockholm's skyline. Its masts rising high above Djurgården have become a beacon guiding curious tourists and Stockholmers alike. Vasa has not always been housed in such splendour. From her salvaging in 1961 until 1988 Vasa's home was a 27-year long temporary one at the Wasavarvet Museum. In 1981 a pan-Nordic competition to select the architect for the permanent Vasa Museum was held and 384 designs were submitted. The winners were the Swedish architects Marianne Dahlbäck and Göran Månsson with their design "Ask". Construction began on 2 November 1987 when Prince Bertil inaugurated the building and laid the foundation stone in a dry dock from 1878.
Soon the ship was hidden from the general public for almost a year. In September 1988, while still in place at the Wasavarvet Museum, the ship was built into a protective shell in preparation for her journey to the new museum - a voyage on the water. In December 1988 Vasa made her final voyage. Resting on a pontoon she was transported in her protective shell to her new home.
The ship was now standing in a water-filled dry dock inside the new Vasa Museum. And slowly the water was drained from the dry dock and the protective shell removed from Vasa. During the summer of 1989 the museum, then still a construction site, was opened and nearly a quarter of a million visitors could see the partially uncovered ship. King Carl XVI Gustaf inaugurated the museum on 15 June 1990 and since then millions of visitors from all over the world have made their way here. With over a million visitors a year we reconstructed the museum. The museum reopened 1 May 2013, with a new exhibition hall, entrance hall and and brand new shop.
Area: 12,540 square metres.
Quantity of concrete: approximately 12,000 cubic metres.
Number of outer wall corners: 55.
Copper clad surface: 12,000 square metres.
Pine flooring: 4,000 square metres.
Cobble floor: 1,500 square metres; approx. 155,000 cobble stones.
Public area: 7,600 square metres (of which 3,265 square metres are exhibition areas).
Height of the ship's hall: 34 metres.

● 폴란드 국적의 젊고 박력있는 버스운전사

폴란드 국적의 이 젊고 박력있는 버스운전사는 장거리 전문으로 덴마크 헬싱괴르에서 페리를 이용, 스웨덴 헬싱보리 선착장에 도착한 우리를 마중하면서 시작한 인연이, 스웨덴 외테보리(1박)를 경유하여 북유럽일정의 하이라이트인 노르웨이의 오슬로, 골(Gol), Oset (2박), 래르달, 플람, 보스, 베르겐, 다시 보스 빈제(3박)로 경유하여 노르웨이 게이랑에르 피요르 구간의 험준한 산악 도로를 굽이굽이 거치고 그사이의 수많은 터널과 험준하고 구불 구불하며 폭이 좁은 왕복 2차선 도로를 시종일관 흐트러짐 없이 능숙한 솜씨로 안내하였고 그후로도 노르웨이 Gala(4박) 릴레함메르, Hamar, Elverum, Innbygda 를 지나 스웨덴 국경 거쳐 Syssleback, Stollet, Malung, Mora, Falun(5박) 스웨덴 스톡홀름에 와서 핀란드 투르크 행 바이킹 라인을 탈때까지 인상적인 운전으로 감동을 준 친구이다. 스톡홀름 바이킹 선착장에 도착하여 함께 한 컷.

그림 128 폴란드 국적의 이 젊고 박력있는 버스운전사는 장거리 전문으로 스웨덴 헬싱보르에서 핀란드 투르크 행 바이킹 라인을 탈 때까지 6일 동안 인상적인 운전으로 감동을 준 친구이다. 스톡홀름 바이킹 선착장에 도착하여 함께 한 컷.

● 실자라인(SILJA LINE)

영화 '타이타닉'의 낭만을 재현할 수 있는 호화 유람선 실자라인(SILJA LINE). 이 거대한 배는 1957년에 최초로 핀란드 투르크~스웨덴 스톡홀름 구간 운행을 개시한 이래 그 영역을 넓혀 현재는 에스토니아 탈린까지 운항한다. 현재 총 여섯 척의 유람선이 있어 그 규모와 항해 루트는 다르지만 각각 거대함과 화려 함을 갖춘 특별한 유람선임에는 틀림없다. 그 중 스웨덴과 핀란드를 연결하는 세레나데호와 심포니호를 살펴보면 총 길이가 200m 이상이며 너비는 31.5m이고 2700대의 침대를 갖춰 2800여 명의 승객을 태울 수 있다고 한다. 과연 바이킹 후예의 면모를 과시하는 조선술이다. 배 안에서는 하나의 작은 마을을 옮겨놓은 듯한 광경이 펼쳐진다. 5 · 6 · 9 · 10 · 11층은 객실이며 3~4층은 자가용 400여 대를 수용한다. 7층에는 안내데스크를 포함, 카지노 · 면세점과 각종 식당 및 상가가 즐비하게 들어서서 여느 도심의 중심가를 방불케 한다. 12층과 13층에는 바다를 바라보며 즐길 수 있는 유명한 핀란드식 사우나 시설이 갖춰져 있고 나이트클럽과 시원하게 뚫린 너른 갑판이 있다. 스톡홀름과 헬싱키를 지도를 찾아보면 그리 멀지 않은 항로임을 알 수 있다. 하지만 실자라인은 오후 5시에 출발해서 다음날 오전 9시께 도착을 하는데 여 기에는 몇 가지 이유가 있다. 가장 큰 이유는 제 속도를 내고 달리면 배가 새벽녘에 도착하기 때문에 승객들이 목적지까지 이동하는데 큰 어려움이 있기 때문이다. 따라서 배는 움직임을 못 느낄 정도로 천천히 이동한다. 배에서 머무는 시간이 길어지므로 지루함을 달래기 위해 쇼핑을 하거나 카지노, 바에서 자연스레 돈을 쓰도록 돼 있다. 실제로 승객 대부분이 스웨덴인과 핀란드인이며 이들의 주된 목적은 면세물품 구입이나 가벼운 주말 나들이 정도라고 한다. 스웨덴의 경우 한 대형 전자제품 업체에서는 500스웨덴크로나(약 6만5000원)의 영수증을 가져오면 실자라인 4인 실 캐빈 표를 공짜로 주는 프로모션을 연중 행사로 실시하고 있다. 동북아 허브로 성장하는 우리나라도 앞선 조선기술을 이용해 비교적 관광객이 많이 찾는 주변국과의 연계 루트를 개발하는 건 어떨까? 분단 현실로 인해 대 륙과의 육로 교통이 끊긴 상황에서 실자라인과 같은 브랜드 정체성 뚜렷한 상 품이 개발된다면 침체된 한국 관광 산업에 활기를 띠울 수 있지 않을까 ?

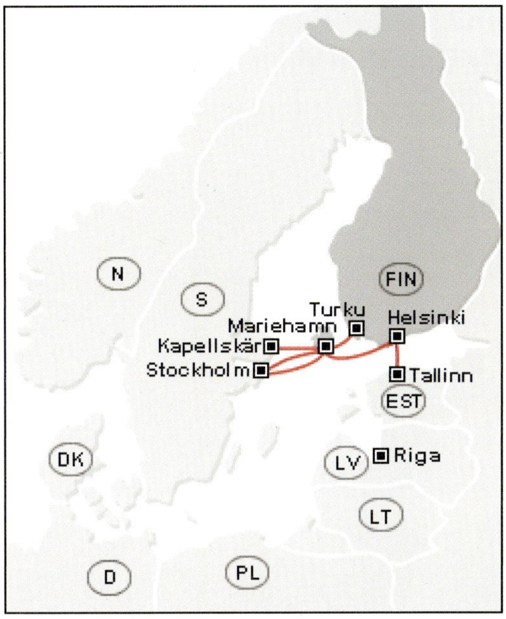

그림 129 영화 '타이타닉'의 낭만을 재현할 수 있는 호화 유람선 실자라인(SILJA LINE). 이 거대한 배는 1957년에 최초로 핀란드 투르크~스웨덴 스톡홀름 구간 운행을 개시한 이래 그 영역을 넓혀 현재는 에스토니아 탈린까지 운항한다.

그림 130 영화 '타이타닉'의 낭만을 재현할 수 있는 호화 유람선 실자라인(SILJA LINE). 이 거대한 배는 1957년에 최초로 핀란드 투르크~스웨덴 스톡홀름 구간 운행을 개시한 이래 그 영역을 넓혀 현재는 에스토니아 탈린까지 운항한다.

그림 131 실자라인은 오후 5시에 출발해서 다음날 오전 9시께 도착을 하는데 여 기에는 몇 가지 이유가 있다. 가장 큰 이유는 제 속도를 내고 달리면 배가 새벽녘에 도착하기 때문에 승객들이 목적지까지 이동하는데 큰 어려움이 있기 때문이다

그림 132 5·6·9·10·11층은 객실이며 3~4층은 자가용 400여 대를 수용한다. 7층에는 안내데스크를 포함, 카지노·면세점과 각종 식당 및 상가가 즐비하게 들어서서 여느 도심의 중심가를 방불케 한다. 1

그림 133 스톡홀름과 헬싱키를 지도를 찾아보면 그리 멀지 않은 항로임을 알 수 있다. 하지만 실자라인은 오후 5시에 출발해서 다음날 오전 9시께 도착을 하는데 여 기에는 몇 가지 이유가 있다. 가장 큰 이유는 제 속도를 내고 달리면 배가 새벽녘에 도착하기 때문에 승객들이 목적지까지 이동하는데 큰 어려움이 있기 때문이다. 따라서 배는 움직임을 못 느낄 정도로 천천히 이동한다. 배에서 머무는 시간이 길어지므로 지루함을 달래기 위해 쇼핑을 하거나 카지노, 바에서 자연스레 돈을 쓰도록 돼 있다.

그림 134 현재 총 여섯 척의 유람선이 있어 그 규모와 항해 루트는 다르지만 각각 거대함과 화려 함을 갖춘 특별한 유람선임에는 틀림없다. 그 중 스웨덴과 핀란드를 연결하는 세레나데호와 심포니호를 살펴보면 총 길이 가 200m 이싱 이며 너비는 31.5m이고 2700대의 침대를 갖춰 2800여 명의 승객을 태울 수 있다고 한다. 과연 바이킹 후예의 면모를 과시하는 조선술이다. 우리는 바이킹 호 승선.

■ ■ 북유럽 08일차 2014. 7. 02 (수)

06:00 기상 (시차 / - 6 이하 헬싱키 시각) 06:30 조식 선상 viking buffet
07:30 arrival Turku in Finland 07:40 bus join 07:50 departure
09:50 arrival Helsinki in Finland 10:00 helsinki tour

핀란드 [Finland, Republic of Finland]
핀란드공화국, Republic of Finland

그림 136 핀란드 [Finland, Republic of Finland]

국가 개요
위치 유럽 북부 스칸디나비아반도
인구 524만 5000명(2008년 현재)
면적 33만 8145㎢
수도 헬싱키
공화제, 이원집정부제, 단원제
국화 은방울꽃
화폐단위 유로(Euro)
언어 핀란드어, 스웨덴어
종교 복음루터교, 러시아정교
수교일 1973년 8월 24일
유럽 북부 스칸디나비아반도에 있는 공화국.

그림 137 핀란드의 정식 명칭은 핀란드공화국(Republic of Finland)으로, 해안선의 길이는 1250㎞이다. 면적은 33만 8145㎢, 인구는 524만 5000명(2008년 현재), 수도는 헬싱키(Helsinki)이다.

개관
정식 명칭은 핀란드공화국(Republic of Finland)으로, 해안선의 길이는 1250㎞이다. 면적은 33만 8145㎢, 인구는 524만 5000명(2008년 현재), 수도는 헬싱키(Helsinki)이다.
인구의 93%가 핀란드인이며, 스웨덴인이

6%이다. 언어는 핀란드어와 스웨덴어가 사용되고, 종교는 복음루터교가 89%, 기타 러시아정교가 신봉된다.
국토 전체의 3분의 1이 북극권에 속하며, 전국토의 72%가 침엽수림으로 되어 있어 임산업이 경제의 대종을 이루고 있다. 의료혜택·실업수당·평생무상교육·노후연금 등 세계 최고수준의 사회보장제도를 택하고 있다.
2007년 현재 국민총생산은 2450억 달러, 1인당 국민소득은 4만 6601 달러이다.

그림 138 핀란드 [Finland, Republic of Finland]

이 나라는 임기 6년의 대통령에게 강력한 권한이 부여된 이원집정부제의 공화제로서, 의회는 임기 4년의 단원제(200석)이다. 주요 정당으로서는 보수당, 사민당, 중앙당, 농민당, 좌익동맹 등이 있다.

약사
기원전 1500년경 현재의 핀란드 지역에 처음 정착한 핀족은 12세기 초 스웨덴에 정복되어 스웨덴의 일부로 병합된 뒤 19세기 초까지 스웨덴의 지배를 받았으며, 나폴레옹전쟁 후에는 러시아에 할양되어 러시아의 대공국으로 자치령이 되었으나, 그 뒤 '핀란드인의 핀란드'라는 민족적 자각운동이 싹트기 시작하여 러시아의 끈질긴 러시아화 정책에도 불구하고 1917년 12월 6일 의회 결의로 독립을 선언하고, 1919년 헌법을 제정하였다. 독립 이후 두 차례나 일어난 러시아와의 전쟁(1939~1944)에서 패하여 영토의 일부가 러시아에 할양되고 많은 액수의 배상금을 지불하였다. 1948년 소련의 제의로 체결된 핀·소 우호협력 상호원조 조약에 따라 핀란드의 중립외교정책이 확인되었고, 양국의 기본관계가 정립되어 오늘에 이른다.
대외적으로 중도우파를 표방하며, 1955년 유엔에 가입하였다. 외교정책은 이른바 '파시키비케코넨 라인(Paasikivi Kekkonen Line)'이라는 군사비동맹중립정책으로 요약될 수 있는데, 이는 소련의 위협을 의식하면서 핀란드의 서구민주주의를 보존하려는 욕구를 충족시키기 위한 것으로, 소련을 자극하지 않으면서 중립적인 위치에서 동서 양진영과의 활발한 협력관계를 유지함으로써 강대국간의 분쟁에 휘말리지 않는다는 것을 목표로 하고 있다.
2006년 1월 재선에 성공한 할로넨(Tarja Halonen) 대통령 아래 반하넨(Matti Vanhanen) 총리가 2007년 4월 재취임하여 정부를 이끌고 있다.

한국과의 관계

우리나라와는 여타 북구 지역 국가보다 좀 늦은 1973년 8월 24일에야 외교관계를 수립하였다. 핀란드는 1977년 9월 주한 핀란드 상무관 실을 개설하였으며, 1978년 11월에는 상무관 실을 대사관으로 승격하였다. 양국은 1974년 3월 사증면제 협정을 체결한 이래 1979년 9월 특허권보호협정, 1980년 2월 경제기술협력협정, 1981년 12월 소득에 관한 조세와 이중과세금지 및 탈세방지협약, 1989년 3월 과학기술협력 협정, 1994년 1월 문화 협정, 1997년 2월 항공 협정, 2002년 4월 정보통신협력 약정 등을 체결하였다.

그림 139 핀란드 [Finland, Republic of Finland]

또한 양국간에는 경제협력위원회·혼성위원회가 설립되어 서울에 투자진흥센터와 한·핀종합상사를 설치하기로 합의한 바 있고, 온산동제련소와 동해펄프회사가 핀란드의 차관과 기술 및 장비 제공으로 설립되었다. 우리나라의 대 핀란드 수출액은 2007년 현재 12억 9305만 달러로 주종목은 전자제품·무선통신제품·운송장비 등이고, 수입액은 9억 6345만 달러로 주종목은 철강·기계·제지제품이다.

제24회 서울올림픽대회에는 128명의 선수단이 참가하였으며, 2007년 현재 KOTRA를 비롯하여 현대자동차, 기아자동차, 한진해운 등이 진출해 있으며, 86명의 한국민 교민과 125명의 체류자가 있다.

그림 140 핀란드 [Finland, Republic of Finland]

한편, 북한은 1973년 6월 1일 외교관계를 수립하고, 1970년 9월 헬싱키에 설치하였던 무역대표부를 대사관으로 승격시켰다. 1976년 북한 외교관의 밀수사건으로 북한 공관원 전원이 추방되었으며, 1983년 4월에는 핀란드 전 국회의장에 대한 뇌물사건으로 다시 북한대사가 기피인물로 선언되어 추방되는 등 곡절이 많았으며, 2008년 현재 주 스웨덴 대사가 그 업무를 겸임하고 있다.

양측은 1969년 10월 무역 협정, 1979년 4월 방송협조 협정, 1992년 1월 섬유 협정을 체결한 바 있다. 북한의 대 핀란드 수출액은 2007년 현재 3000만 달러로 주종목은 의류·기계·금속류 등이고, 수입액은 27만 7000 달러로 주 종목은 광학 · 기계 · 가구 등이다. [16)]

10:10 - 1100 시청사. 어시장.
Uspenski cathedral

11:00 - 11:20

16) 참고문헌
『세계각국편람』(외교통상부, 2008)
『한국의 창』(동아일보사, 2008)
『해외동포현황』(외교통상부, 2007)
『세계무역통계』(한국무역협회, 2007)
『주요수출입통계』(관세청, 2007)
『중세유럽의 형성』(임명방, 형설출판사, 1983)
『서양현대사』(스튜어트 H. 휴즈 저, 박성수 역, 종로서적출판주식회사, 1983)
[네이버 지식백과] 핀란드 [Finland, Republic of Finland] (한국민족문화대백과, 한국학중앙연구원)

● 헬싱키 대성당

(핀란드어: Helsingin tuomiokirkko or Suurkirkko,
스웨덴어: Helsingfors domkyrka or Storkyrkan)

그림 141 핀란드의 수도인 헬싱키의 중심부에 있는 대성당. 루터교회 헬싱키 교구에 속해 있다. 1917년 핀란드 독립 전까지는 성 니콜라우스 성당이라고 불렸다. 신고전주의 건축 양식으로 만들어진 대표적인 성당이기도 하다.

핀란드의 수도인 헬싱키의 중심부에 있는 대성당. 루터교회 헬싱키 교구에 속해 있다. 1917년 핀란드 독립 전까지는 성 니콜라우스 성당이라고 불렸다. 신고전주의 건축 양식으로 만들어진 대표적인 성당이기도 하다.

헬싱키의 중심부에 있는 이 교회는 핀란드에서 유명한 관광 명소이다. 매년 350,000명 정도의 사람 들이 대성당을 방문하고 그 가운데에는 예배에 참석하는 사람들도 있다.

그림 142 헬싱키 대성당

그림 143 헬싱키 대성당

그림 144 헬싱키 대성당

그림 145 헬싱키 대성당

그림 146 헬싱키 대성당

그림 147 헬싱키 대성당

그림 148 헬싱키 대성당

11:40 - 12:00

● 시벨리우스 공원 Sibelius Park

주소
Sibelius Park 00250, Helsinki
가는방법
스웨덴 극장 앞에서 24번 버스로 10분 소요, 중앙역에서 도보 30분 소요

핀란드에서 태어난 세계적인 작곡가
얀 시벨리우스를 기리기 위해 만들어진 공원이다.
시벨리우스는 조국에 대한 사랑을 주제로 한 곡들을 다수 작곡해 핀란드인들로부터 많은 사랑을 받았다. 이곳에는 강철로 만든 파이프 오르간 모양의 기념비와 시벨리우스 동상이 있다.
 600여 개의 강철 파이프로 이뤄진 기념비가 특히 인상적이다.
주변 바닷가 산책로를 거닐어 보는 것도 좋다.

그림 149 시벨리우스 공원 Sibelius Parkml 600여 개의 강철 파이프로 이뤄진 기념비

12:00 - 12:30

● 암석교회 - 헬싱키 템펠리아우키오 교회

Temppeliaukio Church /1969

티모 수오말라이넨 &
투오모 수오말라이넨 설계
주요재료 : 암석, 유리

'암석 교회'로도 잘 알려져 있는 템펠리아우키오 교회는 루터교 교리와 핀란드 자연환경의 조화를 잘 보여주는 건축물이다. 건축가 겸 가구 디자이너였던 티모(1928년생)와 투오모(1931~1988년) 수오말라이넨 형제는 1961년 공모를 통해 이 교회 건축의 설계를 맡게 됐다. 형제는 암석을 쪼아내 공간을 만들고 그 위를 원형 유리로 덮어서 자연광이 잘 들어 올 수 있는 교회 건축물을 설계했다. 내부 좌석도 제단을 중심으로 원형으로 배치했다. 암석을 파내어 내부를 만들면서 자연 상태 그대로 남겨 두었던 암석 일부가 교회 건축 내부를 장식하고 있다. 그들은 실내의 의자도 최대한 단순하게 제작했고, 불규칙한 돌 표면의 아름다움이 더욱 돋보이도록 일반적으로 사용되는 장식도 모두 생략했다. 음향 전문가와 지휘자가 처음부터 건축의 설계에 적극적으로 참여한 결과 음악회가 자주 열릴 정도로 뛰어난 음향 시설을 갖추게 되었다.

그림 150 '암석 교회'로도 잘 알려져 있는 템펠리아우키오 교회는 루터교 교리와 핀란드 자연환경의 조화를 잘 보여주는 건축물이다. 건축가 겸 가구 디자이너였던 티모(1928년생)와 투오모(1931~1988년) 수오말라이넨 형제는 1961년 공모를 통해 이 교회 건축의 설계를 맡게 됐다. 형제는 암석을 쪼아내 공간을 만들고 그 위를 원형 유리로 덮어서 자연광이 잘 들어 올 수 있는 교회 건축물을 설계했다.

그림 151 암석교회 - 헬싱키 템펠리아우키오 교회 의 십자가

교회는 검소한 루터교 교회의 원칙을 철저히 따르고 있다. 주변의 자연물과 빛은 음악과 마찬가지로 예배당 안에 들어온 이들이 종교적 의식에 더욱 집중할 수 있도록 만든다. 내부 벽에서는 이끼가 자라고 있어 생명이 느껴진다. 이끼는 그 자리에 영원히 있었던 것처럼 보이며, 영원한 삶에 대한 기독교적 메시지를 들려주는 듯하다. 교회는 마치 땅속에서 솟은 듯 보이기도 하며, 아주 오래전부터 그곳에 서 있었던 것처럼 보이기도 한다. 외형을 이루는 암석 벽은 극한의 기후와 화염포로 인한 타격으로부터 교회를 보존하기 위해 고안된 것으로, 오래된 핀란드의 숲을 연상시킨다.

그림 152 암석교회 - 헬싱키
템펠리아우키오 교회 Temppeliaukio Church /1969건축가 겸 가구 디자이너였던 티모(1928년생)와 투오모(1931~1988년) 수오말라이넨 형제는 1961년 공모를 통해 이 교회 건축의 설계를 함

12:40
Lunch

13:30 st. Petersburg 로 출발

16:10 핀란드 국경 통과
출국심사 간단
16:15 러시아국경

16:50 러시아 국경 통과

운좋은 국경 통과 30분 소요
입출국 카드 기입.입국 도장 받음.
개별 짐 검색하거나 입국수속
지연 허다함
특히 과다한 담배 주류 자연과일
반입불가 유의

(시차 -5)에서 17:20 으로 정정
(이하 러시아 시간 적용)

20:30 st. Petersburg 도착

호텔 도착 후 디너는 도시락

■ ■ 북유럽 09일차 2014. 7. 03 (목)

그림 153　상트페테르부르크 여름궁전 Summer Palace in St Petersburg

● 상트페테르부르크

도시는 역사다. 표트르의 도시라고도 하는데 무리가 없어 보이는 상트페테르부르크. 이도시를 만든 표트르 대제는 러시아 국가를 제국으로 명명하고 스스로를 황제로 칭하면서, 표트르가 네바 강변에 새 수도 상트페테르부르크를 건설하겠다고 했을 때, 거의 모든 사람들은 이 계획을 무모하다 못해 미친 짓으로 받아들였다. 유럽 지역 러시아에 거주하던 여러 민족을 통합해 '전 러시아 국가'를 건설한 이 개혁 군주는, 제국의 수도를 영토의 중심에 위치한 모스크바로부터 스웨덴과의 전쟁이 한창이던 최전방으로, 그것도 여러모로 사람이 살기에 적합하지 않은 '늪지대' 위로 이전했다.

그림 154 지난 2003년으로 300주년을 맞은 이 도시는 1703년 표트르대제가 당시까지 유럽사의 주류에서 비껴나 있던 러시아를 서구화·근대화의 길로 이끌기 위해 핀란드 만과 네바 강 어귀의 늪지대 위에 건설한 거대한 계획도시다.

한번 떠올려 보라. 국경 '바깥'의 빼앗은 땅에 새 수도를 건설한다는 발상을! 하지만 이런 '미친 짓'엔 이유가 있었다. 그 이유는 무척 복합적인데, 우선 발트해 연안, 특히 당시 수로와 육로 교통 연결의 요충지이던 네바 강 어구가 지니는 전략적 의미다. 당시 전쟁 상대이던 스웨덴을 제압할 수 있는 유일한 방법은 바로 이 지역을 확보하는 길뿐이었다. 하지만 이보다 훨씬 더 중요한 이유는 이 '천도 행위' 자체에 부여된 크나큰 '문화적' 의미다. 러시아에게 상트페테르부르크란 무엇인가? 러시아가 마침내 열어젖힌 '유럽으로 열린 창'이다. 서구를 향한 러시아의 강렬한 열망을 응축한 이 도시는, 이른바 '러시아적 모더니티'의 전형적인 결과물이자 동시에 모더니티의 다양한 '왜곡'을 증명하는

그림 155 페테르부르크 시내의 코프치야 잡화 갤러리. 헤아릴 수 조차 없는 수많은 종류의 쵸코릿과 쿠키 류 가 손님을 기다리고 있다.

문제적인 텍스트인 것이다. 페테르부르크는 어떤 도시인가? 지난 2003년으로 300주년을 맞은 이 도시는 1703년 표트르대제가 당시까지 유럽사의 주류에서 비껴나 있던 러시아를 서구화·근대화의 길로 이끌기 위해 핀란드 만과 네바 강 어귀의 늪지대 위에 건설한 거대한 계획도시다. 15만 지난 2003년으로 300주년을 맞은 이 도시는 1703년 표트르대제가 당시까지 유럽사의 주류에서 비껴나 있던 러시아를 서구화·근대화의 길로 이끌기 위해 핀란드 만과 네바 강 어귀의 늪지대 위에 건설한 거대한 계획도시다.

명 이상의 인명을 희생시키고 탄생한 무덤 위의 도시, 기적 같은 건설의 신화와 함께 적그리스도와 악마의 신화를 잉태한 도시가 바로 페테르부르크다.

러시아 동화에 나오는 마법의 도시처럼, 페테르부르크는 비약적으로 성장했다. 서구의 다른 곳에서라면 몇 세기에 걸쳐 일어난 일들이 그곳에선 불과 50년 만에 급속하게 일어났다. 10년 만에 늪지의 한가운데에 건물 3만 5000채가 들어섰다. 늪지대에 기적처럼 출현한 페테르부르크는 도시의 주체들에게조차 인간적 현실로 다가오지 않았다. 표트르가 "이곳에 도시를 건설할 것이다."라고 선언했을 때, 그의 말은 마치 "빛이 있으라."고 했던 신의 명령을 연상시켰다. "우리 황제께선 도시 전체를 건설하신 다음 그것을 땅위에 내려놓으셨소."라는 전설은 이를 보여주는 하나의 사례다.
말 그대로 늪지대 전체를 돌로 메운 대공사는 가히 신화적 규모를 자랑한다. 늪을 메울 많은 돌은 당연히 다른 지역에서 옮겨 와야만 했다. "강둑의 유명한 화강암은 핀란드에

그림 156 러시아 동화에 나오는 마법의 도시처럼, 페테르부르크는 비약적으로 성장했다. 서구의 다른 곳에서라면 몇 세기에 걸쳐 일어난 일들이 그곳에선 불과 50년 만에 급속하게 일어났다. 10년 만에 늪지의 한가운데에 건물 3만 5000 채가 들어섰다

서, 궁정의 대리석은 이탈리아, 우랄, 중동에서, 반려암은 스웨덴에서 들여왔다. 조립 현무암과 석판암은 오네가 호수, 사암은 폴란드와 독일, 건축용 석회화(石灰華)는 이탈리아, 타일은 베네룩스와 뤼베크에서 가져왔다.

유명한 표트르의 '청동기마상'을 받치는 화강암 대좌는 높이 12미터, 둘레 30미터에 달했다. 약 66만 킬로그램에 이르는 이 화강암을 옮기는 데만도 1000명과 1년 6개월 이상이 필요했다. 이 화강암이 발견된 숲에서 수도까지 13킬로미터를 처음엔 도르래로, 그 다음엔 특수 제작한 거룻배로 옮겨야 했다. 이삭 성당의 거대한 화강암 원기둥 36개

그림 157 발틱해와 면한 상트페테르부르크 여름궁전 Summer Palace in St Petersburg 의 전경

도 마찬가지였다." 사실 피라미드를 건설할 때를 제외하면, 이처럼 엄청난 양의 석재가 운송된 전례를 찾아보기 어렵다. 이 과정이 어느 정도로 끔찍한 희생을 동반했을지 상상하는 건 전혀 어렵지 않다. 불과 3년 동안 이 새로운 도시는 약 15만 명에 가까운 노동자를 '삼켜 버린' 것이다.

그렇게 해서 돌과 뼈, 이 원초적 기표 둘은 도시 페테르부르크를 수식하는 지표적 환유인 동시에 이후 창궐하게 될 '페테르부르크 신화'의 근원적인 신화소가 되었다. 늪지대의 심연 위에 '돌'로 세운 도시 그리고 심연을 메우고 있는 수많은 '뼈'. 러시아 정교의 공식적인 축복 속에 탄생한 이 도시는 무시무시한 저주의 말과 함께 태어났다. 표트르의 첫째 부인은 유형지에서 이렇게 말했다. "그 곳이 텅 비도록 하라!" 그리고 축복과 저주의 이런 이중성은 페테르부르크의 신화와 역사에 계속 그림자를 드리우게 된다.

10:00 ~ 11:20

● 상트페테르부르크 여름궁전 Summer Palace in St Petersburg

그림 158 상트페테르부르크 여름궁전 의 분수 Summer Palace in St Petersburg

휴관일 토요일, 매달 첫째 월요일　주소 Nevsky Prospekt, Saint-Petersburg
가는 방법 / 발티스까야 역에서 전차를 이용할 경우 약 40분 소요. 노브이 페테르고프에서 하차, 350, 351,352,356 버스를 이용, 프롤레타르스키 공원에서 하차.

상트페테르부르크에서 약 30㎞ 떨어진 핀란드만 해변가에 위치하고 있다. 표트르 대제가 파티 장소로 쓰기 위해 만든 것으로, 당시 러시아 제국의 위엄과 황제의 권위를 과시하기 위한 목적이었다. 표트르 대제의 명령으로 1714년 착공된 이래 9년이 지난 후 완공되었다고 알려져 있지만, 실제로는 150년이나 지난 후에야 공사가 끝이 났다. 러시아와 유럽 최고 건축가들과 예술가들이 총동원되어, 20여 개의 궁전과 140개의 화려한 분수, 7개의 아름다운 공원이 만들어졌다. 현재 박물관으로 사용중인 여름궁전 1층에는 표트르 대제의 응접실과 서재, 침실 등이 있으며 2층에는 왕실 대대로 내려오는 가구와 도자기들이 전시되어 있다.

12:30~13:30
런치　현지식 스프 빵 메인디쉬 커피 아이스크림

14:00 ~ 16:00

● 상트페테르부르크 겨울 궁전 Winter Palace

출처 : wikimedia commons 1762년 건축가 /프란체스코 바르톨로메오 라스트렐리
위치 / 러시아 상트페테르부르크, 양식 / 러시안 바로크, 재료/ 벽돌, 석고
겨울 궁전은 그 예술적인 중요성은 물론 러시아 역사 속에서 차지하는 위치로 인해 상트페테르부르크에서 가장 유명한 건물 중 하나이다. 엘리사베타 여제가 가장 총애하던 궁정 건축가가 여제를 위해 지은 궁전으로 방의 개수가 1천 개가 넘는, 유럽에서 가장 큰 궁전 가운데 하나이다. 다양한 장식을 세 개층에 걸쳐 풍부하게 사용한 러시아 바로크식 외관만이 건축 당시 그대로 남아 있다.
겨울 궁전은 1837년 12월 화재로 인해 소실되고, 그 후 2년에 걸쳐 재건되었다. 비용을 아끼지 않은 이 공사로 수많은 노동자들이 목숨을 잃었다. 라스트렐리가 설계한 대로 복원될 수 있었던 실내는 조르단 층계가 유일하다. 나머지는 바실리 스타소프, 알렉산드르 브리울로프, 오귀스트 몽페랑 등 여러 건축가들에 의해 바로크 복고와 신고전주의, 고딕 복고가 뒤범벅이 되었다. 공공 공간은 넓고 웅장하지만, 비교적 작은 개인 공간들은 부르주아식 편안함의 집약이다.
예카테리나 대제는 점점 늘어가는 자신의 예술 컬렉션을 보관하기 위해 궁전 북쪽에 건물을 덧붙였다. 유리 펠텐과 쟝-바티스트 발랭 드 라 모트의 소(小) 에르미타슈 미술관과, 펠텐이 설계한 구(舊) 에르미타슈, 그리고 자코모 콰렝기의 작품인 에르미타슈 극장 등이 그것이다. 여기에 니콜라이 I세가 레오 폰 클렌체로 하여금 황실 가족은 물론 궁정인들을 위한 대부분의 접대 공간과 방들을 갤러리로 개조하게 한 신(新) 에르미타슈 미술관이 추가되었다.

● 에르미타주 미술관

국립 에르미타주 미술관(The State Hermitage Museum, Государственный Эрмитаж)은 러시아의 상트 페테르부르크(Saint Petersburg)에 위치한 예술과 문화 박물관이며, 세계에서 가장 크고, 가장 오래된 미술관 중 하나로 꼽히는 곳이다. 1764년 예카테리나 대제(Catherine the Great)가 미술관 컬렉션의 기초를 마련하였으며, 외부에 공개되기 시작된 것은 1852년부터이다.
일반에 공개되기 전, 왕실이 '겨울궁(Winter Palace)' 옆에 작은 궁전을 지어 미술 컬렉션을 보관 전시했기 때문에, 그 궁전에 '에르미타주(Ermitage: 불어로 '은둔소'라는 뜻)'라는 닉네임이 붙게 되었고, 이 별칭이 '에르미타주 미술관'의 기원이 되었다.
겨울궁은 1754년부터 건축가 라스트렐리(Bartolomeo Francesco Rastrelli)가 세운 바

로크 양식의 대표적인 러시아 건축물이며 에르미타주 미술관의 본관으로 사용되고 있다. 에르미타주 미술관은 겨울궁 뿐 아니라 소에르미타주, 구에르미타주, 신에르미타주, 에르미타주 극장, 예비 보관소(Reserve House) 등 6개의 건물들이 통로로 연결된 거대한 미술관으로 유럽 미술품을 가장 많이 소장하고 있는 세계 최대 미술관 [17] 중 하나이다.

1917년, 10월 혁명 후, 귀족들로부터 몰수된 수많은 미술품들이 에르미타주 미술관으로 유입되어 컬렉션의 규모가 크게 증가하였으며, 현재 3백만 여 점의 컬렉션을 보유하고 있다. 미술관 입장료가 러시아 내국인과 외국인 사이에 큰 격차가 있는 것으로 유명하지만, 매달 첫째 목요일은 입장료가 무료이며, 매주 월요일은 휴무이다. 연 관람객의 규모는 약 2백 59만 명(2010)이다.

1 역사

러시아의 예카테리나 대제(Catherine the Great)는 1764년부터 자신의 미술 컬렉션 수집을 시작했다. 그녀의 첫 번째 컬렉션은 러시아를 방문했던 베를린의 상인, 요한 에른스트 고츠코스키(Johann Ernst Gotzkowsky)로부터 구입한 회화들이었다. 고츠코스키는 본래 이 컬렉션을 프러시아의 왕이었던 프레드릭 2세에게 팔기 위해 구성했지만, 최종적으로 프레드릭 2세가 구입을 거절하자 러시아 황실을 찾게 되었다고 한다.

그림 159 국립 에르미타주 미술관
(The State Hermitage Museum, Государственный Эрмитаж)은 러시아의 상트 페테르부르크(Saint Petersburg)에 위치한 예술과 문화 박물관이며, 세계에서 가장 크고, 가장 오래된 미술관 중 하나로 꼽히는 곳이다. 1764년 예카테리나 대제(Catherine the Great)가 미술관 컬렉션의 기초를 마련하였으며, 외부에 공개되기 시작된 것은 1852년부터이다.

고츠코스키는 플랑드르와 네덜란드 회화 3백 여 점을 러시아 황실에 제공했으며, 컬렉션에는 13점의 렘브란트의 작품, 11점의 루벤스의 회화, 7점의 요르댄스(Jacob Jordaens)의 작품 등이 포함되어 있었다.

1764년, 예카테리나 대제는 유리 벨텐(Yury Velten)에게 의뢰하여 겨울궁 동쪽으로 별관을 짓도록 했으며 증축 작업은 1766년에 완료되었다. 이 별관이 바로 지금의 소에르

17) 세계 3대 미술관
세계 3대 미술관은 선정하는 사람들마다 조금씩의 차이가 있다. 하지만 미술관과 박물관은 엄연히 다르다. 루브르는 박물관이고 오르세는 고흐와 밀레 전문 미술관이다. 일반적으로 세계 3대 미술관으로 불리는 미술관은 미국 뉴욕의 근대 미술관, 스페인 마드리드의 프라도 미술관, 러시아 상트페테르부르크의 에르미타주미술관 등 3곳을 지칭합니다. 덧붙여 보스턴미술관을 더해 세계 4대 미술관이라고 한다. 참고로 세계 3대 박물관은 영국 런던의 '대영 박물관', 미국 뉴욕의 '메트로폴리탄 박물관', 프랑스 파리의 '루브르 박물관'을 말하며 여기에 대만의 '국립 고궁박물관'과 이집트 '카이로 박물관'을 더해 세계 5대 박물관이라고 하기도 한다.

미타주(Small Hermitage)의 남관이다.

1767년에는 프랑스 건축가 발랑 드라 모트(Jean-Baptiste Vallin de la Mothe)이 북관을 증축하였고, 그 후 모든 갤러리들을 연결시킨 후 예카테리나 대제의 컬렉션을 보관 전시하기 시작했다. 극소수에게만 공개되었던 예카테리나의 컬렉션은 해가 갈수록 그 규모와 품격이 높아졌고, 유럽의 유명 컬렉터들과 귀족들에게서 작품들을 계속 사들여 매우 훌륭한 컬렉션이 완성되었다.
1769년에는 6백여 점의 회화 작품으로 구성된 브륄 컬렉션(Brühl's collection)을 구입했으며, 1772년에는 프랑스에서 크로자 컬렉션(Crozat's collection)을, 1779년에는 런던에서 198점의 회화 컬렉션을 구입했다. 1781년에도 파리에서 119점의 회화를 추가로 구입했다.
파빌리온 홀. <출처:Dezidor at en.wikipedia>
루벤스의 방. <출처:Dezidor at en.wikipedia>

 *그림 160 폴리페무스가 있는 풍경 니콜라 푸생1649년*	 *그림 161 센 강변의 마을 알프레드 시슬레 1872년*	 *그림 162 류트 연주자 카라바지오 1595년*	 *그림 163 호랑이와 물소의 싸움 앙리루소 1891년*
 *그림 164 범선에서 카스파르 프리드리피 1818년*	 *그림 165 말안장을 잡고 있는 모로코인 들라크루아 1855년*	 *그림 166 여인의 머리 프랑수아 부셰 1750년*	

컬렉션은 금세 증가하였고, 예카테리나 대제는 생전에 이미 4천 점에 이르는 대가들의 명작 회화들을 보유하고 있었으며, 3만8천 여 권의 장서들, 1만 여점의 보석들, 수많은 소묘와 동전, 메달들, 그리고 자연사 유물까지 고루 소장하고 있었다. 겨울궁과 소에르미타주 궁만으로는 전시 공간이 부족했기 때문에 1771년 대제는 다시 유리 벨텐을 불러 또 하나의 전시관을 짓도록 명하였다.
네오클래식 양식의 새 궁전이 1787년에 완공되었는데, 이 건물이 바로 현재 대에르미타주(Large Hermitage) 궁, 혹은 구에르미타주(Old Hermitage)라고 불리는 전시관이다. 대제는 1783년에는 에르미타주에 개인 극장을 건립하게 되는데, 극장 건축은 이탈

리아 건축가 지아코모 콰렌지(Giacomo Quarenghi)가 담당했다.
이어서 1787년 예카테리나 대제는 런던에서 고대 로마의 대리석 조각품들을 구입하여, 자신의 궁전과 정원을 꾸몄으며, 이 컬렉션은 현재의 고대 로마 유물 컬렉션의 기초가

되었다. 1815년에는 알렉산드르 1세가 나폴레옹의 아내였던 조세핀(Joséphine de Beauharnais)으로부터 38점의 그림을 구입하게 되는데, 이로써 에르미타주의 렘브란트 컬렉션은 세계에서 가장 규모가 큰 컬렉션이 되었다. 조세핀 컬렉션에는 이탈리아의 신고전주의 조각가 안톤 카노바(Antonio Canova)의 초기 조각 작품 4점도 포함되어 있었다. 1917년 10월 혁명 이후, 에르미타주와 겨울궁은 왕족들의 거주지가 아닌 국립 미술관이 되었으며, 러시아 왕족과 귀족들로부터 몰수한 미술품까지 합류하여 더욱 방

그림 167 유디트
조르조네 1505년

그림 168 황제 니콜라이2세의 초상
일리아 레핀 1895년

그림 169 비너스와 아모르
대 크라나흐 1509년

대한 컬렉션을 갖추게 되었다.
1922년, 19세기 유럽의 주요 회화 작품들은 러시아 미술 아카데미로부터 에르미타주로 이관되었고, 대신 1927년에는 소비에트 연방 정부의 명에 따라 5백 여점의 회화 작품들이 새로운 수도, 모스크바에 세워진 '모스크바 서양미술관(Central Museum of old Western art in Moscow)'으로 옮겨졌다. 1930년대 초반, 70여 점의 회화가 다시 모스크바로 이관되었고, 1932년에는 중요도가 높지 않은 수많은 회화 작품들이, 소비에트 연방의 곳곳에 새롭게 건립한 미술관들로 옮겨갔다
1928년 소비에트 연방 정부는 에르미타주 미술관의 주요 소장품의 목록을 작성하도록

했고 이들은 국외에 수출하도록 명령했다. 그 결과 1930년부터 1934년 사이 2천 여점이 넘는 미술품들이 유명 옥션하우스나 외국 관공서, 사업가들에게 팔려나갔다.

당시에 팔려나간 작품으로는 라파엘로(Raphael)의 [성모자(Alba Madonna)], 티치아노(Titian)의 [거울을 든 비너스(Venus with a Mirror)], 보티첼리(Botticelli)의 [성모 예찬(Adoration of the Magi) 1475], 얀 반 에이크(Jan van Eyck)의 [수태고지(Annunciation)], 렘브란트와 반 다이크의 명화들이 있다.
1931년 몇 회에 걸친 흥정을 통해 21점의 회화 작품들이 앤드류 W. 멜론(Andrew W. Mellon)에게 판매되었는데, 훗날 멜론은 이 컬렉션을 미국 워싱턴 시에 기증하여, '워싱턴 국립미술관(The National Gallery of Art in Washington, D.C)'의 초석을 다지게 된다.
2차 세계대전 동안 에르미타주의 미술품들은 안전을 위해 두 대의 기차에 실려 스베르들롭스크(Sverdlovsk)로 이송되었는데, 그 후 두 번의 폭격으로 미술관 건물 외관들은 심하게 손상을 입게 된다. 전쟁 후 1945년 컬렉션들은 다시 돌아왔고 그 해 11월에 미술관은 재개관을 하게된다.
1948년, 에르미타주에는 인상파와 신인상파의 작품들이 대거 유입되었다. 모스크바의 서양미술관으로부터 이관된 316점의 근대 미술 작품들이었는데, 이 컬렉션은 주로 개인 컬렉터들이었던 세르게이 쉬추킨(Sergei Shchukin)과 이반 모로조프(Ivan Morozov)로부터 몰수, 국유화되었던 작품들이었다.
마티스, 피카소의 작품들을 많이 포함하고 있던 이들 컬렉션을 유입함으로써 에르미타주에는 20세기 회화 작품들이 훨씬 풍부해졌다. 1967년에는 마티스의 수많은 작품들이 또 한번 유입되었는데, 그의 연인이었던 리디아 데렉토르스카야(Lydia Delectorskaya)가 자신이 소유하고 있던 마티스의 작품들을 에르미타주 미술관에 기증했기 때문이었다.

2 구조

본래 에르미타주 미술관에서 컬렉션을 보관하던 곳은 소에르미타주(Small Hermitage) 한 곳이었다. 하지만 오늘날 에르미타주 미술관은 무려 6개의 건물로 이루어진 거대한 미술관이 되었다. 소에르미타주 뿐 아니라 구에르미타주, 신에르미타주, 에르미타주 극장, 겨울궁의 5개의 전시실과 1개의 예비 보관소로 구성되어 있으며 전시관들은 서로 통로를 통해 연결되어 있다.

최근 에르미타주 미술관은 겨울궁 앞 광장에 새로운 건물을 지어 미술관장의 관저로 사용하고 있으며, 관저의 명칭은 '멘쉬코프 궁(Menshikov Palace)'이다.
에르미타주 미술관은, 13세기부터 20세기에 이르는 유럽의 회화, 조각, 응용 미술 작품들을 비롯한 서양 유럽 미술 컬렉션을 4개의 건물의 1층과 2층, 3층에 위치한 120개

전시실에서 전시하고 있다. 소묘와 판화 작품은 임시 전시실들에서 전시하고 있다. 에르미타주의 방대한 컬렉션을 모두 보는 데는 많은 시간이 걸린다.
한 자료에 의하면 에르미타주의 각 컬렉션을 1분씩 감상한다면 모든 작품을 감상하는 데 8년이 넘는 시간이 들 것이라는 계산이 나올 정도로 에르미타주의 컬렉션의 양은 방대하기 때문이다. 자신의 취향에 맞는 컬렉션을 선별하여 감상하여도 하루 동안 주요한 작품들을 모두 감상하기가 쉽지 않다는 말이다. 에르미타주를 방문하게 된다면 동선을 고려하여 감상할 작품들을 선별하여 감상 경로를 꼼꼼하게 계획해야 할 것이다.

3. 소장품

고대 유물

에르미타주 1층 전시실에서는 고대 유물들이 전시되고 있다. 선사 시대, 고대 이집트, 메소포타미아, 그리스, 로마 유물 등이 전시되고 있다. 겨울궁 서쪽 궁에는 시베리아에서 발굴된 BC.4~5세기 유물들과 스키타이 족들의 유적들이 전시되고 있다.
시베리아의 동토에서 보존되었기 때문에 스키타이 족의 유적들은 그 보존 상태가 매우 좋은 것으로 알려져 있는데, 특히 머리카락과 치아가 생생하게 보존된 스키타이 족의 미라는 많은 이들의 관심을 받는 유적이다.
1940년대부터 전시되고 있는 이집트 유물은 겨울궁의 동쪽 1층의 커다란 전시실에 자리잡고 있으며, 앗시리아를 비롯한 고대 메소포타미아 문명의 컬렉션들도 같은 건물, 같은 층에서 전시되고 있다. 고대 유물들이 전시되고 있는 갤러리들의 인테리어는 독일 건축가인 레오 폰 클렌제(Leo von Klenze)가 맡았으며, 1850년대에 그리스 스타일을 재현하여 꾸민 것으로 알려져 있다
천연 대리석으로 만든 기둥들과 페인트로 광을 낸 치장벽토(stucco)를 응용하여 그리스 스타일의 인테리어를 완성했다. 1층의 가장 유명한 인테리어로는, 에투루리아의 화병들을 전시하기 위해 만들어진 '20 기둥 갤러리(Hall of Twenty Columns)'를 꼽을 수 있을 것이다. 세 부분으로 나뉘어 줄을 선 듯 두 줄로 일목요연하게 늘어선 회색 돌기둥은 모자이크 무늬의 대리석 바닥, 치장벽토 벽, 청정화가 그려진 천정과 조화를 이루어 장관을 이루고 있다.
서쪽 전시실에 있는 거대 화병(Great Vase)은 2.57미터 높이의 벽옥(jasper)으로 만든 콜리반 화병(Kolyvan Vase: 콜리반은 러시아 알타이 지역의 도시 이름)으로 그 크기와 웅장함으로 화제가 되고 있다. 1843년에 만들어진 이 화병은 무게도 19톤이나 되며 크기가 거대해서 전시실의 벽을 올리기 전에 작품을 먼저 들여놓은 후 건축을 완성했던 일화가 유명하다.
고대 유물 컬렉션에서는 다양한 그리스 유물들을 선보이고 있기도 하다. 기원전 5세기의 고대 그리스 도자기, 고대 그리스 도시들로부터 출토된 유물들, 헬레니즘 조각과 각종 카메오를 비롯한 보석류 등도 다양하다. 특히 고전적인 헬레니즘 그리스 조각품의 모각품들이 풍부하며, 기원전 1세기부터 기원후 4세기에 이르는 대리석과 청동상들을

풍부하게 보유하고 있다.

주목받는 작품으로는 [토리드의 비너스(Tauride Venus: 토리드는 러시아 영토인 크림 반도의 옛 지명)]가 있으며, 이 작품은 로마 때의 카피본이 아닌 오리지널 헬레니즘 조각상으로 알려져 있다. 하지만 고대 유물 컬렉션에 포함된 대부분의 그리스 조각상들과 기념비들은 카피본인 경우가 많다. 한편 겨울궁의 1층, 서쪽 전시실에서 전시되고 있는 유물들은 선사시대 유물들이다.

보석류와 장식미술

고대 유물들의 전시되고 있는 신에르미타주의 1층 전시실 중앙의 작은 전시실 4개에는 '보석'류들이 전시되고 있으며, 이는 BC 4세기부터 AD 20세기에 이르는 서양 보석들을 전시하고 있는 보석 전시실이다.

한편 겨울궁 1층에는 코카서스와 아시아 초원 지역에서 발견된 스키타이(Scythian) 족과 사르마티아(Sarmatian) 족의 금세공품을 전시하는 보석 전시실이 있는데, 보석 전시실들을 관람하기 위해서는 특별히 입장권을 따로 구매해야 한다.

그림 170 수태고지 다 코넬리아노 1495년

그림 171 풍경 속의 마리아 조르조네 1500~1510년

한편 신에르미타주의 북쪽에는 1858년, 쉬타켄쉬나이더(Andrei Stakenschneider)가 디자인한 파빌리온 전시실이 있는데, 그곳에서 18세기에 제임스 콕스(James Cox)가 황금으로 만든 [공작 시계(Peacock Clock)]를 볼 수 있다.

예카테리나 대제가 구입한 것으로 알려진 이 시계는 황금으로 만든 진귀한 시계로서 특별한 황실의 행사가 있을 때에만 작동시켰던 것으로 전해진다. 소에르미타주의 서쪽 전시실에서는 12세기부터 15세기에 이르는 서유럽의 장식 미술품들을 전시하고 있다.

이탈리아 르네상스

안드레이 쉬타켄쉬나이더가 인테리어 디자인을 맡았던 구에르미타주의 전시실에서는 이탈리아 르네상스 화가들의 작품들이 전시되고 있다.

조르조네(Giorgione), 티치아노(Titian), 베로니즈(Veronese) 등의 작품들을 소장하고 있으며, 무엇보다도 레오나르도 다 빈치(Leonardo da Vinci)의 [꽃의 성모(Benois Madonna)]와 [리타의 성모자(Madonna Litta)]를 소장하고 있는 것으로 유명하다. [꽃의 성모]는 이 세상에 몇 점 남아있지 않은 다 빈치의 청년 시절 작품이라는 점에서 의미있는 작품이며, 엄숙하고 우아하기만 했던 성모의 모습을 우화적으로 표현하고 있다는 점도 특별하다.

어린 어머니가 아이와 함께 천진난만하게 놀고 있는 듯한 모습을 그리고 있어서, 르네상스 회화 작품으로는 드물게 엄숙함 대신 귀여움과 정겨움을 느낄 수 있는 작품이다.

한편 에르미타주에 소장된 다빈치의 또 하나의 명작 [리타의 성모자(Madonna Litta)]는 초기 르네상스의 최고 걸작으로 꼽히는 작품으로 아기 예수에게 젖을 물리고 있는

그림 172 깃털장식 여인 티치아노 1536년

그림 173 회개하는 막달레나 티치아노 1565년

마리아의 모습을 섬세하게 표현해냈다. [리타의 성모자]라고 불리는 이유는, 에르미타주 미술관에 유입되기 전에 이 작품을 소유하고 있던 사람이 이탈리아 밀라노의 리타 공작이었기 때문이라고 알려져 있다.

이탈리아 르네상스 작품들은 신에르미타주의 동관에서도 전시하고 있다. 회화를 비롯하여 조각, 15세기와 16세기의 마조리카와 테피스트리 작품들까지 풍부하게 보유하고 있기 때문이다.

또한 에르미타주 미술관에는 라파엘로가 바티칸 궁의 로지아(loggia: 한쪽에만 벽이 있는 복도를 말한다)의 벽과 천정에 그렸던 프레스코 화를 재현한 라파엘로 로지아(Raphael Loggia)가 있기도 하다. 이 회랑은 이탈리아 건축가인 지아코모 콰렌지(Giacomo Quarenghi)가 디자인하고 운터베그거(Cristopher Unterberger)와 그의 제자들이 1780년대에 채색하여 완성하였다.

이탈리아와 스페인 회화

신에르미타주의 2층, 중앙부에는 붉은 벽과 자연광이 인상적인 3개의 대형 전시실이 있다. 이곳에서는 19세기 러시아 비문(Lapidary)들과 함께 16세기부터 18세기에 완성된 이탈리아와 스페인의 회화들이 전시되고 있다.
이탈리아 베네치아 화파의 거장인 베로니즈(Veronese)와 틴토레토(Tintoretto), 스페인을 대표하는 화가 벨라스케스(Velázquez)와 무리요(Murillo)의 작품들이 포함되어 있다.
자연광 갤러리들 바로 옆에는 조금 작은 사이즈의 갤러리가 있는데 주로 15세기 전후의 이탈리아와 스페인의 회화 작품들을 전시하고 있다.
미켈란젤로(Michelangelo)의 [몸을 구부리고 있는 소년(Crouching Boy)]과 엘 크레코(El Greco)의 [베드로와 바울(Peter and Paul)]을 포함하고 있다.

그림 174 브누아의 성모 다 빈치 1478년

그림 175 코네스타빌레의 성모 라파엘 1504년

그림 176 성인과 함께 있는 마리아 프라 안젤리코 1420년

그림 177 수태고지 시모네 마르티니 1330년경

네덜란드 황금시대와 플랑드르 바로크 미술
신에르미타주의 서관에는 17세기 네덜란드 황금시대와 플랑드르의 바로크 회화 작품들이 전시되고 있다. 네덜란드를 대표하는 화가 렘브란트(Rembrandt)와 벨기에 플랑드르 화파의 거장 루벤스(Rubens)의 작품들을 감상할 수 있다.

그림 178 앉아있는 노인
렘브란트 1654년

그림 179 성 가족
렘브란트 1645년

성서 속 아브라함의 이야기를 그린 렘브란트의 [아브라함의 제사(Abraham and Isaac)]도 에르미타주 미술관에 소장되어 있다. 백세가 넘은 아브라함이 하나님의 뜻에 따라 외아들 이삭을 제물로 바치려는 순간, 천사가 나타나서 아브라함의 손에서 칼을 떨어뜨리는 순간을 그린, 렘브란트의 명작으로 꼽히는 작품이다.

한편 렘브란트가 자신의 아내를 모델로 그린 [꽃의 여신, 플로라(Flora)]도 인상적이다. 렘브란트는 생전에 아내, 사스키아를 모델로 [플로라]를 세 점 그렸으며, 노년의 아내였던 핸드리케를 모델로 [플로라]를 한 점 더 그렸던 것으로 알려져 있는데, 에르미타주 미술관에 전시된 [플로라]는 그의 첫 번째 [플로라]였다.

그림 180 플로라 렘브란트 1634년

그림 181 이삭의 희생 렘브란트 1635년

꽃의 여신이었던 플로라처럼 풍성한 화관을 쓰고, 화려한 무늬의 옷을 입은 화가의 어린 부인의 모습이 인상적이며, 이 그림을 그린 1634년은 렘브란트가 사스키아와 결혼했던 해였기 때문인지, 화가의 신부에 대한 사랑을 느낄 수 있는 작품이다. 뛰어난 동판화가로도 유명한 렘브란트가 남긴 훌륭한 동판화 작품, [세 개의 십자가(The Three Cross)]도 감상할 수 있다.

한편 루벤스의 작품으로는 그 유명한 [로마식 자비(Roman Charity)]를 감상할 수 있다. 이 작품은, 로마 시대 죄를 지어 아사형에 처해졌던 아버지 시몬(Simon)이 갇혀있는 감옥에 면회갔던 딸 페로(Pero)가 굶어 죽어가는 아버지를 위해 자신의 젖을 물리는 장면을 드라마틱하게 묘사한 루벤스의 대표적인 작품이다.

그림 182 벽난로 곁의 마리아 로베르 캉펭 1430년

그림 183 꽃병에 든 꽃 아브라함 미뇽 1650년

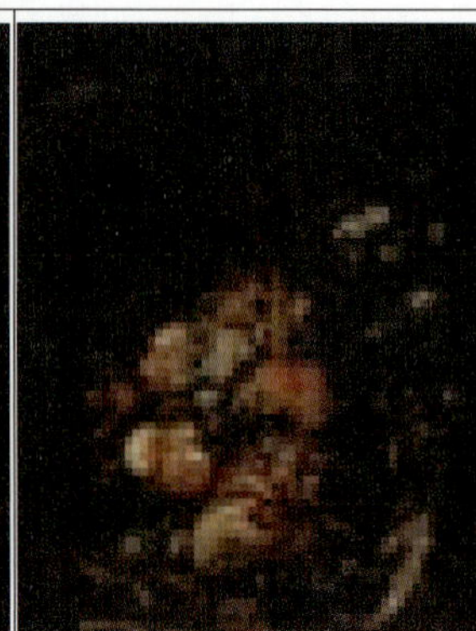

그림 184 과일 아브라함 미뇽 1650년

그림 185 숙녀와 하녀 피터 드 호흐 1660년

그림 186 여인과 하녀 피터 드 호흐 1660년

그림 187 다나에 렘브란트 1636년

그림 188 목욕하는 사람들 세잔 1890~1894년

그림 189 채찍을 든 소녀 르누아르 1885년

에르미타주에서 만날 수 있는 루벤스의 또 하나의 대작으로는 [대지와 바다의 결합(The Union of Earth and Water)]이 있다. 이 작품은 높이 2미터가 넘는 대작으로 대지의 신과 바다의 신의 모습이 사람의 실물 크기로 묘사되어 있으며, 루벤스 특유의 격정적이며 강렬한 테크닉으로 신화의 세계를 표현해내고 있다.

신고전주의, 인상파, 신인상파

에르미타주 미술관에는 신고전주의, 인상파, 신인상파 작품들이 풍부한 것으로 유명하다. 2층의 일부 전시실 뿐 아니라 3층으로 이어져서 인상파와 신인상파, 그리고 20세기의 주옥 같은 작품들을 대거 전시하고 있다. 특히 1995년, 이곳에서는 수 십년간 소실된 것으로 알고 있었던 고흐(Vincent van Gogh)의 [밤의 하얀 집(White House at Night)]이 발견되기도 하였다.

세계대전 중에 나치에게 빼앗긴 후 행방불명되었던 작품이 에르미타주의 전리품 전시회에 다시 등장했던 것이다. 고흐는 정신병원에서 퇴원한 후 오베르에서 말년을 보냈는데 [밤의 하얀 집]은 당시 그가 그린 그림 중의 하나이다. 이 그림을 완성한 후 6주 후에 자살했기 때문에 이 작품을 고흐의 마지막 작품으로 추정하기도 한다.

그림 190 양귀비 들판 모네 1885년

그림 191 아를의 원형경기장 반 고흐 1888년

그림 192 아를의 여인 반 고흐 1888년

그림 193 오베르 쉬우아즈의 오두막 반 고흐 1890년

이 밖에도 고흐의 [라일락(Lilac)], 르느와르(Renoir)의 [검은 옷을 입은 여인(Woman in Black)], [채찍을 든 소년(Boy with a Whip)], 모네(Monet)의 [정원의 여인(Woman in the Garden)], 세잔느(Cezanne)의 [식탁보가 있는 정물], 고갱(Gauguin)의 [타히티의 목가]와 [나베 나버 모에(유식의 즐거움)]등의 작품들이 겨울궁 남동쪽 코너에서 전시되고 있다.

그림 194 수다 고갱 1891년

그림 195 라 그르누이에르 르누아르 1880~1890년

그림 196 여울 고갱 1890년

그림 197 생트 빅투아르 산 세잔 1898~1902년

20세기 초반의 근대 회화들은 3층의 남쪽 전시실에서 선보이고 있는데, 마티스(Matisse)를 비롯하여 입체파 화가들인 피카소(Picasso), 말레비치(Malevich), 칸딘스키(Kandinsky) 등의 작품들을 포함하고 있다. 특히 1967년, 마티스의 연인으로 알려진 리디아 데렉토르스카야(Lydia Delectorskaya)가 에르미타주에 기증한 작품 40여 점을 비롯한 마티스의 작품은 훌륭한 컬렉션을 이루고 있다.

대표작으로 꼽히는 마티스의 [음악]과 [춤]이 전시되고 있으며, 이 작품들은 원초적이고 실존적인 인간의 모습을 컬러와 움직임, 하모니 등을 통해 철학적으로 표현한 작품으로 평가받고 있다. [붉은 색의 조화(The Dessert: Harmony in Red)] 역시 관람객들의 사랑을 받는 작품.

이 작품은 마티스 애호가였던 세르게이 쉬추킨의 주문을 받아 그렸던 것으로 알려져 있으며, 일상적인 순간을 자유분방하게 표현하고 있으며 컬러가 지니고 있는 신비로운 마력을 마음껏 활용하고 있는 작품이다.

근대 회화 갤러리 옆에 위치한 작은 전시실에서는 독일 낭만주의 회화들을 주로 전시하고 있는데, 특히 19세기 독일을 대표하는 화가 캐스퍼 다비드 프리드리히(Caspar David Friedrich)의 주요한 작품들을 감상할 수 있다. 한편 3층의 서관에서는 중국, 인도, 몽고, 티벳 등 동양 미술품들을 전시하고 있다.

미술관 정보
이 름 : 에르미타주 미술관(Hermitage Museum)
위 치 : 상트 페테르부르크, 러시아 38 Palace Embankment, Dvortsovy Municipal Okrug , Cental District, Saint Petersburg, Russia
설 립 : 1764년
연 관람객규모 : 약 2백 59만 명(2010)
공식웹사이트 : www.hermitagemuseum.org

호박 쇼핑
디너 17:30~18:20
미소가 한식으로 비빔밥

19:00 ~20:50
민속공연 & 보드카

■ 북유럽 10일차 2014. 7. 04 (금)

● 상트페테르부르크의 역사

1703년 표트르 1세가 상트페테르부르크를 스웨덴으로부터 탈환하였다. 그 뒤 러시아 절대왕정의 새로운 수도, 즉 '유럽으로 열린 창(窓)'을 건설하기로 하고, 페트로파블로프스크 요새를 세운 것이 이 도시의 기원이다. 이어 1712년 수도가 모스크바에서 이전해 오면서, 장대한 도시계획에 따라 건설이 진행되었다. 이후부터 '유럽으로 열린 창'이라는 말 그대로 서구문화를 받아들이는 창구가 되었다. 18세기 후반에는 러시아 최대의 무역항으로서 무기·금속·조선·섬유 등 공업의 중심지가 되어, 1851년에는 모스크바와의 사이에 러시아 최초의 철도가 부설되었다.

자본주의의 발전과 철도망의 정비 등에 힘입어 인구도 급속도로 증가하였다. 18세기 말에 22만이었던 인구가 1880년에는 84만, 1910년에는 190만, 1917년에는 230만으로 비약적인 증가추세를 보였다. 모스크바는 '러시아의 심장'이고, 상트페테르부르크는 '러시아의 머리'라고 일컬어진 그대로 러시아 서구주의(西歐主義) 운동의 선두에 있었다. 따라서 학술·문학·음악·연극·발레 등에서도 자국 내의 지도적 지위를 차지하였다.

한편, 정치면에서도 1825년 데카브리스트의 난 이래 절대왕정에 대한 혁명운동의 온상이 되었다. 또 20세기에 들어서서는 노동운동 및 공산혁명운동의 무대가 되었다. 1905년 '피의 일요일'사건으로 시작되는 러시아 제1혁명과, 1917년의 3월 혁명(구력 2월)·11월혁명(구력 10월)이 결행됨으로써, 세계 최초의 공산주의혁명이 성공을 거두었다. 제2차 세계대전 중인 1941년 8월부터 29개월 동안 독일군의 포위 속에서 40만 명이 아사(餓死)하면서도 시를 지켜냈다. 이로써 '영웅도시'라는 칭호를 받았다. 전후 피해를 복구한 후에는 1959년 시 창설 20년 기념 축제를 개최하였으며, 현재 모스크바에 다음가는 공업·문화·학술의 도시로 서구적 색채가 짙다. 세계유산목록에 등록되어 있다.

그림 199 1703년 표트르 1세가 상트페테르부르크를 스웨덴으로부터 탈환하였다. 그 뒤 러시아 절대왕정의 새로운 수도, 즉 '유럽으로 열린 창(窓)'을 건설하기로 하고, 페트로파블로프스크 요새를 세운 것이 이 도시의 기원이다. 이어 1712년 수도가 모스크바에서 이전해 오면서, 장대한 도시계획에 따라 건설이 진행되었다. 이후부터 '유럽으로 열린 창'이라는 말 그대로 서구문화를 받아들이는 창구가 되었다

●페트로파블로프스키 요새와 대성당[Petropavlovskaya Cathedral]

러시아 상트페테르부르크에 있는 페트로파블로프스크 요새 안의 대성당.

페트로파블로프스크 요새 안에 있는 러시아 정교회 18) 건물이다. 스위스인 건축가 도메니코 트레지니(Domenico Trezzini)에 의해 1712년부터 건설이 시작되어 1733년에 완성되었으나 그 후 종루에 피뢰침이 없어서 여러 차례 불타고 1850년에 철골로 된 첨탑이 서게 되었다. 표트르 대제의 희망에 따라, 크렘린 안의 이반 대제의 종루보다 더 높이 지었다. 이곳에는 표트르 대제에서 알렉산드르 3세까지의 역대 황제가 매장되어 있다.

그림 200 페트로파블로프스크 대성당 [Petropavlovskaya Cathedral]
러시아 상트페테르부르크에 있는 페트로파블로프스크 요새 안의 대성당.

---

18) 러시아정교회 [Russian Orthodox Church]
그리스도교의 한 파로서, 동방정교회(東方正教會)의 중핵을 이루는 러시아의 자치(自治)교회. 구분 동방정교회 - 비잔틴에서 러시아에 처음 정교가 들어간 키예프시대의 러시아정교회는 콘스탄티노플 대주교(大主教)의 관할하에 있었다. 그러나 실제의 신앙행사는 수도원에서 행해졌으며, 이를 통해 주기도에 의거한 독자적인 '겸허한 정신'을 쌓아 나갔다. 뒤이은 타타르인(人)의 지배 시대에도 수도적 신앙은 숲속에서 은밀히 유지되었다. 16세기 모스크바 시대가 되어, 비잔티움 교회가 이슬람의 지배하에 들어가게 되었으므로, 러시아정교회가 대신 정교회의 구심점으로 대주교구로 격상됨에 따라, 모스크바는 콘스탄티노플을 대신하는 '제3의 로마'로서 동방정교회의 중심적 존재가 되었다. 그러나 러시아정교회는 신앙의 성지(聖地)라기보다는 제사주의적(祭祀主義的) ·권위주의적 장소로 바뀌어, 민중 사이에 미신이 유행하는 한편, 반권위적인 교회분열과 광신적인 종파가 생겨났다. 18세기 표트르 1세에 의한 총주교좌(總主教座) 폐지 후의 관허(官許)의 정교회는 약체화하여, 그 후 명맥만이 유지되었는데, 특히 1917년 러시아혁명 후에는 반종교적인 소비에트 정권에 의해 10여 년에 걸쳐 박해를 받았다(1930년이 절정). 그 후에도 교회는 종교적 행동을 제한받아, 포교 ·종교교육 ·자선사업 등을 할 수 없었으며, 개인적 기도만이 허용되어 왔다. 소련의 연방체제 붕괴 이후 모스크바 ·상트페테르부르크 ·키예프 ·푸스코프 등을 중심으로 서서히 교회가 되살아났으며, 교역자(教役者) 양성은 모스크바 ·상트페테르부르크 ·오데사에서 하고 있다.
[네이버 지식백과] 러시아정교회 [Russian Orthodox Church] (두산백과)

그림 201 페트로파블로프스크 대성당 [Petropavlovskaya Cathedral]

● 에까체리나 동상

표트르 Ⅰ세가 죽은 1725년부터 알렉산드르 Ⅰ세(Alexander Ⅰ, 1801~1825)가 즉위한 1801년까지 76년 동안, 제위(帝位)의 계승은 극도의 난맥상을 보여 권력의 소재는 열 차례나 옮겨졌는데, 그 가운데 일곱 차례는 아버지와 아들 사이의, 또는 남편과 아내 사이의, 살해와 쿠데타 등 비정규적 방법에 의한 것이었다. 그리하여 엘리자베타(Elizabeth, 1741~1762) 여제와 또 다른 여제인 에카테리나 Ⅱ세(Catherin Ⅱ, 1762~1796)를 제외하면 모두 10년 미만이라는 짧은 기간 재위(在位)했을 뿐이다. 또, 그러한 정치적 소용돌이 속에서 안나(Anna, 1730~1740) 여제 때는 그녀의 총신인 비론 백작(Count Ernest John Byron)이 실권자가 되어 학정을 편, '비론의 학정 시대'를 경험하기도 했다. 이 혼란을 이용해 귀족층은 황궁 수비대를 조종하여 제위의 계승을 좌우하면서 권력을 크게 늘려 갔다. [네이버 지식백과] 에카테리나 Ⅱ세의 대내외 정책 (러시아사, 2006.11.15, 미래엔)

그림 202 에까체리나 동상

● 피의 사원 / 그리스도 부활 성당
Cathedral of the Resurrection of Christ

요약 러시아 상트페테르부르크에 있는 도시의 상징적인 교회. 그리스도 부활사원. 러시아 상트페테르부르크. 피의 사원이라는 별칭으로 더 알려져 있다. 그 까닭은 이 사원이 있는 곳이 알렉산드르 2세가 피를 흘리면서 죽은 곳이기 때문이다. 알렉산드르 2세는 1881년 이곳에서 나로드니키의 한 파(派)인 '인민의 의지(意志)파'에 속하는 그리네비츠키에 의해 살해당했는데, 훗날 황제가 된 알렉산드르 3세가 알렉산드르 2세를 기리기 위하여 이 성당을 지었다. 모스크바에 있는 상크트바실리대성당을 모델로 하여 세웠다. 하지만 전체 분위기는 러시아 건축의 특징을 고스란히 지니고 있다. 특히 이 사원은 유명한 화가들이 직접 도안한 모자이크화가 많이 있는 게 특징이다.

그림 203 피의 사원 /그리스도 부활 성당
Cathedral of the Resurrection of Christ
러시아 상트페테르부르크에 있는 도시의 상징적인 교회.

그림 204 피의 사원 /그리스도 부활 성당 Cathedral of the Resurrection of Christ

그림 205 피의 사원 /그리스도 부활 성당 Cathedral of the Resurrection of Christ

● 카잔 대성당 Kazan Cathedral

그림 206 카잔 대성당 Kazan Cathedral

요약 : 러시아 상트페테르부르크에 있는 러시아정교회 성당. 출처 : doopedia.co.kr

로마의 산피에트로 대성당을 본뜬 네오클래식 양식의 건물이다. 스트로하노프 백작의 농노 출신 건축가 바로니킨(A. Varonikhin)에 의해 1801년부터 10년에 걸쳐 지어졌다. 네프스키 대로(Nevsky Prospekt) 쪽으로 넓혀진 반원형의 회랑에는 94개의 코린트식 기둥이 늘어서 있다. 건물 내부에는 19세기 초의 거장들이 그린 이콘(icon)이 있고, 특히 《카잔의 마리아 상(Our lady of Kazan)》이 유명하다. 성당이 완성된 후 러시아는 나폴레옹 전쟁에서 승리를 거두었다. 성당 안에는 프랑스군에게서 빼앗은 107개의 군기와 승리의 트로피 등이 걸려 있다.

그림 207 카잔 대성당 Kazan Cathedral　　러시아 상트페테르부르크에 있는 러시아정교회 성당.

♣ 넵스키 대로 Nevsky Avenue

Nevsky, 190000, Saint-Petersburg
해군성에서부터 시작해 알렉산드르 넵스키 수도원까지 4.5㎞로 뻗어 있는 거리다. 인공적으로 연출되었지만 화려한 건축물과 근현대가 교차하는 상징성 때문에 세계적인 관광지로 알려져 있다. 최고의 호텔과 많은 레스토랑, 분위기 있는 카페, 상점 등이 늘어서 있다. 상트페테르부르크를 대표하는 문화, 상업의 중심지이자 가장 아름다운 거리 중 하나로 손꼽히기도 한다. 화려한 건물 외형 때문에 볼거리가 다수

그림 208 넵스키 대로 Nevsky Avenue 인공적으로 연출되었지만 화려한 건축물과 근현대가 교차하는 상징성 때문에 세계적인 관광지로 알려져 있다. 최고의 호텔과 많은 레스토랑, 분위기 있는 카페, 상점 등이 늘어서 있다. 상트페테르부르크를 대표하는 문화, 상업의 중심지이자 가장 아름다운 거리 중 하나로 손꼽히기도 한다.

그림 209　넵스키 대로 Nevsky Avenue 인공적으로 연출되었지만 화려한 건축물과 근현대가 교차하는 상징성 때문에 세계적인 관광지로 알려져 있다. 까만 대리석 원구위에 햇빛의 반사로 생긴 열쇠 모양을 찾는 이벤트가 있는 곳.

그림 210 넵스키 대로 Nevsky Avenue 의 행운의 고양이. 위로 동전을 던져 고양이 가 잎은 곳에 올라가면 소원을 이룬다는 에피소드. 동전 던지기 시도 두 번 만에 성공 한후 으스대는 표정.

● 성 이삭 대성당　St. Isaac's Cathedral

요약 러시아 상트페테르부르크에 있는 도시 안에서 가장 큰 교회.
성 이삭 사원 러시아 상트페테르부르크. 출처 : doopedia.co.kr
1818년에 공사를 시작하여 1858년에야 완공했다. 공사기간만 40년이 걸렸으며 공사에 동원된 사람은 50만여 명이라고 한다. 황금빛 돔을 만드는 데에는 100kg 이상의 금이

그림 211 성 이삭 대성당　St. Isaac's Cathedral 러시아 상트페테르부르크에 있는 도시 안에서 가장 큰 교회.

들어갔다고 하며 도시의 랜드마크 역할을 하고 있다. 성당 밑에는 24,000개의 말뚝이 막혀 있다고 하는데, 그 이유는 원래 이곳이 늪지대였기 때문에 기초를 다지기 위하여 말뚝을 박았다고 한다. 사원 안에는 저명한 22명의 화가들이 참여하여 완성한 103점의 벽화와 52점의 캔버스 그림이 있다. 전망대가 설치되어 있어 상트페테르부르크 시내를 한눈에 볼 수 있다

그림 212 성 이삭 대성당 (St. Isaac's Cathedral) 앞에서

● 상트 페테르부르크 청동기마상 The Bronze Horseman

원로원 광장 끝 네바 강변에 위치한 기마상으로, 쿠데타로 남편을 죽이고 왕위에 오른 예카테리나 2세가 자신이 표트르대제의 후계자임을 알리기 위해 만든 것이다. 프랑스 조각가 팔코네가 1766년부터 12년에 걸쳐 만들었다. 동상을 받치고 있는 돌은 400명이 넘는 장정들이 네바 강변까지 옮겨오는 데만도 약 4개월의 시간이 걸렸다고 함,

● 러시아 구 해군성 Admiralty building

그림 213 러시아 상트페테르부르크에 있는 러시아 해군성의 본부가 있었던 건물. (사진 출처 : 두산백과)

요약 러시아 상트페테르부르크에 있는 러시아 해군성의 본부가 있었던 건물. 구해군성 건물과 에르미타슈미술관 러시아 상트페테르부르크. 출처 : corel 네프스키 대로(Nevsky Prospekt)에 위치한다. 러시아 고전주의 양식을 대표하는 건물이다. 1718년 12월 12일에 표트르 대제가 창설한 러시아 해군의 본부로 이용되었다. 1806~1823년에 안그레얀 자카로프(Andreyan Zakharov)의 설계에 따라 건립되었다. 작은 배 모양을 하고 있는 황금빛 풍향계가 꼭대기에 달린 화려한 금빛 첨탑은 상트페테르부르크의 상징이다.

● 해군성당

그림 214 해군성당

그림 215 해군성당

그림 216 해군성당

그림 217 러시아 상트페테르부르크 번화가에 있는 갤러리아 백화점. 한국인이 운영하고 있다.

상페테르부르크 잔여 일정

17:30 공항으로 이동
19:55 상페테르부르크 공항 이륙
21:30 모스크바 공항 착륙 / 도모데도보 국제공항
21:50 모스크바 가이드 조인 / 상습 러시아워 버스지연
22:20 버스 조인
23:50 호텔 체크인

■ ■ 북유럽 11일차 2014. 7. 05 (토)

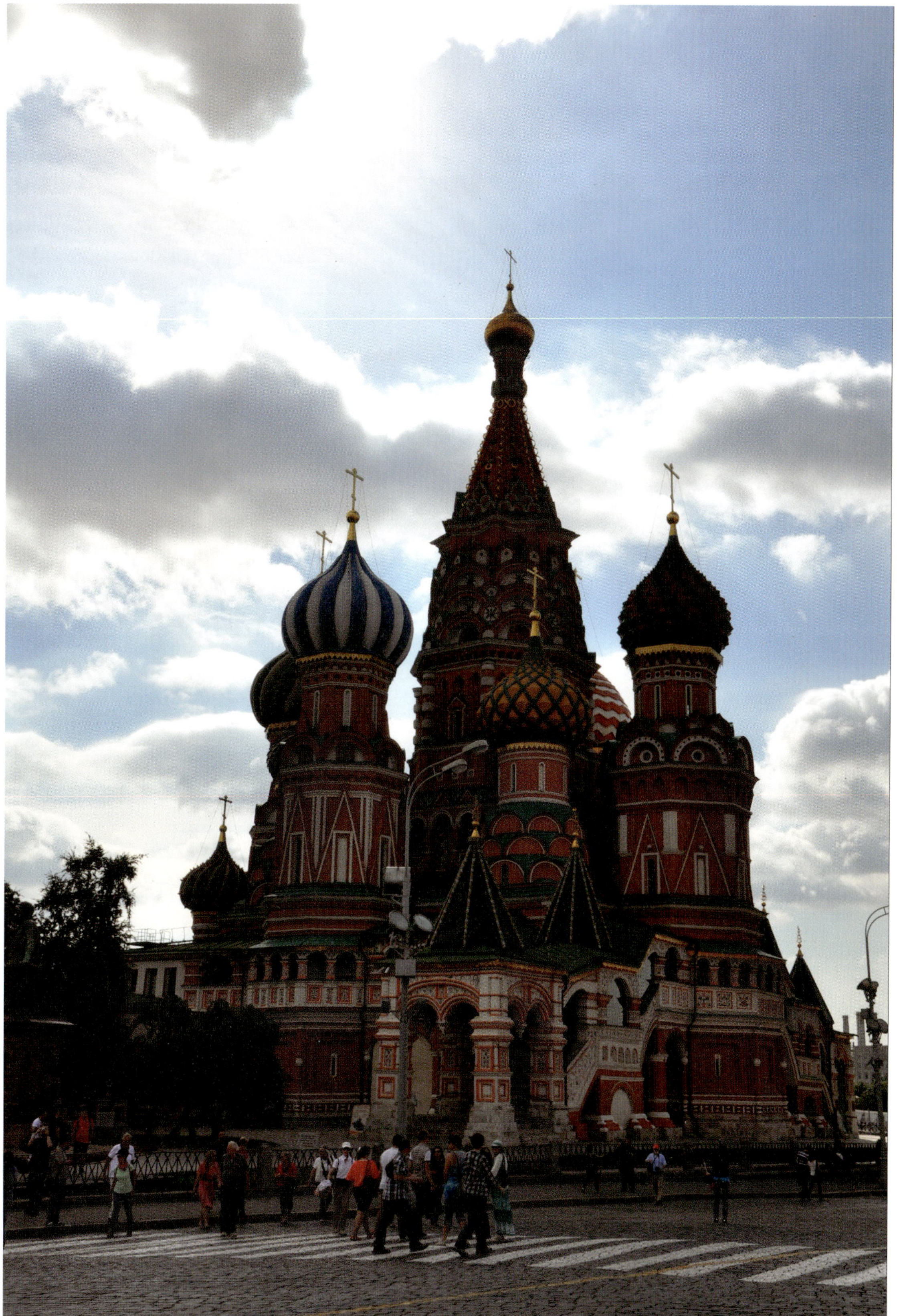

● 붉은 광장 Krasnaya Ploshchad, —廣場

그림 219 붉은 광장 Krasnaya Ploshchad

모스크바의 크렘린 궁전과 붉은 광장 [Kremlin and Red Square, Moscow]

크렘린(Kremlin) 궁전은 14세기~17세기 러시아와 외국의 뛰어난 건축가들이 건설한 궁전으로, 대공이 거주한 왕실이자 종교적 중심지였다. 크렘린 궁전은 13세기 이래로 러시아의 가장 중요한 역사적, 정치적 사건들과 깊은 연관이 있다. 크렘린 궁전 성벽 아래 붉은 광장(Red Square)에 있는 상트 바실리 대성당(Saint Basil's Basilica)은 러시아 정교회의 가장 아름다운 기념물이다.

그림 220 크레물린 광장 입구

그림 221 대통령 집무실

그림 222 성모승천 대성당

그림 223 붉은 광장 전경

그림 224 성 바실리 사원

그림 225 크레물린 궁

유네스코 세계유산 자료

모스크바의 크렘린 궁전과 붉은 광장© UNESCO / Author : F. Bandarin

등재연도 1990년 등재기준 (i), (ii), (iv), (vi)

*아래 표 참고 : 세계유산 등재기준 19)

구분	기준		사례
문화유산	I	인간의 창의성으로 빚어진 걸작을 대표할 것	호주 오페라 하우스
	II	오랜 세월에 걸쳐 또는 세계의 일정 문화권 내에서 건축이나 기술 발전, 기념물 제작, 도시 계획이나 조경 디자인에 있어 인간 가치의 중요한 교환을 반영	러시아 콜로멘스코이 성당
	III	현존하거나 이미 사라진 문화적 전통이나 문명의 독보적 또는 적어도 특출한 증거일 것	태국 아유타야 유적
	IV	인류 역사에 있어 중요 단계를 예증하는 건물, 건축이나 기술의 총체, 경관 유형의 대표적 사례일 것	종묘
	V	특히 번복할 수 없는 변화의 영향으로 취약해졌을 때 환경이나 인간의 상호 작용이나 문화를 대변하는 전통적 정주지나 육지·바다의 사용을 예증하는 대표 사례	리비아 가다메스 옛도시
	VI	사건이나 실존하는 전통, 사상이나 신조, 보편적 중요성이 탁월한 예술 및 문학작품과 직접 또는 가시적으로 연관될 것 (다른 기준과 함께 적용 권장)	일본 히로시마 원폭돔
	*** 모든 문화유산은 진정성(authenticity; 재질, 기법 등에서 원래 가치 보유) 필요**		
자연유산	VII	최상의 자연 현상이나 뛰어난 자연미와 미학적 중요성을 지닌 지역을 포함할 것	케냐 국립공원, 제주 용암동굴·화산섬
	VIII	생명의 기록이나, 지형 발전상의 지질학적 주요 진행과정, 지형학이나 자연지리학적 측면의 중요 특징을 포함해 지구 역사상 주요단계를 입증하는 대표적 사례	제주 용암동굴·화산섬
	IX	육상, 민물, 해안 및 해양 생태계와 동·식물 군락의 진화 및 발전에 있어 생태학적, 생물학적 주요 진행 과정을 입증하는 대표적 사례일 것	케냐 국립공원
	X	과학이나 보존 관점에서 볼 때 보편적 가치가 탁월하고 현재 멸종 위기에 처한 종을 포함한 생물학적 다양성의 현장 보존을 위해 가장 중요하고 의미가 큰 자연 서식지를 포괄	중국 쓰촨 자이언트팬더 보호구역
공통	완전성(integrity) : 유산의 가치를 충분히 보여줄 수 있는 충분한 제반 요소 보유		
	보호 및 관리 체계 : 법적, 행정적 보호 제도, 완충지역(buffer zone) 설정 등		

표 26 유네스코 세계유산 등재기준

13세기부터 상트페테르부르크(Saint Petersburg)를 건설할 때까지 모스크바의 크렘린 궁전은 러시아 역사의 주요한 사건들과 직접적이고 분명한 연관이 있는 장소였다. 크렘린 궁전 성벽 안에는 다수의 독특한 건축물과 조형 예술의 걸작이 있다. 이를테면 수태고지 교회(Church of the Annunciation), 성모 승천 대성당(Cathedral of the Dormition), 천사장 교회(Church of the Archangel), 이반 벨리키(Ivan Veliki) 대제의 종탑같이 뛰어나게 아름다운 종교 기념물이 있다.

크렘린 대궁전과 성벽 안에는 성모 마리아 탄생 교회(Church of the Nativity of the Virgin, 1393)와 테렘 궁전(Teremnoi Palace) 같은 기념물이 있다. 붉은 광장에 있는 상트 바실리 대성당은 러시아정교회 예술의 가장 아름다운 건축 기념물이다. 러시아 건축물은 크렘린 궁전 양식의 영향을 받았으며, 특히 이탈리아 르네상스 건축양식의 영향도 찾아볼 수 있다.
역사 기록에 따르면 모스크바의 크렘린 궁전은 1156년에 건설되었고, 다른 기념물들과

19) 유네스코 세계유산 등재기준
세계유산은 '탁월한 보편적 가치'(OUV ; Outstanding Universal Value)를 갖고 있는 부동산 유산을 대상으로 한다. 따라서 세계유산 지역내 소재한 박물관에 보관한 조각상, 공예품, 회화 등 동산 문화재나 식물, 동물 등은 세계유산의 보호 대상에 포함되지 않는다. 어떤 유산이 세계유산으로 등재되기 위해서는 한 나라에 머물지 않고 탁월한 보편적 가치가 있어야 한다. 세계유산 운영지침은 유산의 탁월한 가치를 평가하기 위한 기준으로 다음 10가지 가치 평가 기준을 제시하고 있다. 기준 I부터 VI까지는 문화유산에 해당되며, VII부터 X까지는 자연유산에 해당된다.
이러한 가치평가기준 이외에도 문화유산은 기본적으로 재질이나 기법 등에서 유산이 진정성(authenticity)을 보유하고 있어야 한다. 또한, 문화유산과 자연유산 모두 유산의 가치를 보여줄 수 있는 제반 요소를 포함해야 하며, 법적, 제도적 관리 정책이 수립되어있어야 세계유산으로 등재할 수 있다.

뛰어난 조화를 이루었다. 1263년에 모스크바 공국이 설립되고 1328년에 블라디미르(Vladimir) 공국이 모스크바로 이전한 이래로 이곳은 정치, 종교 권력의 중심지였다. 원래 건물 몇 채는 대성당 광장 경계에 있었으나, 성모 마리아 탄생 교회 같은 다른 건물은 재건할 때 대궁전 안으로 편입되었다. 총대주교 사원, 17세기에 세운 12사도 교회(Church of the Twelve Apostles) 그리고 특히 성곽 북서 모퉁이에 있는 표트르 대제의 무기고를 재건하면서 궁전은 북쪽으로 확장되었다.

그림 226 성모승천 대성당 또는 (Cathedral of the Dormition , Assumption Catheral 라고도 표현)

카자코프(Matvey Fyodorovich Kazakov)는 예카테리나 2세(Catherine II)를 위해 상원의 삼각 궁전(The triangular palace of the Senate, 구소련(舊蘇聯)의 각료회의실)을 건축하였다. 상원의 삼각 궁전은 예수 승천 수도원(Monasteries of the Miracle and of the Ascension)과 무기고 사이 북동쪽에 들어섰다. 그러나 예수 승천 수도원과 무기고는 1932년에 철거되었다. 카자코프는 남동쪽에 예카테리나 여제를 위해 소규모의 니콜라이(Nicholas) 궁전을 지었으나, 역시 1932년에 파괴되었다.

크렘린 궁전 동쪽 성벽 아래 있는 붉은 광장은 크렘린 궁전과 연결되어 있다. 광장 남쪽에 있는 상트 바실리 대성당은 러시아정교회 예술의 가장 아름다운 기념물로 유명하다. 상트 바실리 대성당은 원래 카잔(Kazan) 성당과 짝을 이루는 교회였다. 카잔 성당은 포자르스키(Pozarsky) 대공이 폴란드를 상대로 거둔 승전을 기념하기 위해 1633년에 '고움(Goum)'과 인접한 넓은 지역에 건축하였다. 그러나 카잔 성당은 1930년대 초반에 주변에 있던 수녀원 몇 채와 함께 사라졌다. 크렘린 궁전은 삼각형 모양의 성곽에 둘러싸여 있으며, 성벽에 5개의 문과 29개의 탑을 증축하였다.

1156년에 유리 돌고루키(Yuri Dolgoruki)는 크렘린을 보호하기 위해 모스크바(Moskova) 강과 니에글린나야(Nieglinnaya) 강이 만나는 지점 언덕 위에 목조 요새를 축조하였다. 오늘날 이 요새가 있던 지역은 알렉산드로프스키(Alexander)정원으로 뒤덮여 있다. 14세기에 드미트리 돈스코이(Dimitri Donskoi)가 통나무 성곽을 쌓았고 나중에 처음으로 석조 성곽을 건설하였다. 역사와 배치가 변화함에 따라 프스코프(Pskov), 툴라(Tula), 카잔, 스몰렌스크(Smolensk) 같은 러시아의 옛 성채들이 크렘린을 모델로 하여 건축되었다.

그림 227 수태고지 교회(Church of the Annunciation)

루돌포 피오라반티(Rudolfo Fioravanti)가 1475년과 1479년 사이에 건축한 성모승천 대성당은 크렘린 궁전 양식의 영향을 받았다. 마르코 루포(Marco Ruffo)와 피에트로 안토니오 솔라리오(Pietro Antonio Solario)가 1487년과 1491년 사이에 건축한 그라노비타야 궁전(Granovitaya Palata) 또한 크렘린 궁전의 영향을 강하게 받았다. 같은 시기에 솔라리오는 밀라노(Milano) 기술자들이 세운 원리에 따라 요새화된 성곽의 탑을 쌓았다. 니콜스카야(Nikolskaya) 탑과 스파스카야(Spasskaya) 탑은 모두 솔라리오가 1491년에 건설하였다. 르네상스 건축양식은 1505년과 1509년 사이에 알레비지오 노비(Alevisio Novi)가 재건한 천사장 교회의 고풍스런 기둥머리와 골격에 뚜렷이 드러난다.

기준(i) : 크렘린 궁전 성벽 안에는 수많은 독특한 건축과 조형예술의 걸작이 있다. 이를테면 수태고지 교회, 성모 승천 대성당, 천사장 교회 그리고 이반 대제의 종탑같이 아름다운 종교 기념물이 있으며, 성모 탄생 교회와 테렘 궁전으로 구성된 크렘린 대궁전이 있다. 붉

그림 228 이반 벨리키 대제의 종탑 (Ivan Veliki The great bell - tower complex)

은 광장에 있는 상트 바실리 대성당은 러시아정교회의 가장 아름다운 기념물 중에 하나이다.

기준(ii) : 러시아 건축은 역사적으로 여러 차례 크렘린 궁전 양식의 영향을 받았으며, 이탈리아 르네상스 양식이 두드러진다. 루돌포 피오라반티의 성모 승천 대성당은 크렘린 궁전 양식의 영향을 받았으며, 마르코 루포와 피에트로 안토니오 솔라리오가 건축한 그라노비타야 궁전도 더욱 큰 영향을 받았다. 같은 시기에 밀라노의 기술자들이 세운 원리에 따라 솔라리오가 쌓은 요새화된 성곽의 탑들(니콜스카야 탑과 스파스카야 탑은 모두 1491년에 지어졌다)도 크렘린 궁전의 영향을 받았다. 르네상스 건축양식은 1505년과 1509년 사이에 알레비지오 노비가 재건한 천사장 교회의 고풍스런 기둥머리와 골격에서 더욱 뚜렷이 확인할 수 있다. 수도사 필로크티(Philoktee)에 따르면 이때가 모스

크바가 '제3의 로마' 가 되고자 했던 열망을 보여 주는 시기라고 한다.

기준(iv) : 5개의 문과 29개의 탑으로 보강한 삼각형 모양의 성곽에 둘러싸인 크렘린 궁전은 1156년에 유리 돌고루키가 모스크바 강과 니에글린나야 강이 만나는 지점 언덕 위에 세운 목조 요새였다. 니에글린나야 강은 오늘날 알렉산드로프스키 정원으로 뒤덮여 있다. 14세기에 드미트리 돈스코이가 통나무 성곽을 쌓았고 나중에 처음으로 석조 성곽을 건설하였다. 크렘린 궁전은 역사상 프스코프, 툴라, 카잔 혹은 스몰렌스크 같은 러시아 옛 도시 성채를 건축하는 데 모델이 되었다.

그림 229 천사장 교회(Church of the Archangel)

기준(vi) : 13세기부터 상트페테르부르크를 건설할 때까지 모스크바의 크렘린 궁전은 러시아 역사상 주요 사건들과 직접적이고 분명한 연관이 있었다. 그러나 크렘린 궁전은 약 200년 동안 역사의 뒤안길에 있었다. 그러다가 1918년에 구소련의 각료회의, 최고 간부회의와 의회가 이곳에 들어서면서 크렘린 궁전은 새로이 조명을 받기 시작하였다. 구소련을 상징하는 기념물인 레닌의 묘가 붉은 광장에 있다. 세계사에서 차지하는 러시아혁명의 중요성을 부각시키기 위해 혁명 영웅들의 유골을 니콜스카야 탑과 스파스카야 탑 사이 크렘린 궁전 벽 속에 안치하였다. 이처럼 크렘린 궁전은 역사의 흔적과 현대사의 중요한 사건이 결합된 이례적인 곳이다.

러시아 건축예술의 진수

모스크바 크렘린 궁전과 붉은 광장은 러시아의 역사와 문화를 집약적으로 보여주는 상징적인 장소다. 수백 년 동안 러시아 권력의 중심지이자 수많은 역사적 사건들이 일어난 격동의 무대였으며, 무엇보다 러시아 건축예술의 진수를 보여주는 곳이기 때문이다.

크렘린(Kremlin)은 원래 러시아어로 성채(城砦) 또는 성벽(城壁)을 가리키는 일반명사다. 하지만 대문자로 시작할 때는 모스크바의 크렘린 궁전을 의미한다. 모스크바 크렘린 궁전은 오랫동안 러시아 황제의 거처이자 러시아 정교회의 중심지였으며, 현대에는 구소련 정부 청사로 활용되었다.

그림 230 크렘린 궁전의 열병식

12세기 모스크바 공국을 세운 유리 돌고루키 공(公)이 목책으로 세운 요새가 크렘린 궁전의 기원이다. 14세기부터 석조 건축물이 들어서기 시작했고, 국력의 신장에 따라 증축을 거듭해 오늘날에 이르렀다.

그림 231 크렘린 궁전의 열병식

현재는 20개의 성문을 갖춘 삼각형 모양의 성벽 안에 궁전과 사원, 탑, 관청, 무기고박물관 20) 등 많은 건축물들이 들어서 위엄과 아름다움을 나타내고 있다.

---

20)크렘린 무기고 박물관 [Oruzheinaya palata moskovskogo Kremlya, 一武器庫 博物館]
장식품의 수장(收藏)으로 알려진 러시아의 국립박물관. 16세기에 병기를 제작·보관하는 창고로 지어졌으나 1702년 박물관으로 변모하였다.
설립일 1813년 소재지 러시아 모스크바 규모 2층 건물 주요소장품 무기, 호구류, 키예프 러시아 시대의 왕관, 역대 황제의 어좌 등
16세기 모스크바의 크렘린 내에 창설된 무기의 제조장 겸 수장고(收藏庫)를 모체로 한다. 17세기 이콘[聖畵像]의 아틀리에로도 사용되었다. 18세기 초 러시아의 수도가 페테르부르크로 옮겨 간 후에는 황실(皇室) 소유의 귀중품을 수장하는 보물관이 되었고, 1813년 박물관으로서 발족하였다. 오늘날 이곳에는 무기 ·호구류(護具類), 그 밖에 키예프 러시아 시대의 왕관을 비롯하여 역대 황제의 어좌(御座) ·옷 ·마차, 금은제(金銀製) 식기, 금실과 진주를 아로새긴 고위 성직자를 위한 의복 등이 수장되어 있다. 2층으로 된 건물은 1844~51년에 K.콘의 설계로 세워졌으며, 건물 안에는 다이아몬드를 비롯한 각종 보석의 대규모 컬렉션이 있어 찾는 이의 관심을 끌고 있다.

동양과 서양의 만남

크렘린 궁전에서 가장 아름다운 건축물들은 대부분 러시아 정교회 사원이다. 모스크바 총주교의 무덤이 있으며, 황제의 대관식이 거행되었던 우스펜스키 성당, 황실 무덤이 있

는 아르헹겔리스키 성당, 황실 예배당으로 쓰인 블라고베르첸스키 사원 등이 대표적이다. 이반 대제의 종루는 크렘린 궁전에서 가장 오래된 건축물로 무게가 무려 210톤이

나 되는 황제의 종이 있어 관광객들의 사진촬영 장소로 인기가 높다. 특징적인 것은 궁전 안의 많은 건축물들이 이탈리아 건축가들에 의해 만들어졌다는 점이다. 예를 들면 우스펜스키 성당은 아리스토텔 피오라반티가, 아르헹겔리스키 성당은 알레비즈 노브가 이탈리아에서 건너와 건축한 것이다. 당시 건축술이 뒤떨어졌던 러시아가 이탈리아 건축가들을 적극적으로 초빙해 활용했기 때문이다. 덕분에 크렘린 궁전의 건축물들은 서구적이면서도 러시아적인 독특한 아름다움을 가지게 되었다.

그림 233 이반 벨리키 대제의 종탑 광장의 정원

[네이버 지식백과] 크렘린무기고박물관 [Oruzheinaya palata moskovskogo Kremlya, 一武器庫博物館] (두산백과)

그림 232　Patriarch ' s palace

그림 234 이반 벨리키 대제의 종탑 (Ivan Veliki The great bell - tower complex)

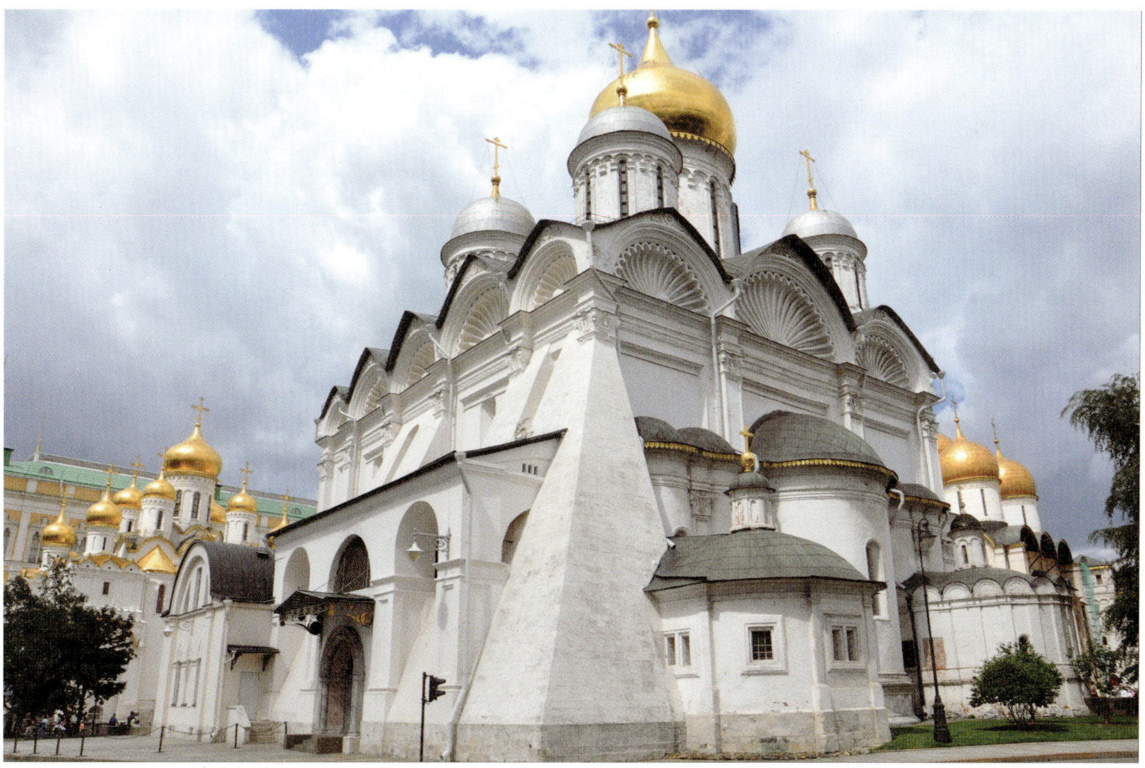

그림 235   Patriarch ' s palace

그림 236 크렘린 궁전에서 이반 벨리키 대제의 종탑

‘아름다운(크라스나야) 광장’ 21)

크렘린 궁전 북동쪽으로는 길이 약 700m, 폭 약 100m의 붉은 광장이 펼쳐져 있다. 15세기 말부터 존재했으며, 처음에는 교역장소로 활용되어 시장이라고 불렸다가, 16세기 화재로 점포들이 불타버린 후 화재광장이라고 불렸다. 17세기에 들어와 현재의 이름으로 불리게 되었다. 러시아어 ‘ 크나스나야 ’는 원래 ‘ 아름답다 ’, ‘ 붉다 ’는 뜻을 동시에 가지고 있었으므로, 애초 ‘ 붉은 광장 ’ 은 ‘ 아름다운 광장 ’ 이라는 의미였다. 광장 주위에는 크렘린 궁전, 상크트바실리 대성당, 레닌 묘, 국립역사박물관, 굼 백화점 등 아름다운 건축물 들이 들어서 있다.

그림 237 크렘린 궁전 북동쪽으로는 길이 약 700m, 폭 약 100m의 붉은광장이 펼쳐져 있다. 광장 주위에는 크렘린 궁전, 상크트바실리 대성당, 레닌 묘, 국립역사박물관, 굼 백화점 등 아름다운 건축물들이 들어서 있다.

● 성 바실리 대성당 St. Basil's Cathedral

모스크바 붉은광장 남쪽에 있는 성당. 상크트바실리 대성당
러시아 황제 이반 4세가 전승(戰勝)을 기념하여 봉헌한 성당으로, 건축가 보스토니크와 파르마에 의해 1555년 기공되어 1560년에 완성하였다. 집중식 플랜에, 외관은 높은 8

---

21) ‘아름다운(크라스나야) 광장
붉은광장 Krasnaya Ploshchad, 一廣場 러시아 연방 모스크바의 중앙부, 크렘린 성벽의 북동쪽에 접한 광장. 다갈색의 포석(鋪石)이 깔려 있으며, 가장 넓은 부분의 너비는 100m, 길이는 500m 가량이다. 남동단의 화려한 바실리블라제누이 성당(16세기), 크렘린 쪽의 레닌묘, 북서단의 역사박물관 등 아름다운 역사적 건물과 유명한 굼 백화점 등으로 둘러싸여 있다. 15세기 말부터 크렘린 정면의 광장이 되었으며, 차르의 선언이나 판결, 포고가 내려지던 곳이다. 역사적으로는 상업광장 · 화재광장 등으로 불렸다가 17세기 말부터 ‘아름다운(크라스나야) 광장’이라는 이름으로 바뀌었다 (크라스나야에는 ‘붉은’이라는 뜻도 있다). 현재는 메이데이 등의 시위행사나 사열식이 행해진다. 이렇듯 붉은 광장은 본래 ‘아름다운 광장’으로 불렸으나, 많은 사람들이 메이데이와 혁명 기념일에 붉은색 현수막을 박물관과 굼 백화점 벽 등에 걸고 붉은 깃발을 손에 든 사람들이 광장으로 모이면서 광장이 온통 붉은색으로 물들었다는 데서 유래하여 차츰 '붉은 광장'으로 불리게 되었다. 광장 주변에는 레닌의 묘와 상크트바실리 대성당, 러시아 국립역사박물관, 모스크바 최대의 백화점인 굼 백화점 등이 있어 항상 여행객들로 붐빈다.

그림 238 바실리대성당 St. Basil's Cathedral

각형의 첨탑(尖塔)을 중심으로 예배당부(部)가 형성하는 4개의 다각탑 및 그 사이에 서 있는 4개의 원탑 등 9개의 탑이 임립(林立)한 모양의 유니크한 건축이다. 주위의 탑에는 저마다 다른 의장(意匠)으로 된 양파 모양의 쿠폴라가 붙어 있고, 외부벽면 마감은 다채롭게 채색되어 있다. 그 일부는 17세기에 완성된 것이나, 16세기의 러시아 집중식 성당건축의 귀결을 보여주는 작례(作例)로서 중요하다. 상크트바실리대성당은 다양한 색채와 모양이 뒤섞인 화려한 외관을 자랑한다. 양파 모양의 지붕에 색상과 모양이 다른 여덟 개의 탑은 동화 같은 환상적인 모습을 연출한다. 유명한 레닌묘는 피라미드 공법의 화강암 건축물로 하늘로 날아오를 것 같은 기세다. 지하 유리관에는 방부 처리를 해서 생전 모습 그대로 안치한 레닌의 시신이 안치되어 있다. 광장 동쪽의 굼 백화점 또한 유리 지붕으로 된 아름다운 건축물이다.

그림 239 성 바실리대성당 St. Basil's Cathedral

● 무명용사 의 묘

모스크바(Moskva))무명용사의 묘에는 제2차세계대전(1941~1945년까지)때 목숨을 바친 무명용사의 무덤이라 한다.모스크바(Moskva)무명용사의 묘는 신혼부부들이 결혼식을 한후 꼭들려서 꽃을 바치고 간다고 한다.

그림 240 모스크바(Moskva) 무명용사의 묘는 크레믈린 궁 뒷쪽 벽에 있다

● 국립 모스크바 대학교 22)

모스크바 국립 대학교 [Moscow State University]

제작시기 1953년 건축가 레프 블라디미로비치 루드네프 위치 러시아 모스크바 양식 소비에트 재료 콘크리트

정식 명칭은 'M.V.로모노소프 모스크바국립대학교'이고 약칭은 'MSU'이다. 줄여서 '로모노소프대학교'라고도 한다. 1755년 1월 25일 옐리자베타 페트로브나(Elizaveta Petrovna) 여제가 시인·과학자·언어학자·계몽사상가인 미하일 로모노소프의 대학 설립 제안을 받아들여 칙령을 내렸고 같은 해 4월 26일 개교하였다. 1940년 미하일 로모노소프의 공적을 기리기 위해 그의 이름을 붙인 현재의 정식 명칭으로 바꾸었다.

1804년의 대학법에 의해 인문, 물리·수학, 의학, 윤리·정치학의 4학부를 설치하였다. 19세기에는 러시아 문화의 중심부를 이루어 세계적으로 유명한 많은 학자가 활동하였으며, 출신계급을 망라하는 교육·연구의 전통을 세웠다. 1917년 러시아혁혁명 이후 크게 발전하였다.

1940년대 말, 스탈린은 러시아의 새 대학교 건물을 짓기로 결심하고 레프 루드네프(1885~1956년)에게 설계를 맡겼다. 스탈린의 집권이 강화되면서 모스크바의 구성주의

---

22) 국립 모스크바 대학교 - 러시아의 교육제도

러시아 교육제도의 기본 틀은 1930년대에 만들어졌다. 초 · 중 · 고교 교육은 무상교육이며, 의무교육기간은 11년이다. 또한 유치원이나 탁아소 비용이 매우 저렴하거나 무료이기 때문에 취학 전 아동들은 대부분 이들 기관에서 교육을 받고 있다. 다만 농촌에서는 시설부족과 거리문제로 유치원 교육혜택이 낮다. 고등교육을 받는 학생들은 연금 또는 최저 임금 수준의 보조금을 받는다.

일반적으로 러시아의 아동들은 6~7세에 의무교육을 시작하여 17세 전후에 고교 졸업을 하는 것이 일반적이다(초등학교 3~4년, 중등학교 5년, 고등학교 2~3년). 고등학교부터는 일차적인 진로선택을 하는데, 일반 고등학교과정(2년 과정)을 계속하거나, 일반 학과 외 특정 분야의 기술교육을 병행하는 기술학교(테흐니쿰, 3~4년 과정)로 진학한다. 대체로 테흐니쿰 졸업은 일반 고등학교 졸업에 비해 선호되며 졸업 후 최소한 직장에서 2년간 의무적으로 근무하는 것을 원칙으로 한다. 그밖에 재능이 우수한 학생이나 박약아 또는 신체장애자를 위한 특수학교와 군사학교가 있다. 재능이 우수한 학생을 교육하는 일종의 영재학교는 명성이 높아 우수한 상급학교 진학률이 높다.

러시아의 대학교육은 교육법상 '경쟁에 의한 무상교육'으로 실시되고 있는데, 입학시험 통과 학생에 대해서는 무상교육을 제공하고, 등록금 납부 등 기여입학이 가능하다. 상급 교육기관으로는 종합대학과 특수대학으로 나뉘어진다. 특수대학은 의학·교육학·전기공학·도시계획·농학·국제학 외에 예술분야 등의 전문분야를 교육하는 기관으로서, 흔히 '연구소' '학교'라는 명칭이 붙어 있다. 상급학교 입학시험은 1년에 1번 여름에 실시되며 평균 입학경쟁률이 5 대 1 정도이다. 그러나 학교의 명성에 따라 경쟁률 차이가 극심하며, 모스크바대학·모스크바 국제관계연구소·모스크바 외국어연구소·모스크바 연극 및 예술 연구소 등은 평균경쟁률이 50 대 1에 달하고, 최고 100 대 1을 넘기도 한다.

대학의 수학기간은 보통 5년이며 1~3학년까지는 학사과정, 4~5학년까지는 석사과정에 해당된다. 1994년부터 시행된 새로운 법령에 따라, 최근 모스크바대학 등 다수 대학들은 대학과정 4년, 석사과정 2년제를 새로이 도입하였다. 졸업자격시험에 해당하는 국가시험에 합격해야 졸업할 수 있다. 그러나 러시아에서는 학사학위 제도가 없고, 대학졸업 후 보통 3년 과정의 '아스피란트'(한국의 대학원과정)를 마치면 '칸디다트'라는 박사취득 자격학위를 받는다. 다시 일정자격을 갖추고 논문을 제출하면 박사학위를 받는다. 일반적으로 러시아의 교육수준은 매우 높은 것으로 알려져 왔다.

대학진학 희망률이 매우 높으며, 대학졸업 학력소지자의 숫자도 미국에 비해 훨씬 많다. 한편 높은 교육열에도 불구하고 교육시설은 매우 낙후되어 있다. 특히 초급학교의 경우 교실부족으로 약 1/4 정도가 2부제 또는 3부제 수업을 받는다. 초·중·고교 및 대학 등 모든 교육기관은 9월부터 학기가 시작되어 6월에 종료되며, 여름방학 기간이 한국에 비하여 긴 편이다. [네이버 지식백과] 러시아의 교육 (두산백과)

건축은 막을 내리고 그 자리에 새로운 건축 양식이 들어오게 된 것이다.

스탈린은 모스크바 시가지의 상당 부분을 소위 '스탈린 고딕' 양식으로 재건하고 싶어했다. 스탈린의 '7자매'라고 불리는 일곱 개의 마천루가 시내 중심지에 세워져, 모스크바 어디에 있더라도 그중 하나가 눈에 들어오게끔 했다. '웨딩 케이크'라는 별명으로 인해 오해의 여지가 있지만, 사실은 전혀 매력적인 구석이라고는 없는, 위협적인 건물들이다. 모스크바 국립 대학교는 '7자매' 중에서도 가장 높은 건물이다. 높이가 240미터로, 사실 1988년까지는 유럽에서 가장 높은 건물이었다. 크렘린의 탑과 유럽의 고딕 대성당에서 영향을 받았다. 독일군 전쟁 포로들의 노동력으로 지어졌으며, 33킬로미터의 복도와 5천 개의 강의실이 있다. 중앙 타워의 꼭대기에 있는 별은 무게가 12톤에 달하며,

그림 241 모스크바 국립 대학교[Moscow State University] 1953년 건축가 레프 블라디미로비치 루드네프

파사드는 밀단과 소비에트 문장, 그리고 시계로, 그 아래의 테라스는 자신있게 미래를 바라보는 학생들로 장식하였다.

2010년 기준 기계학·수학학부, 물리학부, 화학부, 생물학부, 토양과학부, 지리학부, 지학

부, 재료공학부, 역사학부, 철학부, 언어학부, 법학부, 경제학부, 언론학부, 아시아·아프이카학부 등의 29개 학부, 350개 학과, 야간부·통신교육부 및 대학원에서 57개의 학부과정, 168개의 대학원과정을 제공한다.

캠퍼스는 모호바야 거리에 있으며 면적 100만㎡의 레닌 힐스(Lenin Hills)를 비롯해 유서 깊은 건물들이 많다. 부설시설로는 도서관, 4개 박물관, 식물원, 핵물리연구소·역학연구소·천문연구소를 비롯한 10여 개의 연구소, 미디어센터·국제교육센터·국제레이저센터·사회학연구센터를 비롯한 20여 개의 연구센터, 과학파크, 출판국, 레크리에이션 센터, 영재기숙학교 등이 있다.
졸업생 또는 교수로 노벨상을 수상한 대표적인 인물은 러시아의 정치가로서 구소련 공산당 서기장과 최초의 대통령을 지내고 1990년 평화상을 수상한 미하일 고르바초프, 니콜라이 세묘노프(1956, 화학), 표트르 카피차(1978, 물리), 알렉세이 아브리코소프(2003, 물리)이다.

그림 242 캠퍼스는 모호바야 거리에 있으며 면적 100만㎡의 레닌 힐스(Lenin Hills)를 비롯해 유서 깊은 건물들이 많다. 부설시설로는 도서관, 4개 박물관, 식물원, 핵물리연구소·역학연구소·천문연구소를 비롯한 10여 개의 연구소, 미디어센터·국제교육센터·국제레이저센터·사회학연구센터를 비롯한 20여 개의 연구센터, 과학파크, 출판국, 레크리에이션 센터, 영재기숙학교 등이 있다. 졸업생 또는 교수로 노벨상을 수상한 대표적인 인물은 러시아의 정치가로서 구소련 공산당 서기장과 최초의 대통령을 지내고 1990년 평화상을 수상한 미하일 고르바초프, 니콜라이 세묘노프(1956, 화학), 표트르 카피차(1978, 물리), 알렉세이 아브리코소프(2003, 물리)이다. 또한 작가 안톤 체호프, 수학자 안드레이 콜모고로프, 러시아 출신의 프랑스 화가 바실리 칸딘스키, 물리학자 안드레이 사하로프 등이 졸업했다.

또한 작가 안톤 체호프, 수학자 안드레이 콜모고로프, 러시아 출신의 프랑스 화가 바실리 칸딘스키, 물리학자 안드레이 사하로프 등이 졸업했다. 23)

23) 국립 모스크바 대학교
원어명 Московский государственный университет
개교일 1755년
설립자 M.V.로모노소프
소재지 러시아 모스크바
교훈 Наука есть ясное познание истины, просвещение разума (Science is clear truth and the education of reason)
면적(㎡) 약 2.1㎢
전임 교원수(명) 약 4,000명(2009)
학생수
대학 약 4만 명,
대학원 7,000명(2009)
홈페이지 www.msu.ru

그림 243 모스대학 앞 공원의 자작나무 숲길. 모스크바의 신혼부부들은 종종 모스크바의 전경을 볼 수 있는 이곳을 찾지만, 사진을 찍을 때에는 대학건물이 아닌 시가지를 배경으로 찍는다고 한다.

● 백조의 호수 와 노보데비치 수도원

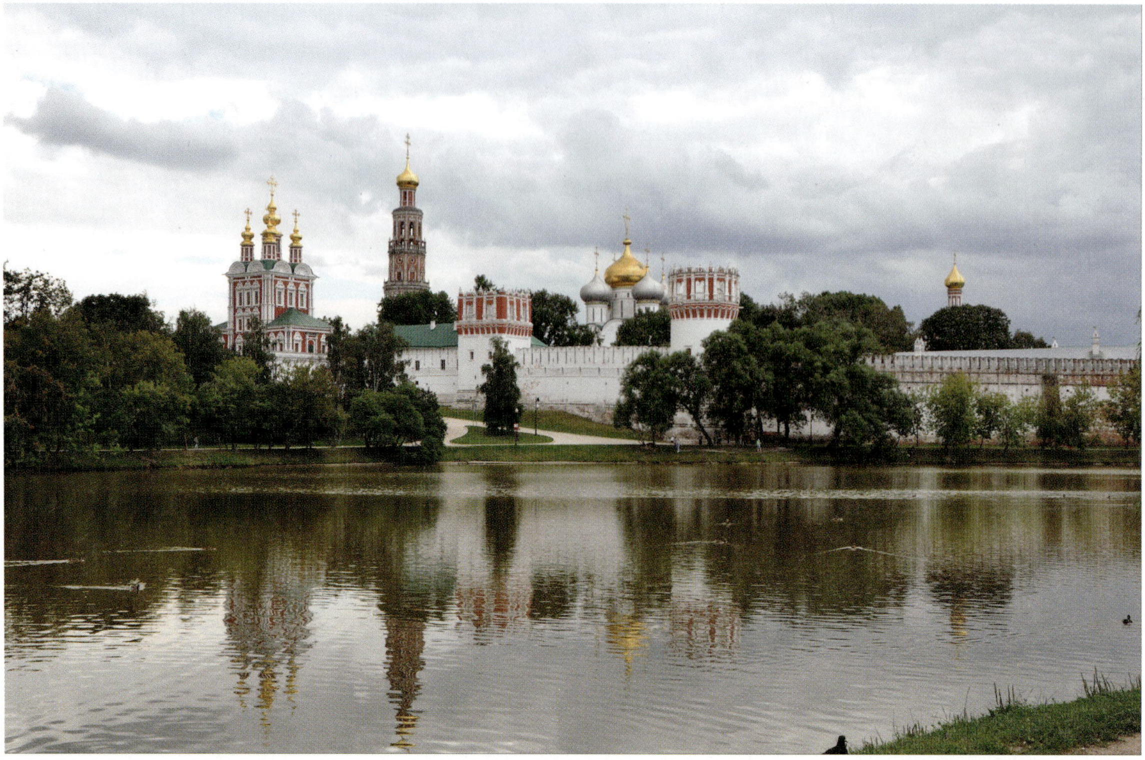

그림 244 노보데비치수도원 [Ensemble of the Novodevichy Convent, 一修道院]

노보데비치수도원 [Ensemble of the Novodevichy Convent, 一修道院]
러시아 모스크바에 있는 러시아정교회의 수도원으로서 16~17세기 건립되었다.
국가 러시아(Russian Federation) 문화유산지정일 2004년 소재지 City of Moscow
모스크바 강(江) 가까이 있으며, 1524년 모스크바 대공(大公) 바실리 3세가 폴란드령이었던 스몰렌스크를 탈환하자 이를 기념하여 건립한 것으로, 전쟁 중에는 요새의 역할을 겸했다. 차르 일족이나 명문귀족의 자녀가 은둔하거나 유폐당하기도 했는데, 1682년 표트르 1세의 이복형인 이반 5세와 이복누나인 소피아 공주가 그에 대한 음모를 꾸미다가 실패하자 소피아 공주가 이 수도원에 유폐당한 적이 있다.

교회당 내부에는 이른바 모스크바파(派)와 노브고로트파 화가들이 그린 성화상(聖畵像)이 많으며, 스몰렌스크 대성당, 표트르 성당, 17세기에 건립된 대종루(大鐘樓), 1km에 달하는 웅장한 성벽 등 아름다운 건축물이 많이 있다. 러시아혁명 후인 1922년 이 수도원은 박물관으로 지정되고, 1934년 이래 국립역사박물관의 분관으로서 일반에게 공개되고 있다. 또 신·구(新舊) 두 곳의 부속묘지에는 제정시대부터 현재에 이르기까지 니콜라이 고골·안톤 체호프(Anton Chekhov) ·블라디미르 마야콥스키(Vladimir Mayakovskii) 등 저명한 학자 ·작가 ·정치가 들이 묻혀 있다.

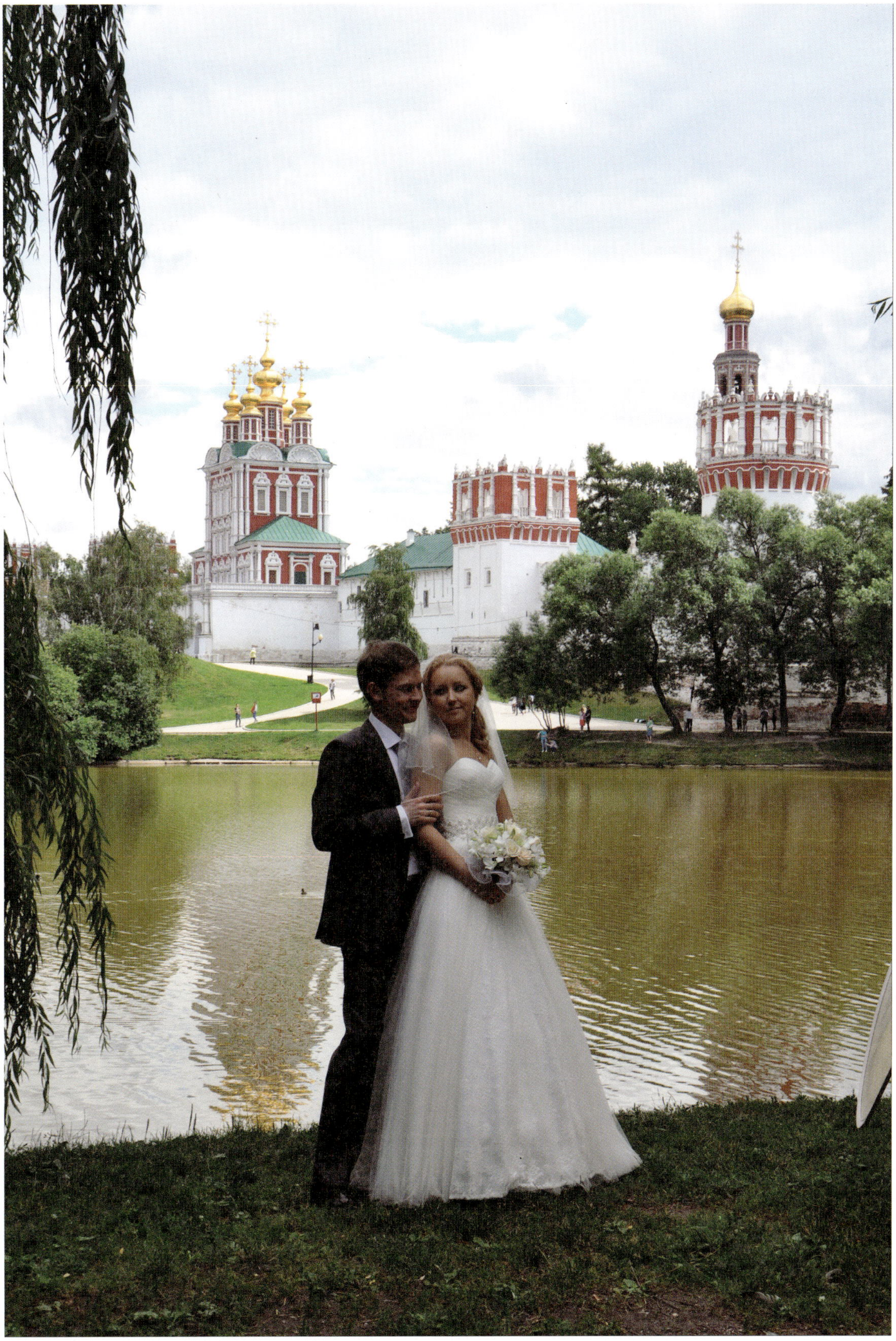

그림 245 러시아 모스크바에 있는 러시아정교회의 수도원으로서 16~17세기 건립되었다.

그림 246　1524년 모스크바 대공(大公) 바실리 3세가 폴란드령이었던 스몰렌스크를 탈환하자 이를 기념하여 건립

● 굼 백화점

붉은광장을 사이에 두고 레닌의 묘, 국립역사박물관, 상크트바실리대성당 따위와 마주보고 있는 러시아의 최고급 백화점이다. 1890년부터 3년에 걸쳐 세워졌으며 러시아혁명 뒤인 1953년에 지금과 같이 개조하였다. 이 백화점은 3층 건물이며 지붕은 유리로 되어 있다.

그림 247 붉은 광장에 있는 러시아의 최고급 백화점이다.

백화점 내부는 중앙 분수대와 수입품 매장 등으로 호화롭게 꾸며져 있고 유리 천장 역시 화려하다. 쇼핑을 하지 않더라도 한 번씩 둘러보는 명소이다. 백화점에는 특히 유명 브랜드와 란제리 매장이 많은데 겨울에는 1층 복도의 매대에서 저렴한 가격에 구입할 수 있다.

그림 248 백화점 내부는 중앙 분수대와 수입품 매장 등으로 호화롭게 꾸며져 있고 유리 천장 역시 화려하다.

그림 249 굼 백화점 외관

그림 250 붉은 광장에 있는 러시아의 최고급 백화점이다.

그림 251 붉은 광장에 있는 러시아의 최고급 백화점이다.

기타 러시아 의 이모저모

그림 252 여가활동

그림 253 결혼식 풍경

그림 254 산책하는 시민

그림 255 거리화가

부록 ※ 참고자료

러시아 [Russia, Russian Federation]

러시아연방, Russian Federation, 노서아, 露西亞, 노국, 露國

독립국가연합

규모(면적|높이|길이) 면적 1,709만 8,242㎢

목차 / 정의. 개설. 형성 및 변천. 광복 이전 우리나라와의 관계. 광복 이후 우리나라와의 관계. 러시아 안의 우리 문화. 유럽 동부 및 아시아 중·북부에 있는 나라.

개설

1991년 12월 소비에트사회주의공화국연방(The Union of Soviet Socialist Republics, 약칭 USSR, 즉 소련)이 해체되면서 구성된 독립국가연합(CIS)을 구성한 공화국의 하나로 그 주축이 되는 국가이다. 면적은 1,709만 8,242㎢로 구소련의 약 4분의 3에 해당되고, 인구는 약 1억5000만명(1997년 현재)이며, 수도는 모스크바(Moskva)이다. 이 도시의 인구는 1997년 현재 약 950만 명이다.

러시아연방공화국 이전의 구소련은 1917년 10월 볼셰비키혁명에 의하여 탄생된 사회주의 국가로서 정식명칭은 소비에트사회주의공화국연방(The Union of Soviet Socialist Republics, USSR)이었다. 유럽과 아시아북부지역에 걸쳐 있었으며, 면적은 세계 제1위로서 2,240만 2,200㎢이었고, 인구는 세계 제3위로 2억 8,450만명(1988년 1월 현재)이었다.

대부분의 영토는 북위 45°이북, 즉 파미르고원과 북극 사이에 있어 추운 지역이며, 얼어붙은 불모지가 상당히 많아서 농경지대는 전체 국토의 13%에 지나지 않았다.

또한, 토양·동식물분포·지형·기후 등을 기준으로 동토지대(凍土地帶)·삼림지대·초원지대·흑토지대(黑土地帶)로 나누어졌고, 천연자원이 풍부해서 미국에 버금갈 정도였고, 전 세계 공업생산고의 약 20%를 생산하는 세계 제2위의 공업국이었다.
그러나 전체인구의 약 45%가 농촌에 거주하고, 노동인구의 약 28%가 농업에 종사하였으며 전체생산물의 약 16%가 농업생산물이어서 농업국으로 간주되기도 하였다.
공용어는 러시아어이나, 약 150개의 다른 언어를 사용하는 약 200개의 민족으로 구성되어 있었다. 인구의 대부분을 차지하는 것은 전 인구의 70%가 넘는 러시아슬라브족이었으며, 이들은 대부분 러시아정교를 신봉하였다.
이 러시아슬라브족은 다시 전 인구의 약 53%를 차지하는 대러시아족, 그리고 소러시아족(우크라이나인) 및 백러시아족으로 나누어졌으나 1992년 새로이 구소련을 계승한 러시아 연방공화국 주민은 러시아인(83%)과 독립된 국가들이 떨어져 나간 결과 200여개의 소수민족에서 얼마간 줄어들었다고 볼 수 있다.
종교의 분포도 다양하여 전체인구의 약 82%가 러시아정교를, 약 14%가 회교를 각각 신봉하고 있다. 기타 로마가톨릭이 약 1.5%, 유대교가 약 1.5%, 개신교가 약 0.5%를 차지하고 있다.

형성 및 변천

러시아 이전의 구소련은 사회주의연방공화제를 채택하고 있었고, 15개 공화국으로 구성되어 있었다. 일당독재체제로서 소련공산당이 최고권력기관으로 행정부와 입법부 및 사법부를 이끌어갔고, 소련공산당의 최고 권력기관은 정치국이었으며, 정치국의 제1인자가 구소련공산당 서기장으로 구소련을 통치하였다.
구소련의 입법부는 연방최고소비에트로 불리며, 연방소비에트(750명, 임기 5년)와 민족소비에트(750명, 임기 5년)의 양원제로 구성되어 있었다. 연방최고소비에트 안에 상설위원회격인 간부회가 있었으며, 이 간부회의 의장이 국가원수가 되었다.
연방최고소비에트는 각료회의, 즉 내각을 선출하고, 각료회의의 의장이 수상으로서 행정부를 통솔하였다. 각료회의는 약 100명으로 구성되었고, 그 중 10여명이 각료회의 간부회를 구성하였으며, 사법부는 각 구성 공화국이 모두 지방법원·중간단계법원·최고법원이라는 3급법원제도를 채택하였다.
그리고 연방 전체를 관할하는 연방최고법원이 있었는데, 이것은 연방최고소비에트에 의하여 선출되었다. 그런데 1988년 6월 이후 권력구조의 개혁으로 인민대의원회의와 최고회의를 창설하고 의장을 투표로 선출하는가 하면 당기관에 임기제를 도입하였다.
구소련의 경제는 철저한 중앙통제경제 또는 명령경제로 이루어져왔다. 경제계획은 행정부내의 국가계획위원회(고스플란)가 담당하였다. 국가계획위원회가 전국적인 경제계획과 관련해서 산업의 각 부문을 관리하는 전문부서들, 예를 들면 강철공업성·석유성·철도성·방직공업성 등의 생산목표를 설정하였다. 이 성들은 전국의 모든 산하공장을 지휘, 감독하였다.
그러나 1988년 9월 이후 경제부문에 대한 당의 간섭이 완화되었으나 1986년 국민총

생산은 2조620억달이고, 1인당국민소득은 7,400달러였다. 주요수출품목은 원유·천연가스·농산물 등이며, 주요수입품목은 기계류·철강제품 등이었다.

1987년의 경우 수출액은 1,158억 4,000만달러, 수입액은 1,032억 5,800만달러에 이르렀다. 소련이 해체되고 러시아연방공화국이 형성된 1995년 현재 수출액은 778억달러이고, 수입액은 579억달러로 여전히 구소련 보다 훨씬 밑도는 경제규모를 나타내고 있다.

구 소련은 혁명 당시 '계급없는 사회'를 표방하였으나 그것은 이론상으로나 실제상으로도 실현되지 않았다. 구 소련당국은 '계급간의 적대감'은 사라졌고, 다만 '계급간의 차이'가 남아 있을 뿐이라고 하였다.

따라서, 구 소련에서는 '계급투쟁'은 끝났으며, 공산주의사회를 건설하는 노력만이 남았다고 하고, 구 소련당국은 소련에 노동자와 농민 및 인텔리겐치아라는 세 '사회그룹'이 있다고 설명하였다.

모든 성인들은 그가 종사하는 일에 따라 이 세 그룹 중의 하나에 속하며, 어린이는 그를 부양하는 사람이 속한 그룹에 속하였는데 인텔리겐치아 그룹은 엘리트·일반인텔리겐치아 그리고 화이트칼라노동자로 구분될 수 있었다. 어린이는 7세가 되면 8년제의 초급학교에 입학하게 되는데, 여기서 졸업하면 세 갈래의 길이 있었다.

첫째 학업은 그만두고 직업을 가지는 길, 둘째 2년제 직업학교에 진학하여 좀더 나은 직업훈련을 받는 길, 셋째 2년제 일반학교에 진학해서 고등교육기관에 진학할 준비를 하는 길 등이었다.

고등교육기관은 대학·연구소, 기타 고등교육을 위한 센터의 세 종류가 있었는데, 이를 종합적으로 '부지(vuzy)'라고 하였고, 부지의 대종은 의사·엔지니어·교사·관리자 등의 양성을 주목적으로 하는 연구소이며, 학자를 양성하는 대학교는 소수이었다.

부지의 교육연한은 5년이었으며, 학비는 면제되고 전원이 생활비를 지급받았다. 한편, 대외관계를 보면 1945년 10월 24일 구 소련 당시에 국제연합에 가입하였으며, 안전보장이사회의 상임이사국이다.

바르샤바조약기구의 중심회원국이었으며, 북한·폴란드·불가리아·헝가리·체코슬로바키아·루마니아·유고슬라비아·몽고·동독 등과 우호협력 및 상호원조조약을 체결하고 있었으며, 그리고 시리아·인도·아프가니스탄·앙골라·콩고·모잠비크·에티오피아·남예멘·이라크·베트남등과우호협력조약을체결하였다.

구 소련은1985년3월고르바초프(Gorbachyov, M.) 등장 이후 이른바 개혁(Perestroika)과 개방(Glasnost)이라는 목표를내걸고권력구조·경제관리·대외정책등에서많은변화를보여왔다.

이와 같은 목표를 내건고르바초프(Gorbachev, M.)의 6년에 걸친 개혁은 무질서, 범죄의 증가, 지식인 이탈, 생산격감, 민족분리주의 요구증가 등을 가져왔으며, 이로 인하여 일어난 8월 쿠데타는 1991년 12월 25일 소비에트사회주의연방을 공식적으로 해체시키고 옐친(Yeltsin, B. N.)이 이끄는 러시아연방공화국을 출범시켰다.

옐친 대통령은 가이다르 내각을 중심으로 개혁을, 특히 가격 자유화를 출발점으로 하는 경제 개혁을 추진하였다. 자신의 권력을 강화하는 등, 권력구조에 큰 변화를 주는 '새 헌법'안을 인민대표회의에 내놓기도 하였다.

그러나 보수세력의 반대는 완강하였다. 보수세력은 가이다르 총리 서리에 대한 인준을 거부했을 뿐만 아니라 가이다르 내각의 총사퇴와 심지어 옐 친 정권의 퇴진을 요구하였다.

그들은 '구국 전선'을 출범시키고 소련의 단계적 부활을 목표로 활동할 것임을 발표하였다. 다른 한편으로, 옐친은 고르바초프를 탄압하기 시작하였고, 고르바초프는 옐친에 반대하는 투쟁을 선언하였다.

옐친 대통령 세력과 반 옐친 대통령 세력 사이의 갈등과 반목은 격화되어 갔으며, 러시아 정치에는 위기가 조성되었다. 다행히 타협이 성립되어, 1992년 12월에 가이다르 총리 서리는 퇴진하고 산업계 관료 출신의 체르노미딘(Victor Chernomyrdin) 부총리가 총리로 기용되었으며, 옐친이 제출한 새헌법안에 대해서는 1993년 4월 11일에 국민투표를 실시해 채택 여부를 결정하기로 합의되었다.

다른 한편으로 옐친 대통령은 러시아 연방공화국이 150만 명 규모의 독자 군대를 창설할 것임을 선언하는 포고령을 1992년 3월에 발표하였다. 그리고 스스로 러시아군 최고사령관에 취임하였다.

그러나 뒤따라 마련된 '러시아 국방에 관한 법'은 국방과 관련해 대통령의 권한을 크게 줄였다. 1993년에도 개혁 세력과 보수세력 사이에 정치적 투쟁이 계속되었다. 첫 싸움은 보수세력의 승리로 돌아갔다.

그들은 4월 11일로 예정된 '새 헌법'안에 대한 국민투표를 좌절시킨 것이다. 그들은 여세를 몰아 옐친을 탄핵하려 하였으나 탄핵안은 부결되었다.

여기서 타협이 이루어져 옐친 대통령에 대한 신임여부, 옐친 대통령의 개혁 정책에 대한지지 여부, 옐친 대통령의 임기 단축과 대통령 선거의 조기 실시에 대한 지지 여부, 현 의회의 임기 단축과 새 의회조기 구성에 대한 지지 여부 등 4개 문항에 대해 국민투표를 실시하기로 결정하였다.

1993년 4월 25일에 실시된 국민투표는 대체로 옐친의 승리로 매듭지어졌다. 옐친 대통령과 그의 개혁, 새 의회 조기 구성에 대한 지지와, 대통령 임기 단축에 대해서는 반대가 모두 절반을 넘어섰던 것이다. 힘을 얻게된 옐친은 1993년 9월 21일에 기존의 최고회의 및 인민대표 회의를 해산시키고 새로운 의회를 구성하기 위한 선거 실시와, 새 헌법안을 확정할 것임을 발표하였다.

보수파는 의회를 중심으로 반 옐친 운동을 펴면서 의회의 포고령을 통하여 루츠코이(Alecsandr Rutskoi) 부통령을 대통령 권한 대행으로 선출하고 공무원과 군인은 모두 이 정부를 따르라고 명령하였다. 그러나 이 쿠데타는 곧 바로 진압되었다.

이 사건을 고비로 더 힘을 얻게 되자, 옐친은 1993년 12월 12일에 새 헌법안에 대한 국민투표와 새 의회 구성을 위한 선거를 동시에 실시하였다. 우선 새 헌법안은 여유 있게 통과되었다. 그러나 국가의회라고 할 수 있는 DUMA선거의 결과는 옐친에게 만족스럽지는 못하였다.

가이다르가 이끄는 개혁 세력 중심의 '러시아의 민주적 선택' 당이 원내 제1당이 되기는 하였으나, 극우 민족주의자들의 집결체인 자유민주당과 러시아 연방 공산당이 뜻밖에 많은 의석을 확보하였기 때문이었다.

국가회의와 별개로 연방회의도 구성되어 전자를 하원으로 하고, 후자를 상원으로 하면서 양원제는 여전히 유지되었는데, 연방회의는 정치적 영향력이 상대적으로 크지 않았다.

새 헌법을 통해 훨씬 더 강화된 권한을 확보한 옐친은 시장경제체제로의 전환을 가속화시켰다. 1994년 7월 발표된 제2단계 민영화포고령이 대표적 조처였다. 이어 1994년 11월에는 급진 개혁파인 추바이스(AnatolII Chubais)를 사유화 담당 부총리로 기용함과 동시에 시장경제에 밝은 실무형 관료를 내각의 요직들에 포진시켰다.

그러나 시장경제로의 이행은 결코 쉽지 않았다. 1992년과 1993년에 인플레이션은 극심하였으며, 게다가 물자의 부족 역시 극심하여져 일반 국민들의 생활이 매우 어려워졌다.

국내총생산은 계속 떨어져 1996년의 경우에는 마이너스 6%를 기록하였으며, 인플레이션은 겨우 잡히기 시작했다고 해도 1996년의 경우에는 21.8%를 기록하였다. 따라서 일반 국민들의 경제생활은 개선되지 않은 반면에 극소수의 신흥 부유층이 출현하였다. 빈부의 격차가 두드러지게벌어지게 된 것이다. 사회적 안정은 크게 흔들려 살인과 폭력, 특히 마피아로 상징되는 조직 폭력이 난무하였다.

1992년 현재, 인구 10만 명당 연평균 피살자의 수가 상시적(常時的) 내전 상태인 레바논의 20명에 육박하는 16~17명으로, 세계에서 둘째에 이르렀다. 관리들의 부조리와 부패 및 안일무사도 보편화되었다. 그래도 옐친은 1996년 7월에 실시된 대통령의 직선의 결선투표에서 게나디 주가노프(Gennadi Zhuganov) 공산당을 압도적 표차로 누르고 재선할 수 있었다.

이 과정에서 그는 체르노미르딘 총리가 이끄는 '우리 집은 러시아'라는 이름의 정당 등의 도움을 받았다. 재선으로 새롭게 5년의 임기를 시작하게 된 옐친은 1997년에 1988년 1월부터 루블화 가치를 1,000배 올리는 화폐계획안을 포함하여 러시아 경제를 안정시키기 위한 몇 가지 조처들을 발표하였다. 그러나 '깊은 병'에 걸려 있는 러시아 경제가 그러한 조처들로 개선되기는 어려웠다.

더구나 1997년 말부터 시작된 동아시아 금융위기의 여파가 러시아에 밀어닥치면서 1998년 8월에 러시아는 루블화의 평가절하와 루블화 표시 외채에 대해 90일간의 지불유예(모라토리엄)를 선언하기에 이르렀다.

그것은 1998년 물가상승률이 약 80%를 기록한 데서, 그리고 러시아의 89개 지역에서 식량부족 현상이 일어났고, 일부 지역의 경우 기아현상이 일어날 가능성이 제시되는 사실에서 실증적으로 나타났다.

1999년에 들어서서는 1월초부터 금융기관의 파산이 줄을 잇고, 루블화의 폭락이 거듭되는 등 금융위기가 더욱 깊어졌다. 대외 부채의 일부에 대해서는 채무 불이행(디폴트) 사태가 일어날 것이라는 전망이 제시되기도 하였다.

게다가 1996년에 심장수술을 받은 이후 옐친의 건강은 그가 언제 사망할 지 알 수 없다는 말을 들을 정도로 불안정하다. 그래서 의회에서는 하야 권고안이 제출되기도 하였다.

이것은 그의 정치적 위신을 크게 격하시켰다. 옐친은 1998년 11월 예브게니 프리마코프 총리에게 내정을 이양하고, 자신이 국방과 외교 등에 주력할 것임을 선언하였다. 그러나 그것이 러시아의 국내정치를 결코 안정시키지는 못하였다.

옐친 이후를 내다보면서 1998년 말 이후 많은 정치인들이 여러 정당들을 새롭게 창당하고 있어서 러시아의 국내정치는 더욱 혼미해져 갔다. 하지만 2000년 말 현재 푸틴이 정권을 잡으면서 정치적으로는 어느정도 안정을 잡아가고 있다.

대외적으로 볼 때 러시아는 지난 날 구 소련을 구성하였다가 1991년 12월 21일 독립한 나라들 가운데 10개국과 함께 독립국가연합(CIS: Commonwealth of Independent States)을 형성하였다. 그러나 회원국들은 서로 이해가 다른데다가 이 연합의 장래에 회의를 품어 연합의 유지에 적극적이지 않았다.

1992년 5월 11개 회원국들 가운데 러시아와 아르메니아를 포함한 6개국만이 집단안보협력협정을 맺자 연합은 협정 서명국과 협정 비서명국으로 양분된 데다가 1992년 10월에 아제르바이잔이 회원국들 가운데 처음으로 탈퇴하고, 1992년 11월에 카자흐스탄 공화국이 제의한 공동경제 동맹결성안이 우크라이나 등 분리 지향적 회원국들의 반대로 거부되면서 연합의 존속에 대한 회의는 더욱 커졌다.

이러한 상황 속에서 러시아 연방공화국의 한 공화국인 체첸공화국이 1994년 12월에 독립을 선언하였다. 그것은 독립국가연합에 속한 다른 국가들 내부의 민족분쟁에 자극을 주었고, 또 회원국들 사이의 민족분쟁에 대해서도 자극을 주었다. 소수 민족들은 거의 모두 독립을 지향하려는 분위기 속에 휩싸이게 된 것이다.

이에 러시아 연방공화국은 체첸을 전격적으로 침공하여 무력으로 진압함으로써 소수민족들의 독립요구의 도미노현상을 막으려 하였다. 그러나 소수민족들의 독립요구는 러시아 연방공화국 안에서도 독립국가연합 회원국들 각자의 내부에서도 사라지지 않고 있다. 한편, 독립국가연합 내부의 회교도 국가들은 슬라브계 국가들에 반발하고 있다. 그런데도 독립국가연합은 여전히 유지되어 왔다.

탈퇴하였던 아제르바이잔이 1993년 9월에 다시 가입하였고, 가입을 거부당하였던 그루지야가 1993년 12월에 받아들여졌다. 독립국가연합은 최고 협의기구로 국가원수평의회를 두고 연2회 이상 회의를 연다.

1993년 10월에는 모든 회원국들이 경제공동체 형성에 찬성함으로써 연합의 존속에 힘을 실어 주었다. 실무 기구로는 회원국 장관들로 구성되는 각료 위원회를 두고 있으며, 연4회 이상 회의를 연다.

한편, 러시아 연방공화국과 벨라루시 공화국 사이에는 1998년 말부터 통합이 협의되고 있다. 이렇게 독립국가연합이 유지되는 이유들 가운데 하나는 연합을 중시하는 러시아의 입장이다. 러시아는 연합에 가입한 나라들이 러시아의 안보에 중요하다고 판단하는 것이다.

결국 독립국가연합은 옐친의 슬라브 중심주의의 산물로서 고르바초프개혁에 대한 대중적 염증과 공화국들의 독립요구에 바탕한 것이다. 엄밀히 말하여 그것은 구성국가들의 자주와 평등옹호 속에 러시아패권주의를 내장한 것으로서, 공동체적 결속보다는 공화국 이기주의에 바탕한 경제적 생존전략의 일환이라 볼 수 있다.

때문에 독립국가연합은 당초 러시아·벨라루시·우크라이나 등 슬라브민족주의에 바탕하여 출발하였으나 시간이 지나면서 분열현상을 보여, 슬라브계와 비슬라브계(특히 회교권), 러시아민족과 다른 소수민족들간의 암투로 발전, 경제문제와 관련하여 연합은 물론, 러시아 자신의 장래마저 불안 속에 놓이게 하고 있다.

1992년 러시아 연방공화국은 출범 당시부터 친서방 외교노선을 표방하였다. 옐친은 러시아가 서방문명국들과 동반자 관계를 유지하면서 그들로부터 자신의 개혁정책에 대한 정신적 및 재정적 지원을 받아 내고자 하였던 것이다.

특히, 미국과 서유럽 및 일본 등 부유한 서방 선진국들로부터 경제적 지원을 받으려면 그들과 우호적 협력관계를 발전시키는 것이 중요하다고 계산하였던 것이다.

친서방 외교노선의 핵심은 미국과의 우호 및 협력관계의 발전에 있었다. 1994년 1월 13일에 미국 클린터(Bill Clinton) 대통령이 자신의 대통령직 취임 이후 처음으로 러시아를 방문하고, 옐친 대통령과 더불어 모스크바 선언을 발표하였는데, 이 문서는 두 나라가 탈냉전의 세계적 분위기 속에 평화를 더욱 확산시키기로 다짐하였다. 이어 1994년 9월 27일에 옐친은 미국을 방문하고 클린턴 대통령과 더불어 유럽안보문제를 논의하였다.

여기서 제2단계 핵무기감축협정(START Ⅱ)의 일정을 앞당겨 핵탄두를 해체하기로 합의하였으며, 러시아군과 나토군사 사이에 합동 군사훈련을 실시하기로 합의하였다. 이에 앞선 1993년 11월 2일에 러시아 연방공화국 국가안보위원회는 신(新) 군사독트린을 승인하였다.

이것은 탈냉전시대에 러시아는 특정 국가를 가상 적국으로 상정하지 않으며, 러시아 국익을 저해하지 않은 나라는 동반자로 여기고, 군사력의 사용은 방어에 한정하며 핵무기는 전쟁수단이 아니라 침략 억지를 위한 정치적 수단으로 중요하다는 등의 내용으로 구성되어 있다.

이처럼 옐친의 친서방, 친미외교는 서구에 대한 지나친 기대와 믿음 아래서 러시아의 외교 정치 행위를 미국의 그것에 종속시키고 있었다.

그러나 서방 세계는 러시아를 쉽게 믿으려 하지 않았다. 따라서 옐친의 친서방 외교는 큰 소득을 얻지 못하였다. 이러한 배경에서 이른바 유라시아주의자들의 비판이 힘을 얻게 되었다.

독립국가연합의 회원국들 및 아시아·태평양 국가들과의 관계 강화에 대해서도 무게를 실어야 할 것을 강조하는 유라시아주의자들은 서방 세계와의 관계 강화를 앞세우는 이른바 대서양주의자들의 외교는 결과적으로 러시아를 미국 또는 서방에 종속시키는 결과를 낳고 있으며, 러시아 외교에서 자율성을 감소시킨 반면에 타율성을 증대시키고 있다고 비판한 것이다.

옐친은 이 나라들에 대해 적극적으로 접근하는 등 다각적인 노력을 기울였다. 이러한 점에서 1997년 중요한 기록들을 남겼다. 우선 3월에 핀란드의 수도 헬싱키에서 열린 미국과의 정상회담에서 두 나라는 2007년까지 냉전시절 두 나라가 가졌던 핵무기 최고 보유량의 80%를 줄인다고 합의하였다.

두 나라는 또 나토의 동유럽 확대를 지지하되 동유럽의 어느 나라에도 나토의 상주국이나 핵기지는 주둔시키지 않는다고 합의하였다.

이어 4월에 모스크바에서 중국과의 정상회담이 열렸다. 이 회담에서 두 나라는 세계의 다극화를 선언하고, 미국이 단독적 패권을 행사하지 못하게끔 두 나라가 공동으로 보조를 취하기로 합의하였다. 후속 정상회담이 11월에 베이징에서 열렸다. 여기서 4,300㎞에 이르는 국경선을 확정하는 협정이 체결되었다. 이로써 두 나라 사이에 분쟁의 불씨로 남았던 국경분쟁이 해소되었다.

러시아는 11월 초순에 시베리아의 크라스노야르스크에서 일본과 정상회담을 가졌다. 여기서 두 나라는 2000년까지 두 나라 사이에 2차대전을 공식으로 마무리짓는 평화협정을 체결하고, 최대 현안인 북방 4개섬을 둘러싼 영토분쟁을 해결하기로 합의하였다.

이와 같이 러시아는 미국과는 여전히 탈 냉전시대에 걸 맞는 우호와 협력 및 평화관계를 유지하려고 하면서도 중국 및 일본과의 관계도 돈독히 함으로써 그것에 바탕을 두고 미국을 공동 견제하려는 입장을 취한 셈이다.

그런데 1998년 말에 미국이 이라크를 기습 공격한 사건은 러시아와 미국 사이의 관계에 중대한 영향을 끼쳤다. 미국에 대한 견제력을 전혀 발휘하지 못함으로써 무력함을 다시 드러내게 된 러시아가 마치 그것에 반발이나 하는 듯 미국을 강하게 비난함으로써 두 나라는 긴장을 보여 주게 된 것이다.

전반적으로 러시아는 '핵을 가진 제3세계'로 조롱될 만큼, 즉 초강대국 미국과 강대국 제1군 일본·중국 및 독일에 이어 영국 및 프랑스와 더불어 강대국 제2군에 속한 것으로 자위할 정도로 위신이 실추되었다. 그만큼 러시아의 국제 정치력 영향력은 떨어지고 있다.

특히, 러시아가 미국과 유럽보다 덜 중요하게 여기는 동아시아에 대해서는 중국과 일본을 빼 놓고는 적극적인 정책을 펼 여력이 크게 줄었고, 그것에 비례해 영향력 역시 크게 줄어들었다.

한반도의 경우도 마찬가지이다. 한반도에 대한 종래의 영향력을 회복하려고 몸부림치고 있으나 뜻대로 되고 있지 않다. 그렇다고 해서 러시아를 외교적으로 경시하거나 심지어 괄시하는 것은 매우 어리석은 일이다.

러시아의 영향력이 현재 줄어들고 있음은 사실이지만 여전히 일정한 발언권을 행사하고 있으며 실질적 강대국으로 다시 도약할 수 있는 잠재력을 지니고 있기 때문이다. 따라서 러시아와 우호 협력관계를 유지하는 노력은 계속해서 기울이는 것이 바람직하다.

광복 이전 우리나라와의 관계

우리 나라와 러시아와의 관계는 1800년대부터 본격적으로 전개되었다고 할 수 있다.

그 이전 1246년에 고려인이 몽고의 수도인 캐라코람에서 러시아 수스달공국의 제로슬라프(Jeroslav)대공과 만났다는 기록이 있으며, 또 조선조 효종 때에는 청나라의 요청에 따라 두번에 걸친 나선정벌(羅禪征伐, 1654·1658)이 실행된 사실이 있었다.
그러나 모두 단발적인 접촉으로 끝나 지속적인 관계가 유지된 것은 아니다. 1800년대 이후 두 나라의 관계는 시대의 변화에 따라 3기로 나눌 수 있다.
제1기는 1860년부터 한러수호조약을 체결하여 한반도에 거점을 확보하게 된 1884년까지, 제2기는 1884년부터 청일전쟁이 끝나 한반도에서 일본과 직접 대립하게 되는 1894년까지, 제3기는 1894년부터 러일전쟁에 패함으로써 한국을 부득이 포기하게 되는 1905년까지이다. 그리고 1905년 이후부터 광복이 될 때까지는 사실상 두 나라 관계는 단절된 상태에 있었다.
(1) 제1기(1860~1884)
러시아가 우리 나라에 본격적인 관심을 가지게 된 계기는 러청북경조약(露淸北京條約, 1860)으로 약 40만 평방 마일이나 되는 연해주지역을 획득함으로써 국경을 서로 맞대면서부터이다. 그리고 이 무렵 러시아의 주 관심은 우리 나라 영내에서 해군함대를 위한 부동항(不凍港)을 얻는 데 있었다.
1854년에는 일본과 개항교섭업무를 맡았던 푸티아틴(Putiatin,E.) 제독이 거의 한달 가량 동해상에 머물면서 두만강 입구를 측량하고 영흥만도 답사하여 그 내만(內灣)인 송전만(松田灣)을 포트 라자레프(Port Lazarev)라고 명명한 일이 있다.
이어 1857년에는 영토문제 해결을 위하여 청나라로 가던 도중 거문도에 정박한 사실이 있기도 하였다. 그러나 이는 어디까지나 한반도의 부동항에 대한 관심표명에 지나지 않았다고 할 수 있다.
한반도의 부동항이 절실히 필요하게 된 것은, 러시아가 연해주라는 광대한 지역을 얻기는 하였지만 중심지역과 너무 멀리 떨어져 있어 육로로 이 지역과 통교하기 위해서는 2년이라는 긴 시간이 소요되기 때문이었다.
대지가 황폐하여 식량도 자급자족할 수 없을 뿐더러 강마저도 연평균 173일이나 얼어붙어서 하천교통도 불가능한 상황이었다. 그래서 그들로서는 아시아 영토와의 왕래 및 교역업무는 해운에 의존할 수밖에 없었다.
즉, 러시아는 연해주의 유지와 나아가 아시아 침략을 위해서도 해군력을 증강해야 하였고, 이를 위해서는 함대의 근거지가 될 수 있는 항만이 필요하였다. 물론, 1860년에 건설한 블라디보스토크항이 있기는 하였지만 연간 4개월(12~3월)이나 얼어붙어서 그들의 욕구를 충족시키기에는 크게 부족하였다.
러시아는 부동항 대상지를 일본령으로 정하고, 1855년 러시아영토가 된 쿠릴열도(Kuril 列島, 千島列島)와 일본령인 남부 사할린과의 교환계획을 추진하는 한편, 1861년에는 대마도(對馬島)를 점령하기도 하였다.
그러나 이 계획은 영국과 일본의 견제로 좌절되었으며, 진출방향도 한반도로 바뀌게 되었다. 1864년 5명의 러시아인이 경흥으로 찾아와 통상을 요구하기도 하였고, 1866년에는 러시아군함이 원산만에 들이닥친 일도 있었다.

그러나 러시아는 아무런 성과도 거두지 못하고 철수하였는데 이는 영국과 청의 견제가 두려웠기 때문이었다. 이후 러시아는 영국을 비롯한 열강의 의혹을 사게 될까 염려하여 한반도침투에 신중을 기하게 됨으로써 그 기선을 일본과 미국에 빼앗겼을 뿐만 아니라 우리 나라로 하여금 경계심까지 가지게 해버렸다.
러시아의 신중한 태도와 청나라의 사주에 의한 우리 나라의 경계심은 두 나라가 국경을 접하고 나서도 20년간이나 수교를 막았던 중대한 요인이었다.

(2) 제2기(1884~1894)
러시아의 우리 나라에 대한 태도는 1880년을 전후하여 크게 바뀌었다. 우리 나라에서는 대원군의 실각으로 쇄국정책에 수정을 가하게 되었다. 일본은 청나라가 이리분쟁(伊犁紛爭)에 여념이 없는 틈을 타서 1876년 우리 나라와 강화도수호조약을 강압적으로 체결하였다.
우리 나라는 러시아와 일본의 위협을 막기 위해서는 구미열강을 끌어들여야 한다는 이홍장(李鴻章)의 권유에 따라 1882년 미국을 비롯한 영국·독일 등과 수교를 맺게 되었다. 그러나 임오군란을 계기로 우리 나라에 대한 청나라의 압제가 강화되자, 고종은 구미열강의 힘을 빌려 이를 견제하려 하였으나 뜻대로 되지 않고 오히려 역이용 당하였다.
영국은 한영조약의 비준을 거부하고 한영신조약을 강압하였다. 이에 고종은 영국·미국의 반대세력인 러시아를 끌어들이게 된다. 한편 러시아로서도 종래의 신중한 태도를 바꾸지 않을 수 없었다.
영국·미국 등 적대세력이 한반도에 교두보를 마련하였기 때문이다. 또한, 청나라와 프랑스의 전쟁이 일어나게 되면 영국·미국 등이 몇 개의 항만을 확보하게 될 것이고 이는 러시아에 대한 위협이었기 때문이다. 러시아는 이를 아시아진출을 위한 기회로 보고 우리 나라와의 수교를 서두르게 되었다.
이러한 상황하에서 묄렌도르프 (Möllendorf,P.G.)의 주선으로 1884년 7월 7일 한러수호조약(韓露修好條約)이 체결되었다. 러시아는 이로써 한반도에 있어 영국과 대등한 지위를 확보하게 되었다. 그 뒤 일어난 갑신정변으로 개화파가 거세되고 수구파가 득세하게 되어 청나라의 압박이 더욱 강화되자, 다시 묄렌도르프가 주선하여 한러밀약(韓露密約)이 맺어졌다.
이로써 러시아는 그렇게 원했던 영흥만이라는 부동항을 얻게 되고, 영국을 앞서게 되었다. 그러나 영국은 밀약의 대략을 탐지하자, 그렇지 않아도 아프가니스탄의 펜제(Pendjeh)위기로 러시아와의 대결을 계획하던 터라 1885년 4월 거문도를 점령해버렸다. 이 사건은 한러밀약 실현을 위한 주일러시아공사관의 서기관 스페예르(Speyer, A.)와 우리 나라 외교부의 교섭(6월)을 무위로 끝나게 해버렸다.
이로 인하여 우리 나라와 러시아는 많은 영향을 받게 되었다. 우선 우리 나라로서는 러시아의 새로운 영토적 침략을 영국의 힘을 빌려 막았다는 점에서 나름대로 이이제이(以夷制夷)에 성공하였던 셈이다. 그러나 청나라의 압제를 제거하기 위하여 끌어들인 러시아가 영국에 의하여 견제됨으로써 더 심한 청나라의 속박에 시달리게 되었다.

더욱이, 영국은 거문도철수의 선행조건을 청나라에게 알려주며 영국과 러시아간의 조정역까지 맡겼는데, 이는 청나라의 대한종주권을 결정적으로 강화시켜주는 외교적 지원이었다. 이런 상황하에 1885년 10월 3일 우리 나라에 온 위안스카이(袁世凱)는 주차조선총리교섭통상사의(駐箚朝鮮總理交涉通商事宜)라는 직책으로 내정에 깊이 간섭하였다.

그는 또 1886년 8월 '제2차한러밀약사건'을 조작하여 병합을 기도하기도 하였다. 물론, 이것은 러시아와의 충돌가능성 때문에 자제해서 1886년 10월 '이(李)·라디겐스키협정'을 맺음으로써 좌절되기는 하였지만, 청나라의 압력은 이처럼 강한 것이었다. 한편, 러시아는 거문도사건을 계기로 동아시아지역 방위정책을 수정하지 않을 수 없게 되었다.

영국이 거문도를 점령하자 러시아함대는 동해를 벗어나기조차 힘들다는 사실을 깨닫게 되었을 뿐만 아니라, 전시에는 중립국의 항구를 기지로 사용할 수 없으므로 별도로 저탄지(貯炭地)를 확보하지 않는 한 그들의 함대는 방어역할 밖에 할 수 없다는 점이 밝혀졌기 때문이다.

러시아는 그래서 육군에 의지하는 새로운 방위정책을 채택하게 되었다. 그 구체적인 조처가 바로 1886년부터 논의되기 시작한 시베리아철도건설계획이다.

아울러 대한정책에 대한 기본적인 노선도 확립하게 되는데, 1888년 4월 26일 프리아무르 총독 코르프(Korf)와 외무성 아시아국장 지노비예프(Zinoviev)의 회담은 러한 요청에 부응한 것이었다. 이 회담은 후자가 각서형식으로 정리한 문건에 코르프가 동의, 서명하는 절차를 밟았는데 이 두 사람의 결정이 청일전쟁 개전 때까지 러시아의 대한정책의 기조를 이루고 있다.

그러나 거문도사건이 있은 지 3년 후에야, 그것도 국장급의 모임으로 이루어졌다는 점은 당시 러시아가 평가한 우리 나라의 비중이 어떠했는지를 잘 보여주고 있다. 한반도는 관심의 대상이기는 하였지만 그렇게 중요한 나라는 아니었다.

러시아가 한반도병합을 기도할 경우 청나라와의 관계악화는 물론이고, 영국과의 관계도 악화시켜 영국과 청나라의 연합을 촉진시킬 수도 있었기 때문이다. 이·라디겐스키회담이나 1888년의 한러육로통상장정(韓露陸路通商章程)도 그런 테두리를 벗어나지 못하였다.

(3) 제3기(1894~1905)

러시아의 대한 기본노선은 이 기간 중 시베리아철도 착공(1891.5.31.)이 일본으로 하여금 청나라에 대한 개전을 서두르게 함으로써 바뀌게 되었다. 시베리아철도는 거문도사건 직후 전략적인 목적으로 계획된 것이었다.

처음에는 재무상 비시네그라드스키(Vishnegradski)의 반대로 착공이 지연되었으나 위테(Witte,S.Y.)의 등장과 더불어 프랑스의 금융지원을 받아 이 철도가 군사적인 면에서뿐만 아니라, 경제적으로도 이용될 수 있다는 것이 확인됨으로써 착공하게 되었다.

이는 일본에게는 위협으로 받아들여졌고, 따라서 러시아가 시베리아철도를 완성해서 태평양연안에 접근하기 전에 청나라와의 관계를 해결해야만 하였다. 시베리아철도가 완공되면 바로 아시아침략이 개시될 것이기 때문이었다. 러시아로서는 청일전쟁의 개시와 더불어 한반도를 둘러싼 종래의 대일정책을 급격히 바꾸게 되었다.

개전 직후에는 국외중립을 지켰지만, 전세가 일본에 유리하게 전개되고 일본의 강화조약문이 1895년 3월 25일 이홍장에게 수교되자 강경한 태도로 돌변하였다. "일본의 요동반도 점령은 명백히 러시아의 철도를 겨냥한 것이며, 그들의 여순(旅順) 출현은 결과적으로 한반도 전체의 병합이 된다."는 것이 그 이유였다.

그러므로 청일전쟁의 개전은 두 가지 점에서 러시아의 대한정책을 크게 바꾸어놓았으니, 첫 번째는 종래 국장급회의로 결정되던 대한정책을 각료회의의 논의대상으로 하였다는 점이고, 두 번째는 한반도문제에 관한 한 일본과의 협조가 아니라 일본에 대하여 열강과 공동간섭을 계획하게 된 것이다.

이것이 바로 위테의 입안에 따라 러시아가 프랑스와 독일을 끌어들여 시모노세키조약(下關條約) 조인 후 6일 만에 전격적으로 제기한 대일(對日) 3국간섭이다(1895.4.23.).

이에 따라 일본은 러시아 등의 열강에 굴복, 요동반도를 청나라에 반환하게 되었다. 우리정부에서는 노골적인 인아거일책(引俄拒日策 : 러시아를 끌어들이고 일본을 멀리하는 정책)을 써서 친일파 각료들을 제거하고 친러파를 중용하였다.

이에 일본은 약세를 만회하기 위하여 민비(閔妃)를 시해하는 을미사변(1895.10.8.)을 일으키게 된다. 그러나 우리 나라 국내의 거센 반발과 국제적인 압력에 부닥치게 되고, 이어 아관파천(俄館播遷, 1896.2.11.~1897.2.20.)으로 일본세력은 크게 약화되었다.

따라서, 일본은 어떻게 해서든 러시아와의 타협을 모색하는 입장이 된 반면, 러시아는 유리한 입장에서 외교활동과 이권획득에 박차를 가하게 되었다.

1896년 5월 14일 러시아·일본 양국의 주한공사들 사이에 합의된 베베르(Weber,K.)·고무라(小村)각서는 러시아의 우위가 인정된 것이었다. 니콜라이2세의 대관식 참석을 이용해서 모스크바에서 성립된 로바노프·야마가타(山県)의정서(일명 모스크바의정서, 1896.6.9.)는 한반도에서의 양국의 지위를 협의한 고위층간의 타결이었다.

그러나 유리한 입장의 러시아가 일본과 타협한 것은 태평양연안에서 준비가 갖추어질 때까지 일본을 잠시 안정시키려는 속임수에 지나지 않았다.

위테는 이미 그보다 일주일 전에 대관식에 참석한 이홍장과 러청비밀동맹(露清秘密同盟)이라는 대일본공동방위동맹을 맺어 동청(東淸)철도부설권을 획득하였고, 6월 1일부터는 고종의 사절로 모스크바에 간 민영환(閔泳煥)과도 로바노프·야마가타의정서와는 상반되는 목적을 가진 '조선사절에의 회답요점'을 마련하였기 때문이다.

이러한 외교행각과 아울러 서울에서도 러시아공사관으로 온 고종을 상대로 이권획득활동을 전개하였다 .1896년 4월 니시첸스키(Nisichensky)라는 자의 명의로 함경북도 경원·종성일대의 광산채굴권이 러시아로 넘어갔고, 같은해 8월에는 블라디보스토크 상인 브린너(Brynner,Y.)의 명의로 압록강·두만강유역과 울릉도 삼림채굴권을 얻게 되었다. 그리고 동해의 포경권에도 손을 뻗쳐 울산·성진 등지의 어장까지 확보하게 되었다.

아관파천 시기의 러시아는 우리 나라의 군사·재정에 관한 대부분의 권력을 장악하였지만, 한반도에 대해서는 만주방위를 위한 완충지대의 역할밖에는 부여하지 않았다.

그래서 일본과의 평형을 유지하며 자국세력의 거점을 마련한 뒤, 친위대 및 군대의 훈련을 관장하고 재정고위직을 러시아인이 차지하는 데 그치려 하였다. 1896년 8월 스트렐비트스키(Strelbitski)대령이 내한하였으며, 같은해 10월말에는 푸티아타(Putiata)대령 등 교관단일행이 민영환 등과 함께 서울로 왔다.

한편, 우리 나라 사절에게 약속하였던 차관제공을 미루고, 이것이 불신을 사게 되어 러시아의 한반도에서의 세력이 한때 흔들리는 위치에 있었다. 경제적으로 일본에 훨씬 뒤져 있었을 뿐만 아니라, 위테의 모든 관심이 만주횡단철도에 집중되어 이홍장과의 교섭에만 전념하고 있었다. 이러한 공백이 영국·프랑스 등의 열강에 이용당하였던 것이다. 고종의 환궁도 러시아에 대한 실망을 말해준다.

그러나 위테가 그의 비서장 로마노프(Romanov,P.M.)의 건의를 받아들여 새로이 대한진출을 결심하고 알렉세이프(Alexeiv,K.A.)를 파견함에 따라 사태는 다시 바뀌었다.

그는 "한러은행설립을 준비하고 세관관리를 러시아인 수중에 넣으라."는 위테의 훈령에 따라 1897년 9월초 서울도착과 함께 우리 나라 세관관리상태를 파악하고, 영국인 총세무사 브라운(Brown,M.)의 부정행위 증거를 포착, 축출시키는 데 성공하였다.

10월 25일 그는 재정고문 및 총세무사로 임명되었고, 11월 10일까지는 세관의 모든 업무를 접수하였다. 이로써 러시아의 약세는 완전히 만회되었다. 그렇지만 위테의 이러한 대한정책도 자르의 신임이 외상 무라비에프(Muraviev)로 옮아가게 되고, 그의 제의에 따라 1897년 12월 19일 뤼순·다롄(大連)을 점령하게 되자 다시 한번 크게 바뀌게 된다.

아시아정책이 한반도 중심에서 만주중심정책으로 바뀌게 되고, 그 반영으로서 러시아의 양보를 의미하는 1월의 제의가 1898년 4월 25일 로젠·니시(西)협상으로 매듭지어졌다. 이에 앞서 러시아는 훈련교관과 재정고문을 자진 철수시켰고, 개점한 지 2개월밖에 안 되는 한러은행도 해체시켰다. 로젠·니시협상에서는 일본의 경제적 우위만을 인정해주었지만, 그것은 결국 일본의 외교적 우위마저 인정해주는 셈이 되어 한반도에서의 러시아의 기반은 크게 약화되었다.

이는 만주중심의 정책을 수행하기 위하여 한반도를 일본을 견제하는 완충지대로서의 가치만으로 인정한 데에 그 원인이 있다. 러시아가 일본의 정치적 우위를 인정하지 않았던 것은 한반도에서 대일견제력을 유지하겠다는 의지의 표현이었다.

이 단계에서는 이미 국제적 압력과 내부적인 '금융 및 산업위기'가 겹쳐 모든 사태를 1898년 중반으로 묶고 더 이상의 진전을 자제한다는 '신정책'이 확정된 상태였다.

따라서, 1899년 3월의 포경합동조약안이나 1899년 9월 1일과 1900년 3월 30일의 마산포(馬山浦)의 조차기도는 자르의 재가를 받은 것이기는 하였지만, 정책담당자의 최종적인 결정에 의한 조처는 아니었다.

한편, 의화단란(義和團亂)의 만주파급은 이러한 러시아의 자제정책을 계속 고수할 수 없게 만들었다. 러시아는 이를 기화로 만주를 점령하고, 한편으로는 연합국과 더불어 북경교섭을 벌이며 다른 한편으로는 청나라의 지방관리와 단독교섭을 하여 만주를 보호령으로 만들려고 하였다. 러시아는 일본의 견제조처가 있을 것을 예견하고 그 선수조처로서 열강보장하의 한반도중립화안을 일본에 제의하게 되었다.

즉, 1900년 8월말 친러파였던 주일한국공사 조병식(趙秉式)이 일본외상 아오키(青木)에게, 1901년 1월 7일 주일러시아공사 이즈볼스키(Izwolski)가 가토(加藤)외상에게 각각 제의하였다. 이것이 일본에 의하여 거부되자 러시아는 다시 1901년 7월 일본에 행정 및 재정고문과 경찰총감의 파한권(派韓權)을 인정하는 한반도중립화안을 주한일본공사에게 제의하였다.

그러나 이것은 영국에 자극을 주어, 일본의 동맹제의에 소극적인 태도를 취하였던 영국으로 하여금 1902년 1월 이른바 영일동맹을 체결하게 하여주었다. 이로 말미암아 러시아는 약세에 놓이게 되었다. 러시아는 이러한 상황을 초강경책으로 극복하려고 하였다. 만주철병은 위테가 실각하고 베조브라조프(Bezobrazov)가 득세하는 계기가 되었다.

베조브라조프의 '전진정책'이 사태를 지배하는 가운데 러시아는 무모하게도 우리 정부에 대하여 1896년 브린너가 획득한 압록강 삼림이권의 이용을 통고하고, 이어 용암포(龍巖浦) 점령을 단행하였다. 이를 계기로 러일전쟁이 개시되었으며, 러시아는 여기에서 패전하였다.

포츠머스조약에서 러시아는 일본에게 한반도의 보호만을 승인하였지만, 이는 한반도에 있어서 러시아의 대일견제력 상실을 의미할 뿐만 아니라, 나아가서는 일본의 한국병합까지 가능하게 해준 것이었다. 그리하여 1905년 이후부터 광복이 될 때까지 러시아와 우리 나라의 관계는 사실상 단절된 상태에 놓이게 된다.

광복 이후 우리나라와의 관계

1945년 8월 15일 광복이 되자 북위 38도선을 경계로 그 이북은 소련이 점령하고 그 이남은 미국이 점령하게 되었다. 38도선은 한반도에 대한 소련의 전통적인 욕심을 고려한 미국이 구상하고 제의한 것이다.

소련은 이 제의를 받아들인 것이지만, 간접적으로는 상당한 영향을 미쳤으며, 잠정적으로 제안된 분단이 굳어지게 된 데는 소련의 책임도 있다. 북한을 자신의 세력 속에 고정화시키려는 소련의 야심은 결국 북한에 소비에트체제를 이식시켰기 때문이다.

(1) 러시아와 북한과의 관계

구 소련은 1945년 8월 8일 대일선전포고를 하고 10일에는 함경북도 웅기에 상륙하였다. 이어 함경북도·함경남도의 주요지역을 장악한 다음 평안도로 들어와 8월 24일 평양에 도착하였다. 평양에 들어온 구 소련 제25군은 직접통치방식을 회피하고 간접통치방식을 택하였다. 평양에 들어오기 전에 자체적으로 수립된 조선건국준비위원회 평남지부를 일단 인정하고, 그 기구를 자신들에게 유리하도록 개편하여 배후에서 조종하였다. 이때 북한통치를 용이하게 하기 위한 하수인으로 이용하였던 것이 바로 구 소련파 한국인이었다. 이어 개최된 모스크바삼상회의에서는 우리 나라에 대한 의정서가 발표되었다.

주요내용은 한반도 전역에 통치권을 가지는 한민족의 통일된 임시정부를 수립한다는 것, 그리고 이 정부를 미국·영국·중국·구 소련 4개국이 5년 이내 신탁통치한다는 것이었다.

구 소련은 이 모스크바공식을 강력하게 추진하였다. 또한, 구 소련은 미소공동위원회가 열렸을 때도 자신의 처지를 고수하고 비타협적인 자세를 보여줌으로써 결국 회담은 결렬되고 말았다.
미·소의 대립은 점점 돌이키기 어려운 상태에 빠지게 되고, 따라서 남북분단은 고정화되었다. 결국, 1948년 9월 9일 북한에는 김일성(金日成)을 수상으로 하는 '조선민주주의인민공화국'이 수립되었다.
이로써 구 소련은 북한의 소비에트화라는 점령 초기의 목표를 달성하였다. 구 소련은 정권이 수립된 뒤에도 북한에 대하여 계속 많은 경제원조 및 군사원조를 제공하였다. 이와 같은 구 소련의 원조가 남침준비의 원천이 되었다.
스탈린(Stalin, I. V.)이 김일성의 남침계획을 승인하였을 때, 그들은 미국의 불개입을 전제하고 있었다. 그러나 트루먼 (Truman, H. S.) 행정부는 국제연합의 이름 아래 서방국가들과 함께 참전하였다.
연합국의 반격으로 북한이 붕괴의 위험에 빠지게 되었을 때, 구 소련은 중국의 참전을 적극 권유하였고, 중국의 참전과 더불어 전선이 교착되자 휴전을 제안하는 분위기가 조성되었다. 구 소련은 1951년 6월 휴전을 제의하게 되었고, 휴전협상이 개시되어 1953년 7월 마침내 휴전협정이 체결되었다.
한국전쟁에서의 중국의 개입과 1958년까지 계속된 중국군의 북한주둔은 구 소련과 북한관계에 큰 영향을 미치게 된다. 즉, 중국의 북한에 대한 영향력이 증대된 반면, 북한의 구 소련의존도는 줄어들게 되었다.
또한, 스탈린의 죽음과 그에 따른 소련지도자들의 내분도 구 소련의 영향력을 감소시켰다. 거기에다가 1956년 2월 소련공산당 제1서기 흐루시초프(Khrushchyov, N. S.)가 스탈린의 개인숭배와 1인독재체제를 비난하고 서방과의 평화공존을 옹호하자, 김일성은 이러한 상황이 자신의 권력유지에 방해가 된다는 것을 감지하고 이에 다각적으로 대처하였다.
이 과정에서 구 소련과 북한의 갈등이 싹트기 시작하였다. 구 소련은 1953년 9월 북한에 대한 원조협정을 체결하고 2억5000만달러의 전후복구비를 제공하기도 하였지만, 북한을 구 소련의 영향권내에 묶어두지는 못하였다. 1960~1961년 중소분쟁이 심각하게 노출되고 어느 한쪽을 선택하도록 강요당하자 북한은 중국을 선택하였다.
북한은 중국과 협력해서 구 소련의 수정주의·유화주의노선을 비난하게 되고, 구 소련은 북한에 대한 경제·군사·기술원조를 단절해버렸다. 그러나 1964년 10월 흐루시초프의 실각과 새로운 지도층의 등장은 두 나라의 관계를 개선할 수 있는 계기가 되었다.
그래서 구 소련은 1965년 5월 군사원조협정을 체결하고 그동안 끊겼던 군사원조를 재개하였다. 1966년 2월에는 경제기술협정(1966~1970)이, 1967년 3월에는 북한군사력강화를 위한 협정이 맺어졌고, 1967년 10월에는 경제·과학·기술조정위원회가 개최되었다.
두 나라 사이의 무역량은 늘어났으며, 평양화력발전소 및 김책제철소(金策製鐵所)의 확장과 기타 건설계획에 대한 구 소련의 원조가 재개되었다.

이러한 상황 속에서 북한은 중소분쟁에 대한 중립을 선언하게 된다. 그러나 구 소련의 이념노선에 반대하면서도 공리적인 타산으로 인하여 구 소련측으로 기울어져 있는 상태였다.

한편, 구 소련은 북한이 1968년 1월 미해군함 푸에블로호를 나포하고, 1969년 4월 미해군 정찰기 EC·121기를 격추시켰을 때, 그 비합리적이고 무책임한 행동에 대하여 경고하였다.

이에 북한은 1969년 모스크바에서 개최된 세계공산당대회에 불참하고, 1970년 3월 조소공동해양연구의 불참을 발표하였다. 1970년대 초 미국과 중국의 관계가 개선되자, 북한은 거의 완전한 중립으로 바뀌게 되고, 구 소련은 이를 활용하려고 하였다.

1971년 11월 모스크바를 방문한 북한의 경제사절단에게 1971~1975년 동안의 추가 경제·군사원조를 제공하고, 이어 '공산주의지도 아래에서의 조선통일'을 강력히 지지하였다.

1972년에는 북한의 외상 허담(許錟)의 방문을 받아들여 브레즈네프(Brezhnev, L. I.)와 회담하였다. 구 소련도 공식사절단을 북한에 파견하였으며, 북한은 1970년대의 긴장완화와 다원화 속에서 대외관계의 새로운 좌표를 설정한다. 중국과 구 소련 사이에서 어느 한쪽으로 치우치지 않고 비교적 중립적인 입장에서 이익을 추구하려는 태도, 즉 '자주노선'을 추구하게 된다.

구 소련은 이러한 눈치외교를 배척하기도 하고 북한의 '주체사상'이 마르크스·레닌주의의 별종이라는 태도를 취하였다. 그래서 고성능 항공기의 공급 및 김일성의 구 소련방문을 거절하기도 하였고, 북한군인들의 판문점에서의 미군장교 살해에 놀라기도 하였다. 이러한 요인들로 인하여 구 소련은 1976년 말부터 북한에 대한 지원을 격감시켰고, 무역량도 크게 줄어들었다. 그러나 기본적인 유대관계에는 거의 변함이 없었다.

그래서 1976년 7월 만기가 된 양국간의 상호방위조약 유효기간을 5년간 연장하였으며, 1978년 양국의 외교관계수립30주년에는 우호적이며 협조적인 관계를 공개적으로 다짐하였다.

1980년대에 들어서서도 이러한 기본적인 관계는 그대로 유지되고 있지만, 1982년 8월 15일 구 소련이 북한에 보낸 광복37주년기념축하전문에서 "1945년 8월 구 소련군은 일본군국주의군대 가운데 가장 강한 관동군을 참패시켜 한국민을 일제식민지의 멍에로부터 해방시켰다. "고 명시한 데 대하여, 김일성은 상당한 불만을 표시하였다.

또한, 구 소련의 아프카니스탄 군사개입에 대해서도 불만을 표시하였다. 1984년 김일성은 구 소련을 방문하여 구 소련공산당 서기장 체르넨코(Chernenko, K.)와 회담하면서 두 나라의 관계를 개선하고자 하였다. 1982년 이후 소련과 북한 사이에는 도서발행분야협조협정(1982. 10.)·과학기술협조협정(1984. 10.)·철도협정(1985. 2.)·국경협정(1985. 4.)·영사협정(1985. 4.)·과학기술정보교환협정(1985. 8.)·관광교류협조협정(1985. 8.)·경제기술협조협정(1985. 12.)·원자력발전소건설협정(1985. 12.)·쌍방간의 인적교류협정(1986. 1.)·수산분야협조협정 (1987. 5.) 등이 체결되었다.

1986년 구 소련의 대북한 수출액은 11억3550만달러에 이르렀으며, 그 주요품목은 원유와 밀이었다. 수입액은 6억7650만달러에 이르렀으며, 주요품목은 압연강제·미곡 등이었다.

(2) 러시아와 한국과의 관계

38도선 이북 지역에 대한 구 소련의 점령과 북한정권 수립으로 인하여 구 소련과 한국과의 관계는 기본적으로 적대적인 성격을 지닌 채 출발하였다고 할 수 있다. 이어 1950년 6월 25일 개시된 북한의 남침에 있어서 구 소련의 역할이 지대하였다는 것은 그러한 적대의식을 더욱 강화시켰다.

제1공화정의 이승만(李承晩)대통령은 한미상호방위조약의 체결을 요구하여, 결국 1953년 10월 1일 체결되었다. 이 조약은 기본적으로 반소적인 성격을 띠고 있었으며, 구 소련의 팽창정책을 동맹조약으로 견제하려던 미국의 정책과 궤를 같이하는 것이었다. 이러한 상호불신관계는 제2공화정에도 그대로 지속되었다.

1961년 군사쿠데타로 시작된 군정에서도 대외적으로는 친미정책, 대내적으로는 반공정책을 강화하였다. 따라서, 구 소련 관영통신은 군사정부를 비난하였고, 군사정부도 구 소련과의 접촉을 고려하지 않았다. 제3공화정이 출범한 이후에도 이와 같은 관계는 계속되었다.

구 소련은 한일기본관계조약을 미국이 주도하는 동북아시아판 나토(NATO)라고 규탄하였다. 1965년 2월 코시긴(Kosygin, A. N.) 구 소련수상은 평양을 방문하고 공동성명을 통하여 같은 취지를 명확하게 밝혔다. 구 소련은 또한 한국군의 베트남참전도 비난하였다.

1966년 6월 한국의 주도 아래 아시아·태평양이사회(ASPAC)가 창설되자 미국의 후원 아래 반공적인 군사동맹을 형성하려는 움직임이라고 비난하였다. 이러한 적대감 속의 한소관계는 1970년대에 들어서면서 새로운 국면을 맞게 된다.

닉슨(Nixon, R. M.) 행정부의 출범과 함께 미국의 세계정책이 바뀌고, 구 소련과 중국을 포함한 강대국관계도 바뀌게 된다. 이에 따라 한국도 구 소련을 비롯한 공산권에 대하여 보다 적극적인 자세를 가지게 되었다.

구 소련도 한반도의 긴장완화를 지지하는 방향으로 바뀌면서 한국과 제한된 범위 내에서나마 관계를 개선하려는 징후를 보였다. 1971년 8월 김용식(金溶植)외무장관은 국외에서 구 소련이 한국에 대하여 적대적인 행동을 하지 않는다면 구 소련과 외교관계를 수립할 용의가 있다고 밝혔고, 당시의 박정희(朴正熙)대통령도 1972년 5월 16일 비슷한 취지를 밝혔다.

무역법도 고쳐 구 소련을 포함한 비적성 공산국가와의 교역도 허용하였다. 1973년 6월 23일 박정희 대통령은 특별외교선언을 통하여 구 소련을 비롯한 공산국가에 대하여 문호를 개방할 용의가 있음을 밝히고, 그들도 호혜적인 조처를 취하여줄 것을 요청하였다.

한편 구 소련의 한국에 대한 태도도 점차 바뀌었다. 한국도 아시아집단안전기구의 회원이 될 수 있으며, 남북한의 국제회의 및 유엔동시가입 실현이 바람직하다는 것을 암시하기도 하였다.

1973년부터는 대한민국여권을 소지한 사람들에게 소련입국을 허용하였다. 국제연극협회 총회에 참석하는 연출가 및 유니버시아드체육대회에 참석하는 38명의 한국선수단을 입국시켰다.

비공식이지만 양국의 무역계약이 맺어졌고, 다양한 형태의 문화교류가 전개되었다. 이러한 관계에 대해서 중국과 북한이 '2개의 조선정책'을 고취하는 것이라고 공격하였지만, 한국과 구 소련은 은밀한 관계의 접촉을 계속하였다.

구 소련은 북한의 반대에도 불구하고 한국인들의 입국을 계속 허용하였다. 1975년 9월 모스크바에서 개최된 세계아마추어레슬링선수권대회에 참가하는 선수단, 국제연합협의회에 참가하는 한국대표단에 입국을 허용하였다. 1978년 4월 대한항공 소속의 여객기가 실수로 구 소련영공을 침입하여 무르만스크에 불시착하였을 때에도 구 소련은 호의적으로 처리해주었다.

박정희 대통령은 담화를 통해서 구 소련정부에 고마움을 표시하였다. 구 소련은 그 뒤에도 국제회의를 취재하는 기자들, 체육대회에 참가하는 선수단, 세계정치학회에 참석하는 학자들에게 입국을 허용하였다.

그러나 1980년대에 들어서면서 두 나라 사이의 관계는 개선과 악화가 교차되는 복잡한 양상을 띠게 된다. 1983년 9월 1일 대한항공기가 구 소련영공을 침입하였다는 이유로 소련공군기가 이를 격추시켰다. 이 사건은 구 소련에 대한 전통적인 불신과 적대감을 환기시켜주었다.

1984년 5월 김일성의 구 소련 방문과 구 소련과 북한의 군사유대강화는 구 소련이 북한의 군사모험주의를 부추기는 것은 아닌가 하는 의혹을 불러일으켰다. 그러한 분위기 속에서도 한편으로는 구 소련과 한국의 관계개선 움직임이 있었다. 1982년 가을에는 구 소련정부의 문화관계 관리가, 1986년에는 구 소련의 체육부장관이 각각 서울을 방문하였다.

두 나라 사이의 간접무역규모도 계속해서 확대되어왔다. 1988년 제24회서울올림픽대회에는 788명의 선수단이 참가하였고 예술단이 서울에 왔다. 서울올림픽 참가와 한국경제에 대한 높은 평가에 힘입어 두 나라 사이의 교역관계는 증대되고 있으며, 1988년에는 상호영사업무까지 취급하는 무역사무소를 개설하였다.

(3) 고르바초프의 등장과 소련의 남북한관계

1985년 3월 소련 공산당 서기장에 고르바초프(Gorbachev, M.)가 취임하면서 구 소련은 개혁과 개방의 시대에 접어들었다. 고르바초프는 국제관계 전반을 탈냉전 화해와 협력으로 전환시키고자 노력하였으며, 그러한 노력의 일환으로 우리 나라와 관계 개선을 추구하였다.

그 결과 1990년 6월 샌프란시스코에서 제1차 한·소 정상회담이 열렸으며, 이해 10월에는 한·소국교가 수립되었고, 곧 바로 12월에는 제2차 한·소 정상회담이 모스크바에서 열린 데 이어 1991년 4월 제3차 한·소 정상회담이 제주도에서 열렸다. 구 소련은 또 남북한이 유엔에 동시에 가입하도록 지원하였다. 구 소련의 이러한 대한정책은 북한의 불만을 불러 일으켰다.
1986년 김일성은 구 소련을 방문하고 고르바초프와 회담하면서 구 소련이 한국을 승인하는 것은 2개의 조선을 고착화시키는 일이라고 경계하였으며, 그 뒤에도 같은 뜻을 여러 차례 표시하였다.

(4) 러시아와 남북한 관계
1991년 12월에 구 소련이 해체되고, 러시아 연방공화국이 구 소련을 계승하였다. 러시아는 중국과 함께 한반도와 국경을 접하면서 연해주와 사할린의 한인 동포 6만여명을 포함, 15만여명의 교포가 살고 있어 우리와는 밀접한 관계를 유지하고 있다.
한러 관계의 발전은 1988년 한국 제6공화국정부의 출범과 함께 시작된 북방정책과 고르바초프가 1988년 9월 크라스노야르스크연설을 계기로 적극화된 한국과의 경제협력의사가 맞물리면서 급진전되었다.
1990년 9월 30일 국교가 정상화되면서 30억달러의 차관제공(1993년 5월 현재 14억 7000만달러 제공)을 포함하여 자원·과학기술·수송·통신 분야에 걸친 각종 협력이 빠른 속도로 발전하였다.
1992년 11월 옐친의 한국방문 시 체결된 한·러 기본조약은 한·러관계가 단순한 관계정상화를 넘어 아시아·태평양지역의 동반자관계로 들어섰음을 의미한다.
한·러관계 진전에 따른 한반도에서의 긴장완화, 중국과 일본을 포함한 역내국가들과의 관계개선 노력은 러시아가 앞으로 아·태 지역의 일원으로 부상하기에 충분한 계기가 되고 있다. 동시에 러시아의 국내적 정치정세불안, 아·태지역에서의 강대국간 경쟁의 지속 등은 러시아의 이 지역정책과 관련하여 지속적인 문제로 남을 것이다.
교역관계를 보면 1989년의 경우 러시아는 한국으로부터 섬유·신발류 2억800만 달러를 수입하고, 어류·석탄·원목을 3억9200만 달러 상당 수출하였다. 한·러교역액은 1991년 12억2600만 달러, 1992년 8억6000만 달러, 1993년 약 15억7000만 달러(수출 6억, 수입 9억7000만), 1994년 11월 현재 19억6000만 달러(수출 8억3000만, 수입 11억 3000만)이다.
한편, 구 소련과 북한은 1948년 10 월 12일에 수교한 이래 사회주의형제국으로 관계를 맺어왔으나, 구 소련해체 이후 러시아가 구 소련이 체결한 모든 조약의 의무를 계승한다지만, 북한의 폐쇄성에서 오는 한계 때문에 쌍방관계는 원활한 편은 아니다.
1990년 러시아는 북한으로 원유·면화·직물류·공업설비 등 15억1700만달러를 수출하고, 북한으로부터 마그네샤크링카·의류·강철·축전지 등 10억4700만달러를 수입하였다.
한편, 러시아는 '2개의 코리아' 정책을 그대로 계승하였다. 우선 한국과의 우호증진을 위하여 두 나라 수뇌부 사이에 공식방문이 뒤따랐다.
1994년에는 김영삼(金泳三) 대통령이 국빈으로 방문하였으며, 1999년에는 김대중(金大中) 대통령이 국빈으로 방문하였다. 1998년에는 외교적 분쟁이 발생하였으나 한국 쪽에서 외교통상부 장관을 경질하는 것으로 사태를 수습하였다.
러시아는 북한과의 관계 개선을 위한 노력을 버리지 않고 있다. 1999년에 크라신

(Krassin) 외무차관이 북한을 방문하여 두 나라 사이의 방위동맹조약을 연장하였다.

러시아 안의 우리 문화

(1) 이주개요

구 소련 정부가 1979년 실시한 인구조사에 의하면, 구 소련에 거주하는 한인은 38만 9000명에 달하였다고 한다. 그러나 인구조사방법상의 문제, 타민족과의 혼인, 그리고 그 자녀들이 자라서 구 소련인으로 등록하는 일 등으로 볼 때 실제로는 더 많았을 것으로 생각된다.

이들 중에서 중앙아시아의 우즈베크(Uzbek)와 카자흐(Kazakh)의 두 공화국에 사는 한인이 각기 16만3000명과 9만5000명(1979년 현재)으로, 합계 25만8000명이 되어 전체 한인의 3분의 2를 차지하였다.

그 밖에 키르기스(Kirgiz)·타지크(Tadzhik)·투르크멘(Turkmen) 등의 공화국을 비롯, 사할린(Sakhalin)섬과 극동의 하바로프스크(Khabarovsk)·연해주지방·러시아(Russia)공화국의모스크바·레닌그라드(Leningrad), 캄차카, 로스토프(Ros·tov) 지역, 우크라이나(Ukraina), 카프카스(Kavkaz) 지방 등에 흩어져 살고 있다.

1860년대부터 1936년까지 한인들의 러시아(구 소련 포함) 이주역사에 관해서 ≪재소한인의 역사 Ocherki po istorii Sovetskikh Koreitsev≫(1965, 알마아타)라는 책을 쓴 구 소련거주 한국인 학자 김승화에 따르면, 농민 13가구가 1863년 겨울밤에 두만강을 건너 우수리(Ussuri)강 유역으로 이주한 것이 그 시초라고 한다. 이주민의 숫자는 그 뒤 점차 증가하여 1865년에는 60가구, 1866년에는 100가구에 달하였다.

1867~1869년 사이에 우수리지역을 방문한 러시아 탐험가 프르제발스키(Przhevalsky,N.M.)는 우수리강유역의 티진헤(Tizinhe)·얀치헤(Yanchihe)·시디미(Sidimi)마을에 1,800명 정도의 한인들이 살고 있다고 보고하였다.

1869년에는 대홍수와 흉작으로 말미암아 4,500명의 함경북도 주민들이 러시아 극동지방으로 대량 이주하였다. 그리하여 1870년 연해주의 한인수는 8,400명에 달하였고, 1872년 사마르키(Samarki)강가에 블라고슬로벤노에(Blagoslovennoe)라는 최초의 한인마을이 세워졌다.

러시아는 이 지역을 개발시킬 목적으로 처음부터 이주를 환영하였다. 그들은 부유한 농부들의 땅을 소작하면서, 러시아 행정관리의 지시에 따라 우수리강과 아무르강 유역에서 여러 가지 일에 종사하였다.

그러다 1884년 우리 나라와 러시아간에 외교관계가 수립되고, 이어 1888년 통상조약이 체결되면서 러시아에 이주한 한인들의 문제가 거론, 합의되었다. 이에 따라 1884년 이전에 이주한 사람들은 러시아국적을 취득하고 극동지방에서의 거주가 허가되었다. 여기에 해당되는 사람들은 전체 이주민의 20~30%, 즉 1,845가구 9,000명으로서 일정한 토지를 분배받고 그 뒤 20년 동안 인두세와 토지세를 면제받았다.

1884년 이후에 이주한 사람들에게는 2년간의 유예기간을 주어 귀환하도록 하였다. 우리정부는 지속적으로 러시아이주를 억제하였으나, 이주는 계속되었다. 특히, 1910년의 일제강점과 1919년의 3·1운동 이후 많은 농민·독립지사 및 항일우국지사들이 이주하였다. 1910년 우수리지방의 한인수는 러시아시민권 소유자가 1만7080명, 비소유자가 3만6996명으로 전체 5만4076명에 이르렀다.

1923년에는 시민권취득자가 3만4559명, 비시민권자가 7만2258명으로 전체 10만6817명으로 크게 늘었다. 1920년대말 구소련거주 한인수는 25만명에 달하였던 것으로 추정된다. 시민권을 가지지 못한 사람들이 많고 이주농민이 대부분이었으므로 연해주에서는 농업에 종사하는 한인들이 85%나 되었다. 그리고 토지를 소유할 수 없었으므로 이들 중 80% 이상이 소작인이나 고용노동자로서 일하였다.

이들을 포함한 한인 농민들에 의하여 1905년 최초로 쌀농사가 시작되었다. 한편, 러시아시민권을 가진 사람들은 블라디보스토크·하바로프스크·니콜스크·우수리스키(Nikolsk·Ussuriyskiy) 등의 도시로 진출하기 시작하였다.

그리하여 한인들의 러시아문화에의 동화가 폭넓게 일어났다. 그러나 전체적으로 볼 때, 정치적인 권리 없이 차별대우와 압박을 받아온 한인들은 두 방향으로 사회운동을 전개하였다.

한 방향은 노동운동에의 참여이고, 다른 하나는 일제에 대한 항일투쟁이었다. 항일투쟁의 중심지는 블라디보스토크였으며, 한인들은 그 근교에 신한촌(新韓村)을 형성하였다. 그곳에 학교·교회·신문사·자치회관 등을 설립하였고, 축구경기나 연주회를 가지기도 하였다. 이들 학교는 대부분이 교육을 받아본 적이 없는 사람들이었으므로 그 기능을 제대로 발휘하지 못하였다.

그럼에도 불구하고 구소련지역의 한인들을 위한 학교가 1922년 45개에서 1927년 267개로 늘어났던 것은, 높은 교육열과 독립운동정신을 보여주는 것이다. 경술국치 이후로는 홍범도(洪範圖)를 비롯한 많은 지도자들이 유격대를 조직하여 적극적인 의병활동을 전개하였다.

노동운동에의 참여는 1917년 러시아의 10월혁명과 더불어 시작되었다. 이 지역 사람들은 주로 독립운동에만 몰두하였기 때문에 10월혁명에 참가한 사람은 몇 사람에 지나지 않았다.

그러나 1918년 4월 이동휘·박애·김립·김 알렉산드라 페트로프나(Kim Alek·sandra Petrovna)에 의하여 하바로프스크에 한인사회당(韓人社會黨)이 처음으로 조직되었다. 이는 얼마뒤 상해(上海)의 고려공산당과 이르쿠츠크(Irkutsk)의 전러시아 고려공산당으로 양분되고 만다.

1922년 말 구 소련이 성립되면서 극동지역의 소비에트화가 사회의 전영역에서 이루어졌다. 이에 따라 1923년부터 농업·산업 및 소비자코뮌이 결성되었고, 극동에 거주하던 한인들 대부분도 시민권을 획득하였다.

1927년에 출간된 ≪10월혁명 10주년과 소비에트 고려민족≫은 극동건설에 한인들이 기여한 점을 서술하고 있다. 1927년 대규모로 시작된 콜호즈(kolkhoz : 集團農場)의 조직은 1932년에 완결되었다.

1930년대 극동의 한인 집단농장들은 실질적인 진보를 보여주고 있었다. 포스예트(Pos'yet)지역 주민의 95%가 한인들로 구성되었으며, 경작지의 36.5%가 쌀농사를 지을 정도였으며, 어업과 산업분야에서도 상당한 진보가 이루어졌다.
그래서 '붉은 한국인'이라는 콜호즈에서는 1929년까지 부유층이 완전히 제거되었다. 문화분야에서도 1932년 한인극장이 세워지고, 1923년부터 발행되던 한인신문 ≪선봉 先鋒≫이 1937년까지 계속 간행되었다.
그러던 중 1937년 가을 극동지역의 한인들은 스탈린정권의 무자비한 소수민족 조처에 따라 거의 대부분이 중앙아시아로 강제 이동당하게 되었다. 이들이 강제 이동되기 전 중앙아시아의 카자흐스탄에는 1926년 약 5만2000명의 한인들이 이미 정착하여 있었다. 그들도 시베리아횡단철도를 통하여 그곳으로 왔을 것으로 추측된다.
알마아타(Alma Ata)에서 간행되고 있는 한인신문 ≪레닌기치≫에 의하면, 1928년 한인 수십가구가 극동지역으로부터 카자흐공화국의 크질오르다(Kzyl·Orda) 변두리로 이주하고 최초의 쌀농사집단인 카즈리스(Kazriz)와 인터내셔널(International)을 조직하였다고 한다. 또 통계에 따르면, 1939년 카자흐공화국에 대략 4만5000명, 우즈베크공화국에 7만3000명의 한인이 더 늘어난 것으로 되어 있다.
민족학자 자릴가시노바(Dzarylgasinova,R.)에 의하면, 1939년 중앙아시아와 카자흐공화국에 18만2000명의 한인들이 살았다고 한다. 따라서, 1927년 구 소련 극동지역에 거주하던 17만명 가량의 한인들이 거의 모두 중앙아시아로 옮아간 것이 된다.
중앙아시아로 이동된 대부분의 한인들은 처음에는 시르다리야(Syr Dar'ya)강과 아무다리야(Amu Dar'ya)강유역, 카자흐공화국의 카라탈(Karatal)산맥의 계곡과 일리(Ili)강유역 및 우즈베크공화국 등에 정착하였다.
일부는 우즈베크공화국의 타슈켄트(Tashkent)시 남쪽 베카바드(Bekabad)에 자리잡았다. 카자흐공화국에서 한인들이 정착한 곳은 크질오르다와 우슈토베(Ushtobe)지역이었다. 그들은 주로 토지경작에 종사하면서 자신들의 거주지역에 한인집단농장을 형성해갔다.
우즈베크공화국의 카라칼파크(Karakalpak)자치공화국의 쿤그라드(Kungrad)에 있는 아반가르드(Avangard)·노비비트(Novyy Byt)·프라브다(Pravda)는 가장 유명한 집단농장이었으며, 주로 쌀과 목화경작을 전문으로 하였다.
정착 초기의 한인들에게는 세금이 면제되고 농기구·비료·건축자재, 심지어 자금지원까지 있었다. 그들은 관개수로를 건설하고 부지런히 일하여 짧은 기간 안에 미개척지를 농토로 바꾸었다. 이곳에는 극동으로부터 이주된 이들 외에 그 뒤에 들어온 세 집단의 한인들이 살고 있다. 첫 번째는 1945년 이후 북한으로부터 온 산림노동자와 어부들이다.
두 번째는 구 소련에 유학한 북한지식인들 가운데 정치적 이유에서 귀국을 거부한 사람들이다. 이들은 소수지만 문화적 주체성을 지키는 데 중요한 역할을 수행하였다. 세 번째는 사할린에서 온 한인들이다. 사할린에 거주하는 한인들은 일제 말기 이른바 〈국가동원법〉에 의하여 강제 연행된 사람들이 대부분이다.
일제는 광산과 벌목에 부족한 노동력을 채우기 위하여 남한지역의 젊은이들을 강제로

납치해갔으며, 정신대의 일원으로 여인들도 얼마간 끌려갔다. 일제 말기 사할린거주 한인 수는 무려 6만 명이나 되었다. 1945년 일제의 패망과 구 소련의 참전으로 사할린은 구 소련의 수중에 들어갔다.

일본인들은 피난했거나 미소귀환협정에 의하여 1946~1949년 사이에 모두 귀환되었으나, 한인들은 그 협정의 결함과 일본의 책임기피로 그곳에 계속 머물러 있어야 했다. 1946년 5월 사할린 전역에는 대략 4만3000명의 한인들이 있는 것으로 파악되었다. 이들은 무국적자로 있다가 1948년 7월 소련국적이나 북한국적 취득권유에 따라 대부분 신분증명서를 발급받았으며, 제2세대는 거의 소련시민권을 얻었다.

1985년 말 사할린에는 4만명의 한인들이 살고 있었던 것으로 추정되었는데, 그 중 대략 70%가 구 소련시민권을, 나머지는 북한국적을 가지고 있었다. 그러나 한국에 있는 이산가족과의 재회를 기다리며 무국적자로 남아 온갖 차별대우와 압박을 감수한 사람들도 수백 명에 달한다고 한다.

사할린의 구 소련시민권소지 한인들은 여러 통로를 통하여 중앙아시아로 이주해갔다. 이들은 사할린 동포에게 보내는 한국 방송을 듣고 그 소식과 가요 등을 중앙아시아에 전하는 것으로 알려져 있다.

그 뒤 1992년 구 소련의 해체와 러시아연방공화국으로의 계승에 따라 많은 변화가 있었고, 우리 나라도 1990년 한·소 국교수립에 따라 재 러시아 한인의 존재도 실질적으로 파악하게 되었다. 1995년 1월 현재 재 러시아 한인동포는 10만6852명이고, 재 러시아 체류자도 점점 늘어나 1,473명에 이르고 있다.

(2) 중앙아시아의 한인

생활상 중앙아시아에 정착한 한인들은 1937~1956년에 이르는 약 20년간 여행이나 거주지선택의 자유를 박탈당한 채 지정된 지역에서 밀집하여 생활터전을 닦아왔다. 이는 이질적인 유목문화 풍토 속에서 한인들이 생존, 번영할 수 있는 효과적인 적응력을 마련해주었다.

1959년까지만 해도 중앙아시아 한인들의 70% 이상이 농촌에 거주하였다. 그러나 1960년 이후 도시진출이 급증함에 따라 도시거주인의 비율이 59%로 바뀌었다.

도시거주 인구비율을 보면, 우즈공화국에는 1959년 20%에서 1970년에는 58%로 변했고, 타슈켄트지역에는 62%, 키르기스공화국에는 64%, 투르크멘공화국에는 71.7%, 그리고 타지크공화국에는 89.8%의 한인들이 도시에서 생활하고 있는 것으로 나타났다. 카자흐공화국에서도 1979년 한인들의 80%가 도시에 거주하고 있었다. 이와 같은 도시거주 인구비율은 소련에서 유태인 다음으로 높은 것이다.

그 주요원인은, 첫째 교육적 동기에서 젊은이들이 보다 나은 사회진출을 위하여 대도시에서 고등교육을 받으려는 데 있다. 둘째 경제사정이 호전됨에 따라 그들의 활동영역이 확장되었기 때문이다.

그래서 오늘날 중앙아시아의 한인들은 집단농장에서 생활하며 스스로를 '고려사람'이라 부르는 1·2세대 한인들과, 도시에서 살며 자신들을 소련한인 (SovietskieKoreitsy)이라 칭하는 2·3세대 한인들로 나누어진다.

구 소련거주 한인들은 1960년대의 도시진출경향과 또 다른 민족들의 영향에도 불구하고 전통적인 생활모습들을 비교적 잘 보존하고 있다. 주택은 외형은 변하였지만 방 한두개는 온돌로 되어 있으며, 소수 노인들은 전통한복을 지켜왔다. 세시풍속으로 설·단오·추석에 성묘를 하고 잔치를 벌이며, 첫돌·혼례·환갑·장례가 전통적인 방식으로 치러지고 있다.

식생활에서는 간장·된장·고추장이 기본을 이루고 김치·두부·설렁탕·만두·국수 등이 애호되고 있다. 아울러 디딜방아·맷돌 등의 옛 생활도구가 여전히 사용되고 있다. 일상생활에서도 한국어가 사용되었다. 이러한 기본적인 전통생활양식은 1970년대에도 여전히 지켜졌고, 1980년대에 들어와서도 그다지 바뀌지 않아 그 뿌리의 깊음을 알게 해준다.

≪레닌기치≫에서는 매년초 그리고 매달초에 달력을 발행하는데, 거기에는 24절기와 한식·삼복 등이 음력으로 함께 명기된다고 하였다. 카자흐공화국과 우즈베크공화국의 고려사람들은 개장(국)이라 하여 보신탕을 즐긴다고 한다.

한국음식이 인근민족들 사이에 보급되기 시작한 것도 특기할만하다. 시장에서는 한국김치가 상품으로 팔리고 있으며, 한국음식이 알려지면서 이에 대한 과학적인 연구도 진행되었다.

혼합사료산업을 위한 국립과학연구소의 카자흐스탄지부에 연구원으로 있는 리 스타니슬라프(Li Stanislav)의 연구결과는 간장과 된장이 우유보다 높은 칼로리를 가지고 있고 더 쉽게 소화된다는 것을 밝혀주었다. 한인들이 종사하는 직업과 사회활동은 극동지역에서 중앙아시아로의 이동과 그 뒤 1960년대부터의 도시진출경향에 따라 상당히 변하였다.

중앙아시아로 이동된 한인들은 자연조건이 달라 전과 같은 다양한 직종을 가지지 못하고 시골에서 주로 쌀농사를 지었다. 그들은 문화와 생활면에서 같은 국영농장이나 집단농장에 살면서 다른 문화를 가진 다른 민족들과 서로 영향을 주고받았다.

그래서 그들은 극동에서부터 해온 쌀·보리·콩·채소 등의 경작을 계속하고, 오늘날에는 대규모의 목화재배에도 성공하였으며, 한편 그들에게 전혀 생소한 케나프와 같은 식물도 재배하기 시작하였다.

그리고 다른 민족들과 같이 사는 집단농장이나 국영농장에서는 가축사육도 중요한 직종의 하나가 되었다. 한인들도 이제는 어느 정도 낙농에 익숙해 있으며, 또 마초재배에도 종사한다. 국지적이기는 하지만 우즈베크공화국의 안디잔(Andizhan)이나 호레즘(Khorezm)에서는 원예도 행해지고 있다.

도시거주 한인들의 직업면모는 ≪레닌기치≫에 소개된 내용을 통하여 간접적으로나마 알 수 있다. 이에 따르면 당기관이나 노동조합·대학교·정부관리·교육기관·관영기업체·공장·병원·연구소·기사·기술자·과학자·예술가 등의 직업을 가지고 있는 것으로 나타났다. 이 중 당기관이나 노동조합·대학교·정부관리 및 교육기관에 종사하는 사람이 거의 3분의 2를 차지하고 있다.

구 소련 전체인구 중에서 당원은 10%에 미치지 않는 데 비하여, 타슈켄트 거주 한인 4만명 중에서 30%가 당원이라는 사실도 주목할만하다. 이것은 중앙아시아 거주 도시한인들이 추구하는 직업성향을 알게 해준다. 이러한 직업들은 유창한 러시아어 실력을 요구하는데, 러시아어를 모국어로 사용하는 한인들의 높은 비율을 고려한다면 쉽게 이해할 수 있다.

시골거주 한인들의 쌀농사와 그들이 소속해 있는 집단농장이나 국영농장의 생활상도 주목할만하다. 중앙아시아에 쌀농사를 도입시킨 것이 바로 한인들이고, 이들은 다른 민족들에게 쌀농사문화를 가르쳐주고 보급하였으며, 쌀이 소련의 주요곡식 중의 하나가 되어 있기 때문이다.

1983년 구 소련의 쌀생산량은 대략 300만톤에 달하였다. 그 중 80만톤이 카자흐공화국에서, 50만톤이 우즈베크공화국에서 생산되었는데 한인이 그 주요생산자들이었다.

중앙아시아로 이주된 한인농민으로서 아반가르드국영농장에서 일하는 김만삼이 유명하다. 그는 크질투(Kzyltu) 국영농장의 일원인 사하예프(Sahayev,I.)에게 쌀농사를 가르침으로써 터키계 민족들에게 벼문화를 전파하였다. 그는 1944년 노동영웅 칭호를 받았다. 이러한 연유로 크질오르다는 카자흐공화국의 ‘쌀의 수도’로 불린다.

구 소련정부는 1950년대 이래 쌀농사를 위한 연구기관을 조직하여 그 연구개발에 힘써 왔다. 한인들도 거기에 참여하여 많은 기여를 하였다. 고 모이세이(Ko Moisey)는 우즈베크공화국의 우즈베크쌀농사과학연구소의 쌀농사기술과정 부장이자 농업과학의 후보자로서 이 연구소에서 30년 넘게 일하여 왔다. 그는 벼의 보급에 관하여 많은 논문을 발표하였다.

한 블라디미르(Han Vladmir)는 경제과학의 후보자로서 같은 연구소에서 당서기로 일하여 왔다. 벼교배종연구가인 신 알렉산드르(Sin Aleksandr)는 1959년 그의 러시아인 동료와 함께 우즈로스(Uzros)·7·13과 크리미살라(Krymysala)를 교배시켜 새 품종 우즈로스·59를 개발하였다. 또한, 1968년에는 러시아인 동료와 함께 새 품종 우즈베크스탄·5를 개발하였다.

카자흐공화국의 발하슈(Balkhash)호수 남쪽에 있는 카라탈 쌀실험농장의 소장인 황 알렉산드르 이바노비치는 맛있고 생산력 높은 품종을 개발해왔다. 그는 알라쿨스키(Alakul'skiy)·우슈토빈스키(Ushtobinsky)·카라탈스키(Karatal'skiy)의 새 품종을 개발하는데에 성공하였다. 그는 카자흐농업연구소에서 쌀뿐만 아니라 보리·옥수수 등의 작물연구도 계속하였다.

이러한 한인들에 의해서 많은 쌀농사 전문 집단농장과 국영농장이 주도되어 왔던 것이다. 카자흐공화국에는 탈디쿠르간(Taldy·Kurgan)·침켄트(Ckim·kent)·알마아타, 그리고 크질오르다의 네지역에서 쌀농사가 행해지고 있다. 탈디쿠르간지역의 우슈토빈스키국영농장·프라브다국영농장·프룬제 (Frunze)실험농장이 주로 한인들에 의해서 주도되고 있다. 침켄트지역에는 보스호드(Voskhod)·콤뮤니즘(Kommunizm)·카자흐공화국국영농장이 손꼽힌다.

크질오르다지역의 쌀생산은 카자흐공화국 전체의 4분의 3에 이른다. 그 중 한인들이 주로 일하는 농장은 아반가르드국영농장·제3인터내셔널집단농장·기칸느(Gigant)집단농장·칼리닌 (Kalinin)국영농장 등이다. 우즈베크공화국에는 카라칼파크자치공화국·호레즘지역·시르다리야지역·타슈켄트지역에 쌀농사가 주로 개발되어 있다. 카라칼파크의 19개 국영농장 가운데 전 레닌 공산주의청년연맹 국영농장이 한인에 의하여 주도되고 있다. 호레즘지역에는 알호레즈미(Al Khorezmi) · 베고바트(Begovat) · 굴리스탄(Gulistan) · 얀기아리크(Yangiaryk) 국영농장이 손꼽히며, 많은 한인들이 주도하고 있다.

타슈켄트지역에서는 '10월 혁명 40주년'이라는 이름을 가지는 농장의 몇 개 여단, 자르야콤뮤니즈마(Zarya Kommunizma)농장 · 김병화 농장 · 세베르니 마야크(SevernyyMayak)농장 · 아훈바바예프(Akhunbaba·yev)농장에서 한인들이 지도자로서 활약하고 있다.

타지크공화국에서는 '구 소련 국경 수비대 창설 60주년' 이라는 이름의 국영농장, 수르호브(Surkhob)농장 등지에서 한인들이 일하고 있다. 투르크멘공화국에서는 '제22차전당대회'국영농장에 강 클리멘트(Kang Kliment)가 관리인으로 있으며, '제23차 전당대회' 국영농장에는 안 아나톨리(An Anatoliy)가 한 여단의 지도자로 일하고 있다. 한인들은 쌀농사에만 종사하고 있는 것은 아니다. 목화 · 삼베 등을 전문으로 재배하는 한인농장도 있는데, 타슈켄트 부근의 폴리토트젤(Politotdel) 집단농장이 좋은 예이다. 이 농장 전체인구 1만7000명 중 한인이 8,000명에 달하였다. 1975년에는 농장건립 50주년을 맞아 레닌훈장을 받기도 하였다. 25개 마을로 편성되어 있는 농장의 관리인은 황만금이고 김학천(Kim Nikolay)이 문화부장직을 맡기도 하였다. 이 농장은 경작에서 수확에 이르기까지 거의 모든 작업과정이 기계화되어 있었다. 이곳 한인들은 근면하기로 정평이 나 있으며, 정부의 생산목표를 매년 초과달성하였다고 한다. 농민들의 월급은 평균 250루불로 도시인들에 비하여 약간 떨어지나, 개인소유의 땅에 농작물을 재배하여 별도의 부수입을 올리므로 도시인들보다 더 잘살았다고 한다. 그래서 자동차를 가지고 있는 사람들도 많았다. 이와 같은 한인들의 1980년대 말까지의 구 소련에서의 적응은 상당한 자부심을 가질 정도로 성공적이었지만 소련이 해체되면서 많은 변화가 있게 되었다. 우선 구 소련이 러시아와 독립국가연합으로 나뉘어졌고, 그에 따라 지역적으로 삶의 터전도 바뀌어 이들을 따를 수밖에 없을 것으로 보여 진다.

1980년대 말까지 구 소련에 자리를 잡아갔던 한인들은 1990년대 구 소련의 해체로 새로운 체제와 생활환경에 적응하는 데 많은 고난과 고통을 감내하고 있음이 잠정적으로 알려지고 있지만, 그 구체적인 상황이나 실상은 제대로 파악되어지지 않고 있다.

(3) 언어 · 문자생활

중앙아시아에 거주하는 한인들의 이름은 많이 러시아어화 되어 있다. 이는 한인들이 극동에서 점차 안정된 생활을 영위해가던 1920년대 이후 점차 증가하는 추세를 보이고 있다. 우선 성(姓)의 변화가 눈에 띄는데, 엄씨와 이씨가 각각 렘(Lem 또는 Rem)과 리(Li) 또는 니(Ni)로 쓰이고 불리는 것은 함경도방언의 발음에 기초하여 시릴자모로 표기하였기 때문이다.

다음 논(Non)·프본(Fvon)·학(Khak)·헨(Khen)·혼(Khon)과 같은 한국에서는 볼 수 없는 성이 보인다. 이들은 음역(音譯)과정에서 발생한 듯하다. 아가이(Agay)·마가이

(Magay)·유가이(Yu·gay) 등 '가이'가 붙은 성도 있다. 이것은 한인들이 처음 등록할 때에 '가(家)'자와 함께 함경도식 어미 '이'를 붙여서 성을 대는 바람에 생겨난 것으로 보인다. 한국의 성을 러시아어로 음역하여 새로운 성씨를 만든 특이한 경우도 있다. 예를 들면, 유고프(Yugov)는 남쪽을 뜻하는 러시아 유그(Yug)와 러시아어 어미 오브(ov)의 결합으로 만들어진 것으로 남씨(南氏)의 변형이다. 1930년대 중앙아시아로 이주되어온 이래 한인들은 정착생활을 해나가면서 점차 러시아식 이름을 쓰게 되었다. 여성이름으로 마리야(Mariya)·예카테리나(Ye·katerina)·나데즈다(Nadezhda), 남성이름으로는 콘스탄틴(Konstantin)·미하일(Mikhail)·알렉산드르(Aleksandr) 등이 한국식 발음에 따라 약간씩 변형되어 쓰였다.

그 외 다른 민족들의 영향으로 게르만(German)·에벨리나(Evelina)·모이세이(Moisey) 등의 비러시아식 이름들이 수용되기도 하였다. 특기할만한 것은 돌림자의 사용이다. 한인들 중에는 이러한 전통 관습을 지켜 자식들의 러시아식 이름을 아디크(Adik)·알리크(Alik)·아론(Aron)·아르투르(Artur) 등과 같이 '아'자 돌림으로 붙이기도 한다. 구 소련에서는 조직체나 공장·거리 등에 국가를 위하여 크게 기여한 인물의 이름을 붙이고는 한다. 이에 따라 한인들의 성명이 중앙아시아의 조직체나 거리에 붙여지기도 한다. 폴리토트젤집단농장 학교의 한 개척자집단은 이동휘라는 이름을 취하고 있으며, 크질오르다에는 홍범도거리가, 타슈켄트지역에는 김병화콜호즈가 있다. 타슈켄트 남부에도 김병화의 이름을 딴 거리가 있고, 노동영웅인 민 알렉산드르 파블로비치(Min Aleksandr Pavlovich)도 거리이름으로 되어 있다.

한인들의 한국어사용도 점차 바뀌어갔다. 1세대와 2세대, 특히 농장지역에서는 우리말을 일상생활에서 많이 사용하는 반면, 3·4세대들에게는 거의 잊혀져가고 있다. 이러한 현상은 도시거주 한인들 사이에서 뚜렷이 나타나고 있다. 한인들의 도시진출 경향에서도 드러나는 것이지만, 젊은 세대는 사회적 진출을 위해서는 러시아어를 능숙하게 구사해야 하므로 우리말을 거의 외면하고 있는 실정이다. 통계에 의하면 1926년 재소한인 중의 98.9%가 우리말을 사용했던 반면, 1970년 우즈베크공화국에서는 74%로 떨어졌다. 1979년에는 38만9000명의 한인 가운데 55.4%만이 우리말을 모국어로 사용하였고, 러시아어를 제2언어로 사용하는 한인들이 47.7%로 늘어났다. 이와 아울러 한인들이 타민족과 결혼하는 비율도 5% 가량 되며, 한인 남성과 러시아여인 사이의 결혼이 가장 흔하다. 한인들이 점차 전문직업인과 지식인계층으로 성장해가는 추세를 고려하면 러시아어가 한인들의 공용어로 될 전망이 높다. 우리말 사용의 이러한 변동에는 한인들이 우리말 교육을 소홀히 한 측면도 없지 않다.

1936년의 강제이동 이전 극동지역에는 한인들을 위한 소학교 132개, 중학교 18개, 고등학교 3개를 비롯한 많은 교육기관이 있어서 젊은 세대의 한국어교육이 활발하였다. 그러나 중앙아시아로 이동한 뒤에는 사정이 변해서 카자흐공화국에서는 1937년부터 10년간 한인들의 교육이 러시아어로 진행되었다. 그 뒤 1940년대말부터 1950년대로 들어오면서 그 사정이 약간 호전된다. 김남석과 헤가이(Khegay,M.)가 공동으로 ≪조선어 교과서≫ 2만부를 발행하였다. 1949년 모스크바에서는 김병하가 ≪조선말본 제2학년용≫을, 그리고 마주르(Mazur,Y.M.)가 그것을 개정하여 ≪조선어교수강령 조선소학교 1～4학년≫을 펴냈다.

김남석이 편집하고 헤가이가 1955년 개정한 ≪조선어교수방법재료집≫도 크질오르다에서 출판되었다. ≪조선어교과서≫의 재판이 나오지 않는 실정 아래 한인들의 우리말교육은 매우 심각한 문제로 대두된다.

1980년대 폴리토트젤농장에 있는 1～10학년 과정의 엥겔스학교에는 전체 900명 가운데 700명이 한국계 학생인데 한국어반에 9학년생 10명만이 일주일에 1시간씩 두 번 수업을 받고 있었다고 한다. 타슈켄트의 니자미사범학교 한국어교육과는 1954～1964년까지 존속하다 폐지되었다. 그러다 1985년 9월부터 부활되어 5년에 걸쳐 총 80명의 학생을 수용하였다. 이러한 상황하에서도 중앙아시아에는 한글신문·한국어방송·한인극장이 있어 한국어교육 및 한인들의 문화활동에 큰 역할을 수행하였다. 한글신문을 보면, ≪레닌기치≫와 사할린지역 당위원회 기관지인 ≪레닌의 길로≫가 한글로 발행되었다. ≪레닌기치≫는 소련에서 한글로 출판되는 것 중에서 가장 대표적인 것으로서 재소한인문제·한인문학·어학 등의 이해에 없어서는 안 될 신문이었다. 10월혁명 이전 극동지역에서는 이미 ≪해조신문≫·≪대동공보≫ 등이 간행되어 항일투쟁, 한인사회의 문제를 비롯한 여러 중요한 뉴스를 한인들에게 제공해주었다. 혁명 이후 이 신문들은 더 이상 간행되지 못하였다. 소련의 성립과 더불어 1923년 블라디보스토크에서 소련공산당 지역위원회의 한국부 기관지로 ≪선봉≫이 창간되었다. 1923년 이 신문은 볼셰비키 극동지역위원회의 기관지로서 하바로프스크에서 주 2회 발행되었다. 1932년 극동지역에서는 ≪선봉≫을 포함하여 ≪문화≫·≪새세계≫·≪로동자≫·≪로동신문≫·≪적성 赤星≫ 등 한글로 된 6개 정기간행물과 7개 신문이 나올 정도였다.

이 중 ≪선봉≫은 5개년계획의 성취를 위한 노동자동원과 문화활동면에서 중요한 역할을 수행하였으며, 이성과 이백조가 주필을 맡았다. 1937년 강제이동과 함께 ≪선봉≫은 더 이상 나오지 못하게 되고, 대신 1983년 5월 카자흐공화국의 크질오르다에서 지역신문으로 ≪레닌의 기치≫가 새로이 창간되었는데, 이것이 ≪레닌기치≫의 전신이며 1978년 사옥을 알마아타로 옮겨 1980년대까지 그대로 존속하였다. 순한글 가로쓰기에 4쪽인 ≪레닌기치≫는 일요일과 월요일을 제외한 주 5회 발행되었다. 1938년 6월 21일 1만호발행을 기념하여 카자흐공화국 최고소비에트 상임위원회의 표창장을 받았다. 신문발행부수는 1973년 1만3500부였으나 1979년 1만1000부로, 1987년에는 9,603부로 떨어지졌다. 이 신문사에는 주필·부주필·편집국장이 있었고, 그 밑에 생활부·농업부·문화 및 문예부·공업부·서한·대중사업부의 5개 부서를 두었다. 타슈켄트에 지사가 있었으며, 두샨베(Dushanbe)·첼리노그라드(Tselino·grad)·프룬제 등에 주재기자가 나가 있었다. 이외에 다른 직업에 종사하면서 기사를 쓰는 지역기자들이 있었다. 1989년 주필은 한 인노켄치(Han Innokentiy), 부주필은 윤수찬과 조영환이었다. 이 신문은 한글 출판물이 극히 제한되어 있는 소련에서 우리말과 글의 존속에 큰 역할을 하였다. 또, 제4면 문예란에 한달에 한번씩 한인 문인들의 작품을 실어 유일한 작품발표지 역할도 하였다. 한국어방송은 1984년 5월 알마아타의 카자흐방송국을 통하여 처음 시작되었다.

1989년 한국어방송부의 부장은 최영근, 기자에 박용준·최미옥, 아나운서에 김옥려 등이 일하였다. 1990년 현재 수·금·일요일 주 3회 오후 2시 40분부터 3시까지 20분간 방송된다. 방송내용은 당의 결정사항 보도, 뉴스분석, 소비에트 생활방식, 노동자들의 성공사례 등으로 짜여 있고, 한인 예술가나 문인들이 출연하기도 하며 유행가와 한국음악을 들려주기도 한다. 그리고 수많은 청취자들의 요청에 의하여 1987년 3월부터는 일요일에 한국어교육방송도 내보내주고 있다.

(4) 연극 및 가무

중앙아시아에는 한인극장도 있는데, 그 공식명칭은 '카자흐공화국 국립한국인음악·희극극장'이었다. 이 극장의 연원도 극동지역부터 시작되었다. 강제이주 이전 극동지역 한인들의 활동중심지인 블라디보스토크 신한촌에는 여러 문화활동과 함께 연극에 대한 관심도 있었다. 그 결과 1920년대 블라디보스토크 담배공장에서 노동자들이 중심이 된 한인극단이 처음으로 탄생하였다. 당시 연극분야에서 가장 두드러진 활동을 한 사람은 김익수로서, 그는 러시아극단과 접촉하면서 러시아문학과 연극에 정통하였으며, 영화제작에도 관여하였다. 또 하나의 한인극단은 태장춘·이길수·이함덕·김해운 등에 의해서 1924년 신한촌에서 창립되었다. 이 극단은 '젊은 노동자'극단과 접촉하면서 한인들의 문화활동을 주도하였다. 세번째 극단은 블라디보스토크의 제8자치학교의 극단이다. 연성용·최길춘·이건희가 이 극단에서 활약하였다. 최길춘·이건희 두 사람은 뒷날 우즈베크공화국에서도 활약하였다. 그밖에 푸칠로브카(Pucilovka)라는 마을의 농민학교에서 박일·김진·조명희가 활약한 한인극단이 있었고, 또 교사훈련연구소에 한인극단이 있었다. 이런 분위기 속에서 민족문화에 대한 관심이 고조되면서 1930년 블라디보스토크에는 연성용과 염사일의 주도하에 30명의 단원을 둔 '한국인노동자극단'이라는 전문극단이 탄생하였다. 당시 변모하는 사회상황을 묘사한 〈황무지〉가 첫 작품으로 무대에 올려져 큰 반응을 불러일으켰다. 경제적인 어려움을 겪기도 하였지만, 1931년 지역당위원회의 결정에 의하여 재조직되고 1932년 9월에는 소련정부의 결정으로 '한인극장'이 공식적으로 성립되었다. 그 뒤 1937년까지 전문배우가 등장하였으며, 이정림 극본의 〈춘향전〉과 〈심청전〉이 각각 1935년과 1936년에 공연되었다. 1937년 한인들의 강제이주와 함께 단원을 포함한 전체 한인극장이 크질오르다로 옮겨졌다. 이어 1942년에는 우슈토베로 이전되었다가 1959년에 다시 크질오르다로 되돌아갔다. 그러다가 1969년 한인문화의 중심지인 알마아타에 자리잡아 오늘에 이르고 있다. 초기에는 김진·김해운·이함덕·최봉도 등의 배우와 채영·최길춘·연성용 등의 연출가가 활약하였다. 제2차세계대전 중에는 주로 전쟁과 관련된 주제를 다루었다. 한인극장창설 50주년인 1982년에 이르기까지 이 극단이 공연한 작품 수는 180편이 넘었다. 1982년 9월 1일부터 15일까지 극단창설 50주년을 기념하는 공연이 모스크바의 아카데미야 소극장에서 있었다. 한진의 〈춘향전〉·〈살아있는 부처〉·〈토끼의 모험〉, 태장춘의 〈38선 남쪽〉, 카자흐인의 서사시인 〈코블란디〉 등의 작품이 공연되었다. 그밖에 김 블라디미르·정 소프야·문공자·김조야·조규화·김 보리스·리 베니아민으로 구성된 아리랑가무단이 한국의 민요와 노래를 불러 갈채를 받았으며, 리 림마(Li Rimma)의 무용도 호평을 얻었다. 이 극장은 또한 50년 동안의 예술활동 공로로 명예훈장을 받기도 하였다. 1982년 알마아타에서 출판된 김 요시프(Kim Josif)의 ≪소비에트 조선인극장≫은 이 극장의 역사, 소련사회에서 가지는 의미, 이 극장의 작품들, 극장발전에 기여한 배우 및 감독 등을 자세히 서술하였다. 1989년 단원은 100명이 넘었고, 4세대에 걸친 배우들이 일하였다. 그 중 전문적인 연구수업을 받은 사람만도 70명이 넘었으며, 이 극장의 배우를 길러내는 교육기관도 중앙아시아에 셋이나 되었다. 타슈켄트의 오스트로브시키 연극예술연구소의 한인배우부는 1960년에 이어 12명의 졸업생을 배출하였고, 알마아타음악연구소는 14명의 배우를 교육시켰다. 알마아타연극예술연구소는 1975년 14명, 1984년 15명의 한인학생을 배출하였다. 교과과정은 무대표현·대화기법·한국어·민족문화와 역사·연기개선연습 등으로 짜여 있었다. 그동안 이 극장에 의하여 공연된 작품에는 재소 한인들이 겪어온 사회적·정치적 상황이 잘 드러났다. 1938년에 공연된 태장춘의 〈행복한 사람들〉에서는 1937년 중앙아시아로 이주된 뒤 그곳 이웃주민들과의 삶이 묘사되었다. 제2차세계대전 기간 동안과 1947년에는 〈홍범도〉가 공연되었다. 1920년대 볼셰비키 편에 서는 극동 한인들의 갈등이 많이 다루어졌다. 1957년 태장춘과 채용의 〈빨치산들〉, 1962년 채용의 〈새벽〉, 1963년 채용과 염사일의 〈잊을 수 없는 날들〉, 1966년 맹동욱의 〈북으로 가는 길〉 등이 여기에 해당된다.

최근의 작품경향을 보면 1985년 〈춘향전〉·〈심청전〉·〈양반전〉·〈흥부와 놀부〉 등의 한국 고전과 한진의 〈쇠를 처먹는 자〉, 김 아나톨리(Kim Anatoliy)의 〈할머니와 나〉가 공연되어 고전물을 선호하는 경향이 있었다. 1986년 이후로는 동시대의 주제가 많이 다루어지고 있다. 1986년에 한진의 〈폭발〉, 강 겐리예타(Kang Genriyetta)의 〈가을에는 벚나무꽃이 피지않는다〉, 이사베코프(Isabekov,D.)의 〈상속자들〉, 김 아나톨리의 〈선녀의 오솔길〉 등이 공연되었고, 〈춘향전〉·〈심청전〉과 같은 고전도 공연되었다. 1987년 전반기 공연작품은 〈아리랑고개〉·〈흥부와 놀부〉·〈장의자 長倚子〉·〈너 먹고 나 먹고〉·〈춘향전〉 등이었다. 공연물로는 그밖에 러시아 및 외국의 작품과 이웃민족인 터키계 및 카자흐계 민족들의 작품도 공연되곤 하였다. 1989년 극장의 단장은 이 발렌틴, 부단장은 박 알렉산드르이고 문 빅토르는 무대장치를 담당하였다. 단장의 부인 이정희는 사할린출신으로 배우들에게 한국어를 가르치면서 발음지도도 맡았다. 이 한인극장은 한인들이 많이 모여 사는 집단농장이나 농촌 등을 순회하면서 1년에 250회 이상의 공연을 가졌다. 모든 공연이 한국어로 진행되어 각 지역의 동포들, 특히 젊은 세대들에게 한국문화와 한국어를 알려주고 민족긍지를 높이는 중대한 임무를 수행하여 왔다. 우즈베크공화국과 카자흐공화국에는 한인극장 외에 한인들로 구성된 몇 개의 소규모 가무단들이 활동하고 있었다. 가야금·아리랑·아침노을·도라지가무단이 그들이었다. 가야금가무단은 1969년 우즈베크 국립 카라야쿠보프 필하모니아에 부설되었다. 단장은 진 페트르(Cin Petr)였고, 26명의 한인 배우들이 소속되어 있었다. 아리랑가무단은 한인극장의 후견 아래 활동하고 있었으며, 매년 카자흐공화국·우즈베크공화국과 중앙아시아의 다른 지역들 및 사할린·코카사스·우크라이나지역 등으로 공연여행을 다녔다. 김 블라디미르가 예술감독이었며 한 야코프가 단장직을 맡았다. 규모가 작은 아침노을가무단은 1972년 탈디쿠르간에서 발족된 후 줄곧 성장하여 카자흐공화국 전역에 명성을 떨치고 있었으며, 여러 예술축제에서 많은 상을 받았다. 강 타챠나 이바노브나(Kang Tat'yana Ivanovna)가 예술단장이었며, 다른 직업에 종사하면서 단원으로 일하는 젊은이들을 이끌었다. 도라지가무단은 우슈토베의 한 국영농장 소속이었다. 이밖에 폴리토트젤 집단농장의 문화궁전이 가무단을 재조직하려고 하였고, 한인들이 많은 여러 집단농장과 국영농장에서도 소규모 가무단이 예술활동을 전개하여 왔다.

(5) 문학활동

구 소련내 한인들의 문학활동은 극동 블라디보스토크의 신한촌 시절부터 시작되었으므로 우리 나라와의 어떤 접촉 없이 반세기가 훨씬 넘는 기간 동안 나름대로의 독특한 문학세계를 가꾸ㄱ 형성해왔다. 신한촌 시절의 연성용·채용·태장춘 등의 희곡작가아 조명희·조기천·한 아나톨리(Han Anatoliy)·김기철 등의 작가가 구 소련 극동지역의 한국문학을 창시한 사람들이다. 이들은 모두 한국에서 태어나 빈곤이나 정치적 이유로 새 삶을 찾아 그곳으로 이주했었다. 특히, 1920년대와 1930년대에 한국문학의 발전에 기여한 조명희의 공로는 주목할만하다. 한인들이 중앙아시아로 강제 이동된 뒤, 즉 1938년부터의 한국문학은 강태수·김광현·김기철·김남석·김두칠·김 보리스·김세일·김용택·김종세·김준·김증송·김 파벨(Kim Pavel)·남철·리 바실리(Li Vasiliy)·명철·박 미하일(Pak Mikhail)·박성훈·연성용·양원식·오 블라디슬라브(O Vladislav)·원일·이은경·이종희·임하·장윤기·전동혁·정상진·조정봉·주송원(Cu Aleksey)·차원철·최 예카테리나·한상욱·한 아폴론(Han Apollon) 등에 의해서 주도되어왔다. 구 소련내 한인작가들 중에서 가장 유명하며 소련 전역에 잘 알려져 있는 인기작가는 김 아나톨리이었다. 그는 1940년 카자흐공화국의 튜카바스에서 태어나 모스크바미술전문학교에서 공부하고 1971년 고리키문학연구소를 졸업하였다. 사할린에서 군복무중 시를 쓰기 시작해서 1964년 사할린의 ≪레닌의 길로≫ 신문에 두 편의 시를 발표하였다. 그 뒤 그는 주로 소설을 썼는데, 〈묘코의 들장미 Myoko's Sweet·Brier〉와 〈물색 Water Colour〉이 1973년 아브로라사(Avrora社)에서 출판되었다. 그는 러시아어로 작품을 쓰고 있다. 그의 작품은 1910년 이후 극동지역 한인들의 생활모습을 많이 다루고 있는데, 〈새벽의 오얏맛 The Taste of Blackthorn at Dawn〉이 그 대표적인 작품이다. 그의 단편집 ≪푸른 섬 The Blue Island≫(1976)과 ≪다람쥐 The Squirrel≫(1984)는 모스크바에서 간행되었고, 1987년에는 ≪바다의 신부 Bride of the Sea≫가 나왔다. 인간을 동물로 바꾸어 인간의 잔인한 성격을 보이려 한 ≪다람쥐≫는 그의 가장 성공적인 작품으로 초판 10만부가 불과 이틀 만에 매진될 정도였다. 1985년까지 11권의 작품집을 출간하였으며, 영어·독어·프랑스어 등 8개 국어로 번역되었다. 이밖에 부 블라디미르 니콜라예비치(PuVladimir Nikolayevich)가 투르크메니아 작가연맹의 제2서기로 일하면서 소설·수필·동화 등 많은 작품을 러시아어로 발표하였다. 한인작가들의 문학작품과 활동을 보면 몇 가지 경향이 드러난다. 소설에서는 레닌주의, 조국으로서의 구 소련, 제2차세계대전을 다룬 것과 극동 및 중앙아시아에서의 생활체험을 소재로 한 것이 주류를 이루고 있다. 그 다음 서정적인 작품이 약간 있으며 한국을 소재로 한 작품은 드물다. 시에서는 일상생활과 사회적·윤리적 문제를 다룬 작품과 서정시가 가장 많다. 중앙아시아의 자연과 생활, 소련과 제2차세계대전을 주제로 한 시도 적지 않았다. 반면 어린이를 위한 것이나 극동생활을 다룬 것은 얼마 되지 않는다. 발표지면은 거의 ≪레닌기치≫ 문예면에 국한되어 있고, 그래서 단편이라고는 하지만 그 분량이 매우 적다. 이러한 발표지면의 문제는 한인작가들의 노력에 의하여, 1982년 이래 알마아타에 있는 자주시(Zhazushy) 출판사가 한인작가의 작품을 매년 1권씩 한글로 간행하는 것으로 어느 정도 해소되었다. 그리하여 시선집 ≪해바라기≫(1982)와 연성용의 ≪행복의 노래≫ (1983), 김준의≪숨≫(1985), 김광현의 ≪싹≫(1986), 그리고 1987년에는 김기철의 ≪붉은별들이 보이던 때≫·≪금각만≫ 등의 단편집이 나올 수 있게 되었다. 그러나 발표지면과 출판횟수는 한인작가들의 문학활동에 여전히 미치지 못하고 있는 실정이다. 또한, 1990년대 이후 한국어교육이 제대로 시행되지 못해서 한글로 작품활동을 하는 젊은 문인들의 수가 점차 줄어가는 현상도 큰 문제로 지적되고 있다.

(6) 한국학연구

중앙아시아에 거주하는 한인들을 위한 한국어교육은 여러 가지 면에서 미흡하지만, 러시아의 한국학연구는 상당한 역사를 지니며 다방면에서 왕성하였다. 19세기 말엽 한국이 외세의 각축장으로 변하자 러시아도 여기에 가담하면서 한국연구에 관심을 기울이기 시작하였다. 그리하여 1899년 블라디보스토크에 극동대학교가 설립되어 한국연구가 개시되었다. 또한 러시아의 외교관·지리학자·과학자들이 뒷날의 한국학연구에 매우 귀중한 자료를 많이 남겨놓았다. 비추린(Bichurin,N.Y.)이 1900년에 저술한 ≪조선기술 朝鮮記述≫이나 쿠너(Kuner,N.V.)의 ≪조선입문≫같은 책이 그런 것으로서 은둔의 나라 한국을 이해하는 데 크게 기여하였다. 그러나 이들은 피상적이고 일반적인 사항의 서술에만 그쳐 학술적인 연구를 통한 독립된 학문으로 발전하지 못하였다. 또한, 1900년에는 러시아 재무성에서 1876년부터 1899년까지의 우리 나라 산업·풍속·교육·종교의 모습을 조사한 ≪한국지≫가 나왔다. 1917년 10월혁명 이후 소련의 한국학은 1917~1939년과 1945년 이후의 두 시기로 크게 나누어 살펴볼 수 있다. 첫째 시기에서는 홀로도비치(Kholodovich)가 레닌그라드에서 ≪한글사전≫을 펴내어 한국학의 기반을 마련한 시기로서 레닌그라드는 한국학연구의 중심지가 되었다. 이곳에서 한국의 독립운동과 혁명투쟁에 관한 저술들이 다수 출판되었다. 1939년 이후의 스탈린치하에서는 한국학연구는 사실상 중지상태에 놓여 있었다. 그러나 제2차세계대전이 종료되면서 레닌그라드의 동양학연구소가 모스크바로 옮겨지고, 그 뒤 1950년대 중반 스탈린격하운동 전개와 함께 한국학은 새로운 발전단계로 접어들었다. 스탈린이 죽은 뒤 1956년 2월 모스크바에서 열린 제20차공산당전당대회는 소련의 한국학연구에 중요한 전환점이 되었다. 소련과학원의 동양학연구소에 일본·한국학과가 새로 만들어진 것이다. 한국전문가를 양성하기 위해서 황동민이 한국어를 가르치게 되었고, 이로부터 한국학연구는 모스크바에서 본격적으로 진행된다. 현재 동양학연구소의 소장은 프리마코프(Primakov,J.)이며, 한국계의 게오르기 김(Georgiy,F.Kim)이 제1부소장을 맡고 있다. 이밖에도 ≪오늘의 아시아와 아프리카≫지의 총편집국장, 소일친선협회 중앙위원회 부회장 및 러시아동양학자연맹의 부위원장직도 겸직하고 있다. 동양학연구소 한국학과에는 한국역사를 전공하는 티아가이(Tiagay,G.)가 게오르기 김의 후임으로 한국학과 과장을 맡고 있고, 소련한국학의 '정신적 지주'로 불리는 카자케비치(Kazakevich, I.)·바닌(Vanin, Y.), 민속학전공의 자릴가시노바 등의 연구·교수진이 포진하고 있다. 이들은 모스크바대학에서 강의도 하면서 전공분야연구에 몰두하고 있다. 모스크바대학교의 아시아·아프리카대학에서도 한국학연구가 진행되고 있다. 이 대학 극동학부 부장인 한인 박준호가 한국사연구에 전념하고 있다. 1918년 블라디보스토크 태생인 그는 1941년 모스크바대학 역사·철학·문학부를 졸업하고 1947년 석사학위를 받은 뒤 같은 대학에서 강의하면서 한국사연구를 시작하였다. 1961년에는 박사학위를 받았고 1971년 이래 극동학부의 부장으로 일하고 있다. 그의 ≪삼국사기≫ 역주작업은 주목할만하다. 그는 1955~1959년 사이에 〈신라본기와 사회경제 제문제〉라는 서문을 붙여 〈신라본기〉 12권을 제1부로 완역하였다. 1980~1985년 사이에는 〈역사가로서의 김부식〉이라는 논문과 〈고구려본기〉 10권, 〈백제본기〉 6권, 연표·해설 등으로 짜여진 제2부를 완성하여 1988년에 출판하였다. 제3부 〈삼국사기 지(誌)〉는 1990년대에 작업 중에 있었으나 출판여부는 알려져 있지 않다. 그는 한국사연구 업적으로 재소 한인학자로서는 처음으로 소련과학원 정회원이 되었다. 레닌그라드의 러시아과학원 동양학연구소에서도 한국학연구는 활발하였다. 이 연구소는 1918년 동양고전 필사본을 보관하는 박물관으로 출발하였으나, 그 뒤에 연구소로 발전하였고, 1956년부터는 모스크바 소재 동양학연구소 지부로서 운영되었다. 이 연구소에 소속되어 있는 트로체비치(Trotsevich,A.F.)와 니키티나(Nikitina) 두 여교수는 언어학자 홀로도비치의 제자들이다. 트로체비치는 1969년 〈춘향전〉을 번역하였고 1975년 ≪한국중세전기문학≫을 펴냈으며, 1985년에는 〈인현왕후전〉·〈창선감의록〉·〈구운몽〉 등의 한문본을 러시아어로 번역하여 레닌그라드에서 ≪선행과 축복받은 사람들의 주해(註解)≫라는 제목으로 출판하였다. 니키티나는 〈홍길동전〉을 번역하였고, 1982년에는 7~10세기 신라시대의 시를 다룬 ≪제사의식과 신화에 관련된 한국고대시≫를 저술하였으며, 향가의 연구에도 크게 기여하였다. 이 연구소의 희귀본도서관은 동양 22개국의 70개 언어로 쓰여진 100만권의 장서를 자랑하고 있다. 그 중 한국서적으로 250권의 필사본이 보관되어 있다. ≪동의보감≫, 15세기의 ≪동문선≫ 26권, 그밖에 칠언절구·칠언율시·오언절구 등의 한시 46권(130부)등이 포함되어 있다.

한편, 레닌그라드 소재 러시아과학원 민족학대학에서는 한국문화 및 민속학에 관한 연구가 활발하게 전개되고 있다. 이오노바(Ionova)가 1982년 모스크바에서 출판한 ≪한국의 풍습과 그 사회적 역할≫은 그 좋은 예이다. 이밖에도 한국문학을 번역하여 소련에 소개함으로써 한국문학연구에 공헌한 사람들이 있었다. 박일은 1962년 김소월의 시집 ≪진달래꽃≫을 러시아어로 번역, 출간하여 소련에 널리 소개하였다. 조브티스(Zhovtis,A.L.)는 박일의 번역작품에 매혹되어 한국의 시문학을 번역하기 시작하였다.

그는 한국어를 모르는 형편이면서도 박일 및 여러 한국학자들의 도움을 받아 김삿갓·박인로·정철 등의 고전시와 재소한인시인들의 작품을 러시아어와 우크라이나어로 옮겼다.

(7) 유 물

러시아 내의 한국유물 수집과 소장은 상당히 오랜 역사를 가지고 있다. 1884년 조선주재 러시아공사로 온 베베르가 민비로부터 받은 찻잔·찻잔받침대·도자기 등 270여점이 그 시초였다. 이 유물들은 레닌그라드 소재 민족지학 및 인류학 박물관에 소장되어 있다. 이밖에도 자개패물함·고려자기·한복 등을 포함하여 수집품은 2,000점에 이르고 있다. 1957년 북한에서 보낸 병풍도 여기에 소장되어 있다. 그러나 실제로 전시되어 있는 것은 100여점에 지나지 않는다. 모스크바의 국립동양미술박물관을 비롯하여 키예프·타슈켄트 등지의 박물관에도 한국유물이 다소간 소장되어 있다. [24]

---

24) 참고문헌

『재소한국인의 사적 고찰』(현규환, 1972)
『소련정치론』(김학준, 일지사, 1976)
「한국이민사」(이구홍, 『중앙신서』 53, 1979)
『열강의 동아시아정책』(최문형, 일조각, 1979)
『소련과 한국문제』(김연수, 일념, 1986)
Korea in Soviet East Asian Policy(Kim Hakjoon, Seoul, Kyunghee University Press, 1986)
Koreans in the Soviet Union(Suh Dae·Sook ed., Center for Korean Studies, University of Hawaii No.12, 1987)
『소련의 고려사람들』(신연자, 동아일보사, 1988)
『신소련정치론』(안택원, 박영사, 1987)
『소련』 -그 열정과 좌절-(안택원, 인간사랑, 1989)
『러시아 사(史)』(김학준, 대한교과서주식회사, 1991)
『The World In 1992』(신한종합연구소, 고려원, 1991)
『북방경제』(대외경제정책연구원 북방지역센터, 1992)
『사할린의 한 6』(三品英彬, 김종필 역, 도서출판 인간, 1982)
『日本外交文書』(日本國際聯合協會, 日本外務省編纂, 1959)
American Russian Rivalry in Far East 1895~1914(Zabriskie. E. H., Philadelphia, 1946)
The Rise of Russia in Asia(Dallin. D. J., New Haven, 1949)
The People of the Soviet Far East(Kolarz. W. , N. Y., 1954)
Russian Far Eastern Policy 1881~1904(Malozemoff. A., Berkerly, 1958)
A Century of Russian Foreign Policy 1814~1914(Jelavich. B., Philadelphia and New York, 1964)
Aspekte der koreanisch·russischenZweisprachigkeit:Studien zur Gruppenmehr· sprachigkeit der Koreaner in Sowjet Union(Haarmann. H. Hamburg, 1981)
U. S. S. R.:A Concise History 4th ed(Basil Dmytryshyn, Charles Scribner's Sons, New York, 1984)
An Introduction to Soviet Korean(King J. R. P. -Harvard University, 1987)
「소련의 한국인을 찾아」(김규택, 『샘터』 156·157·158호, 1983)
Europe and China (Martens. T. ed., The Chinese Social and Political Science Review Vol. XVI No.2, July. 1932)
Russian Documents Relating to Sino·Japanese War 1894~1895(Waber. B. G. &Dimant. S. R. ed., The Chinese Social and Political Science Review Vol. XVII No.3, Oct. 1933)
First Steps of Russian·Imperialism in Far East 1888~1903(Popov. A. L. & Dimant. S. R. ed., The Chinese Social and Political Science Review Vol. XVIII No.2, July. 1934)
On the Eve of theRusse·Japanese War 1900. 12.~1902. 1.(Waber. B. G. & Dimant. S. R., The Chinese Social andPolitical Science Review Vol. XVIII No.4, Jan. 1935)
Korea·town in Tashkent(Kim Kyu·thaik, Korea Journal Vol.18 No. 9, 1978)
Koreans in Soviet Central Asia(Songmoo Kho, Helsinki, Studia Orientalia Vol.61, 1987)
The Modern Encyclopedia of Russia and Soviet History(Joseph. H. Wieczynski. ed. -Gulf Breeze, Florida;Academic International Press, 1985)

2014 북유럽여행 (전일정 요약) 6. 20부

Departure time	Arrival time	voucher	Seoul	Doha	copen hagen	Oslo	Stock holm	Hel sinki	Sankt Petersburg	Moskva	Doha	Seoul	Sao Paulo
			0	-6	-7	-7	-7	-6	-5	-5	-6	0	-12

날자 Date	요일 day/w	출발 Depatu-r	도착 Arrival		출발지 Departure	도착지 Arrival	교통편 Trans portation	숙박 Hotel /	조 식 Break fast	중 식 Lunch	석 식 Dinner		야 식 혈압약	비고 reservation waiting / voucher / confirm etc.
6/24	화	19:30	21:30		집	인천	리무진		-	-	-		루페인	Incheon airport
6/25	수	01:30	05:25	9h 55m	인천	도하	Qatar air		기내식				비타민	QR859Flighttime 09H 55M Incheon airport Terminal No.: to:Doha airport
		08:20	13:35	6h 15m	도하	코펜하겐	Qatar air			기내식				AY783Flighttime 06H 15M Doha airportTerminal No.:to: copen hagen airport
		15:00	19:00		코펜하겐투어			코펜하겐 1박			현지식		wine	코펜하겐 시청사 (copenhagen city hall)안데르센 동상 인어공주 동상 아말리엔보그 성 [외관]뉘하운
6/26	목	09:00	12:00		코펜하겐투어				호텔					게피온의 분수 크리스티안보르 궁전(외관)
		13:00	14:00	1h 00m	코펜하겐	헬싱괴르	전용버스			중국식				
		14:00	15:00		헬싱괴르투어									크론보그 성 (외관)
		15:00	15:30	half 1h	헬싱괴르	헬싱보리	배편:페리							
		15:30	19:00	3h 30m	헬싱보리	예테보리	전용버스	예테보리 1박			현지식		soju	
			22:00										beer	벨기에 전 (Sao Paulo = 17:00)
6/27	금	09:00	13:30	4h 30m	예테보리	오슬로	전용버스		호텔					
		14:30	15:30		오슬로 투어					한식				오슬로 시청사 (외관). 카를 요한스 거리 (차창). 바이킹 박물관(내부). 비겔란 조각공원
		15:30	19:30	4h 00m	오슬로	게일로 도착	전용버스	게일로 1박			현지식			
6/28	토	09:00	12:00		하당에르	베르겐 도착	전용버스		호텔					하당에르 피요르드
		13:00	14:00		베르겐	보스	전용버스			한식				
		15:00	19:00		보스플롬열차	래르달	플롬열차	래르달 1박			현지식			
6/29	일	09:00	11:00		래르달	피얼란드	배편:페리		호텔					송네피요르드
		11:00	14:00		피얼란드	헬레쉴트	전용버스			현지식				● 뵈이야 빙하 (boya breen) ● 빙하 박물관 (.) 관람
		14:00	15:00	40m	헬레쉴트	게이랑에르	배편:페리							게이랑에르 피요르드 (geiranger fjord) 페리 탑승
		15:00	19:00		게이랑에르	오따	전용버스	오따 1박			현지식			신부의 면사포와 같다는 게이랑에르 칠자매 폭포 관광
6/30	월	09:00	11:00	2h 00m	오따	릴리함메르	전용버스		호텔					
					릴리함메르					현지식				올림픽 시설 (스키 점프대)- 994년 동계 올림픽 개최지
		14:00	19:00	5h 00m	릴리함메르	칼스타드	전용버스	칼스타드 1박			중국식			22:00 16강전 (Sao Paulo = 17:00)
7/01	화	09:00	13:00	4h 00m	칼스타드	스톡홀름	전용버스		호텔					
		14:00	17:00		스톡홀름투어					한식				● 스톡홀름 시청사 [외부]● 감라스탄● 대성당 ● 바사호 박물관 [내부]
		18:00	-		스톡홀름	투르쿠	유람선	실자라인 1박			선상식			실자라인 1박 [silja-line] 22:00 16강전 (Sao Paulo = 17:00)
7/02	수	09:00	11:00	2h 00m	투르쿠	헬싱키	전용버스		선상					
		11:00	13:00		헬싱키 투어					중국식				● 시벨리우스 공원 ● 헬싱키 대성당 및 원로원 광장 (senate square) ● 암석교회 ● 마켓광장
		13:00	21:00	7h 30m	헬싱키	S.페테스부르크	기차	S.페테스부르크			도시락			
7/03	목	09:00	10:30	1h 30m	S.페테스부르크	외곽이동	전용버스		호텔					
		10:30	18:00		S.페테스부르크					한식	현지식			● 여름궁전 [외부] 및 분수정원 ● 에르미타쥐 국립 박물관 (hermitage museum) : (겨울궁전)
7/04	금	09:00	16:00		S.페테스부르크				호텔	중국식				● 페트로파블로프스키 요새● 피의 사원 [외관]● 카잔 성당 [외관]● 넵스키 대로 (nevskii prospekt) ● 성 이삭 성당 [외관]● 청동기마상 ● 구(舊) 해군성
		16:00	17:15	1h 15m	S.페테스부르크	모스크바	러시아항공	모스크바 1박			도시락			
7/05	토	09:00	16:55		모스크바투어		전용버스		호텔	중식				● 크레믈린궁 (kremlin) [내부](12사도 사원 (twelve apostles catedral) , 황제의 대포 (cannon of emperor) , 이반 대제의 종루 (tower of ivan), 황제의 종 (bell of emperor) , 우스펜스키 사원 (uspenskin katedraali) ● 붉은 광장 (krasnaya ploshchad) ● 성 바실리 성당 (st.basil cathedral) [외관]● 굼 백화점 (gosudarstvenny univermag in moscow) - 러시아의 국영 백화점 ● 무명용사의 묘 (unknown soldiers tombs)
		19:55	00:05		모스크바	도하	Qatar air				기내식			QR 230 Flighttime 05H15M Moskva airport Terminal No.:- to:Doha airport
7/06	일	01:15	16:00		도하	인천	Qatar air		기내	기내	-			QR 858 Flighttime 09H00M Doha airport Terminal No.:- to: Incheon airport

2014 북유럽여행 세부일정 및 계획

Date	day of week	Departure time	Arrival time			Departure	Arrival	Trans - portation		price			Hotel /	etc.
날자	요일	출발	도착		투어 도시	출발지	도착지	교통편		단가	합계금액	소요시간	항목	비고
6/24	화	06:30	09:30			집	인천	리무진						Incheon airport meeting
6/25	수	01:30	05:25			인천	도하	Qatar air						QR859Flighttime 09H55M Incheon airport Terminal No.:- to:Doha airport
		08:20	13:35			도하	코펜하겐	Qatar air			-			AY783Flighttime 06H15M Doha airport Terminal No.: to: 코펜하겐 airport
					입국수속									
					● 코펜하겐 시청사 (copenhagen city hall) & 안데르센 동상 									: 도시 중심이 되는 거대한 광장 시청 앞 광장
					● 인어공주 동상 									: 안데르센 동화 인어공주 에서 모티브를 얻어 제작된 동상으로 코펜하겐의 상징물로 수많은 관광객들이 찾고 있다.
					●아말리엔보그 성 [외관] 									: 마르그레테 여왕이 사는 곳이자 매우 검소한 궁전으로 위병들이 서 있지 않다면 궁전임을 알 수 없는 소박한 궁전
					● 뉘하운 									: 운하를 따라 이어지는 형형색색의 아기자기하고 아름다운 건물 감상
		19:45	20:45		호텔이동									

6/26	목				**코펜하RPS**									
		07:00			기상 / 조식									코펜하겐 호텔 조식 후
					● 게피온의 분수 									:북유럽 신화에 나오는 황소 4마리와 그것을 몰고 있는 덴마크의 수호신 게피온 여신의 역동적 조각상 분수
					● 크리스티안보르 궁전 [외관] 									: 현재 여왕의 알현실로 사용되고 있는 성으로 국회의사당, 박물관으로 사용되고 있다.
					중식 후 헬싱괴르 이동 헬싱괴르 헬싱괴르 도착									◆이동소요시간◆【코펜하겐- 헬싱괴르 : 약 1시간 소요】
					●크론보그 성 [외관] 									: 셰익스피어 작품 햄릿의 배경이 된 곳으로 햄릿성이라고도 불린다.
					헬싱괴르-헬싱보리 선편을 이용하여 이동 헬싱보리 헬싱보리 경유하여 예테보리 예테보리 도착									◆이동소요시간◆ 【헬싱괴르-헬싱보리 : 약 30분 소요(페리)】 【헬싱보리-예테보리 : 약 3시간 30분 소요】
														호텔 체크 인 및 투숙 [HOTEL] 스캔틱 바크달 호텔 (46-31-7515000) [HOTEL] 현지숙박

날자	요일	출발	도착		투어 도시	출발지	도착지	교통편		단가	합계금액	소요시간	항목	비고
6/27	금				**예테보리 / 오슬로 / 게일로**									
					기상 / 호텔조식					€	₩			숙박에 포함
														예테보리 호텔 조식 후 노르웨이 수도 오슬로 이동 오슬로 오슬로 도착 후 시내관광 ◈이동소요시간◈ 【예테보리- 오슬로 : 약 4시간 30분 소요】
					 ● 오슬로 시청사 [외관] 									: 오슬로시 창립 900주년 기념하여 만든 시청사로 노벨평화상 시상식이 열리는 곳
					● 카를 요한스 거리 [차창] 									:오슬로의 대표적인 번화가. 오슬로 중앙역에서 왕궁까지 이어지는 오슬로의 명동
					● 바이킹 박물관 [내부] 									: 피오르드에서 발굴한 실물 바이킹을 전시해 놓은 선박 박물관
					● 비겔란 조각공원 									: 세계적인 조각가 구스타브 비겔란의 작품으로 꾸며진 아름다운 공원
					게일로 이동									◈이동소요시간◈ 오슬로-게일로 약 4시간 소요】 ※ 공지사항

													1. 노르웨이 피요르드 구간은 현지 가이드 아닌 동행하는 북유럽 전문 인솔자의 안내로 진행됩니다. 2. 노르웨이 피요르드 구간에 갑작스런 교통 사정 및 도로 문제로 인해 일정이 현지에서 갑작스럽게 변경될 수 있으며 이는 천재지변으로 별도의 보상은 없습니다.
					게일로 게일로 도착하여 호텔 체크 인 및 투숙								※ 참고사항! ① 현지 사정에 따라 게일로 아닌 다른 곳에서 숙박하실 수 있습니다.
													[HOTEL] **유스트달렌 호텔** (+47-3209-6700) [HOTEL] **바르돌라 호텔** (+47-32-094100)

날자	요일	출발	도착		투어 도시	출발지	도착지	교통편		단가	합계금액	소요시간	항목	비고
6/28	토				게일로 / 보스 / 플롬 / 래르달									
					기상 / 호텔조식									
					베르겐 이동									게일로 호텔 조식 후 하당에르 피요르드 바라보며 베르겐 이동하여 시내관광
					● 브뤼겐 									: 노르웨이의 제 2의 도시로 중세모습을 그대로 보존하고 있는 아름다운 도시
					● 어시장 									: 아름다운 베르겐 항구 앞 광장에 펼쳐진 어시장
					보스로 이동									
					보스									보스 도착하여 플롬열차 탑승
					● 보스-뮈르달-플롬 구간의 로맨틱 열차 (flamsbana) 에 탑승 									보스-뮈르달-플롬 구간의 로맨틱 열차 (flamsbana) 에 탑승하여 폭포 및 대자연을 감상 (열차운행시간 및 예약 상황에 따라 로맨틱열차 탑승 구간과 시간이 변경될 수 있습니다.)
					● 효스 폭포 (kjos fossen)									- 열차가 해발 670m 에 위치한 전망대에 정차하면 굉음과 함께 쏟아져 내리는 폭포의 웅장함과 관광객을 위해 노르웨이 전통의상을 입은 요정차림의 무희가 나와 짧은 공연을 감상할 수 있다. (현지 사정 및 기후에 의해 무희가 나오지 않을 수 있습니다)
					플롬 도착하여 래르달 이동									
					래르달 도착 호텔 체크 인									HOTEL] 래르달 호텔 (+47 57 66 77 00) [HOTEL] 린드스트롬 호텔 (+47-57-66-69-00)
날자	요일	출발	도착		투어 도시	출발지	도착지	교통편		단가	합계금액	소요시간	항목	비고

6/29	일				래르달 / 피얼란드								
					기상 / 호텔조식 / 체크아웃					€	₩		래르달 호텔 조식 후 송네피요르드(만힐러-포드네스) 페리 이동
					● 뵈이야 빙하 (boya breen) 								- 세계에서 가장 크고 오래된 빙원을 자랑하는 푸른 빙하라 불리는 요스테달 빙원의 한 자락인 빙하 관광
					● 빙하 박물관 (.) 관람 								- 빙하의 생성과정을 전시하고 있으며 거대하고 광할한 빙하의 전경 촬영한 영화 관람
					아름다운 피요르드 마을인 헬레쉴트 이동								헬레쉴트 게이랑에르 피요르드 (geiranger fjord) 페리 탑승
					헬레쉴트 게이랑에르 피요르드 (geiranger fjord) 페리 탑승								
					게이랑에르								
					● **게이랑에르 피요르드** 								유람선 (게이랑에르-헬레쉬트 구간) 탑승하여 피요르드 유람 【약 40분 소요】 ※ 참고사항! ① 기상관계로 도로 사정상 게이랑에르 유람선 구간 변경 및 일정 제외가 될 수 있습니다. ② 게이랑에르 피요르드는 5월 중순 이후 open, 8월 중순 closed 예정이며 이 또한 현지 상황 (교통사고, 도로 유실)에 따라 변경될 수 있습니다. 출발시까지 오픈이 안 될 경우 게이랑에르 피요르드 페리가 아닌 송네 피요르드 페리 (구드방겐-플롬)으로 대체됩니다.
					● 게이랑에르의 자매 폭포								신부의 면사포와 같다는 게이랑에르의 하이라이트인 칠자매 폭포 관광
													오따 이동 오따 오따 도착하여 호텔 체크 인 및 투숙
					오따								[HOTEL] **페포르 호텔** (29-33-00) [HOTEL] **론다네 스파 호텔** (+45-61-20-9090

날자	요일	출발	도착		투어 도시	출발지	도착지	교통편		단가	합계금액	소요시간	항목	비고
6/30	**월**				**오따 / 릴레함메르 / 칼스타드**									
					기상 / 호텔조식 / 체크아웃									
					오따 호텔 조식 후 1994년 동계올림픽 개최지인 릴레함메르 이동									◈이동소요시간◈【오따-릴레함메르 약 2시간 소요】
					● 올림픽 시설									(스키 점프대) - 1994년 동계 올림픽 개최지로 개막식을 했던 경기장 조망
					칼스타드 이동 칼스타드 칼스타드 도착 호텔 체크 및 투숙									◈이동소요시간◈【릴레함메르-칼스타드 약 5시간 소요】
														HOTEL] 스칸딕 클라랄벤 호텔 (+46 54 776 45 00) [HOTEL] 베스트 웨스턴 구스타프 프뢰딩 (+46-546-700-00)
날자	요일	출발	도착		투어 도시	출발지	도착지	교통편		단가	합계금액	소요시간	항목	비고
7/01	화				**칼스타드 / 스톡홀름**									
					기상 / 호텔조식 / 체크아웃									
					● 스톡홀름 시청사 [외부]이  다.									: 중앙역 근처의 아름다운 호반에 접해있는 시청사는 스톡홀름을 대표하는 건축물로 1911년에 착공하여 1923년에 완공되었으며 공공기관이라기 보다는 궁전같은 느낌을 주는 우아한 건물
					● 감라스탄 									: 오래된 건물이 즐비한 구시가지로 많은 사람들이 가장 인상 깊은 곳으로 꼽는 곳이다. 구불구불 이어진 골목 사이를 돌아다니다 보면 마치 16세기 유럽의 어느 마을 속으로 들어간 듯하다
					● 대성당									: 스톡홀름에서 가장 오래된 유서깊은 교회
					● 바사호 박물관 [내부] 									: 스웨덴에서 가장 오래된 구스타프 2세 시대의 전함 바사호가 전시되어 잇는 바사호 박물관
					선착장으로 이동									이동소요시간◈【칼스타드-스톡홀름: 약 4시간 소요】◆ 실자라인[silja-line] 이란?

날자	요일	출발	도착		투어 도시	출발지	도착지	교통편		단가	합계금액	소요시간	항목	비고
					호화 유람선 실자라인 탑승하여 헬싱키 향발									스웨덴과 핀란드를 연결하는 대표적인 유람선인 세레나데호와 심포니호는 총 길이가 200m 이상이며 너비는 31.5m이고 2,700개의 침대를 갖춰 2800여명의 승객을 태울수 있다. 배안에는 작은 마을을 옮겨 놓은 듯하며, 5.6.9.11 층은 객실이고 지하를 비롯하여 면세점, 카지노등 각종 식당 및 상가가 즐비하게 들어서 있다. 12층과 13층에는 핀란드식 사우나를 비롯해 나이트 클럽과 넓은 갑판이 있다.
														[HOTEL] 실자라인 ()
날자	요일	출발	도착		투어 도시	출발지	도착지	교통편		단가	합계금액	소요시간	항목	비고
7/02	수				**투르쿠 선상 조식 후 하선하여 헬싱키 이동 헬싱키 (helsinki)**									◈이동소요시간◈ **【**투르크-헬싱키 약 2시간 소요**】**
					기상 / 호텔조식									
					● 시벨리우스 공원 									: 핀란드를 대표하는 작곡가로 유명한 시벨리우스의 기념비가 있는 공원
					● 헬싱키 대성당 및 원로원 광장 (senate square) 									: 헬싱키의 상징이라고 할수있는 건물이며, 핀란드 루터파 교회의 총본산
					● 암석교회 									:천연 바위산 안으로 파고 들어가 만든 독특한 형태의 교회로 지금은 가장 아름다운 교회지만 건설 당시엔 예산부족을 해결하기 위한 대안으로 등장한 것이 바로 이 암석교회이다. [※공사중 또는 내부행사가 있을 경우 내부입장이 어려울 수 있습니다.]
					● 마켓광장 									과일과 채소를 판매하는 노점상들을 볼 수 있는 시장 [※ 현지 사정으로 마켓광장이 열리지 않을 수 있습니다]
					러시아의 상트페테르부르크 이동									◈이동소요시간◈ **【**헬싱키-상트페테르부르크 약 7~8시간 소요**】**
														[HOTEL] 포르스트로브 호텔 (+7 (812) 540-3006)

날자	요일	출발	도착		투어 도시	출발지	도착지	교통편		단가	합계금액	소요시간	항목	비고
7/03	목				**상트 페테르부르크**									
					기상 / 호텔조식 / 체크아웃					€	₩			
					호텔 조식 후 외각도시로 이동 (약 1시간 30분 소요									
					● 여름궁전 [외부] 및 분수정원 : 									피터대제의 별궁인 여름 궁전 및 화려하고 아름다운 분수정원 관람 ※ 참고사항! ① 여름궁전 분수는 5월 중순~9월 말까지만 가동되며 이 기간과 그 외의 갑작스러운 정기점검시 다른 관광지로 대체될 수 있습니다
					● 에르미타쥐 국립 박물관 (hermitage museum) : 									세계 3개 박물관 중 하나인 에르미타쥐 박물관 (겨울궁전) ▶ 에르미타쥐 박물관 [hermitage] - 세계적으로 귀중한 가치를 지닌 역사적, 예술적 전시품들을 모아놓은 러시아 최고의 박물관으로 루브르 박물관, 대영박물관과 더불어 세계 3대 박물관으로 꼽힌다. 1764년 예카테리나 2세가 미술품을 수집한 것이 에르미타쥐의 기원이 되었으며 미술품 수집을 상당히 좋아했던 그녀는 자신이 수집한 미술품들을 따로 보관하기 위해 겨울 궁전 옆에 별관을 세웠으며 이 건물의 에르미타쥐라고 명명하였다. 이 곳에 소장된 300만점 이상의 작품 중에는 레오나르도 다빈치, 라파엘로, 미켈란젤로, 렘브란트, 루벤스, 피카소 등 세계적으로 유명한 예술가들의 작품들이 포함되어 있다.
														폴루스트로보 호텔 (+7 (812) 540-3096) **[HOTEL] 바르돌라 호텔 (+47-32-094100)**

날자	요일	출발	도착		투어 도시	출발지	도착지	교통편		단가	합계금액	소요시간	항목	비고
7/04	금				**상트페테르부르크**									
					기상 / 호텔조식									호텔 조식 후 상트페테르부르크 시내관광
					● 페트로파블로프스키 요새 									: 표트르 대제가 러시아를 지키기 위해 건설한 요새
					● 피의 사원 [외관] 									: 19세기 말 알렉산드르 2세 황제가 암살당한 곳에 세워진 피의 구원을 얻고자 세워진 사원
					● 카잔 성당 [외관]									: 바티칸의 성 베드로 성당을 모델로 10여년간 건설한 성당

					● 넵스키 대로 (nevskii prospekt)									: 도로의 길이가 4.5km의 상트페테르부르크의 최대 번화가
					● 성 이삭 성당 [외관] 									: 세계에서 세번째로 큰 러시아 최고의 성당
					● 청동기마상									: 데카브리스트 광장에 있는 예카쩨리나 여제가 자신이 표트르 대제의 적통임을 알리기 위해 세운 상
					● 구(舊) 해군성									: 러시아 해군의 관리본부로 70미터 이상의 화려한 첨탑을 볼 수 있다
														러시아항공 : LED(상트페테르부르크 출발)-SVO(세레메티예보 도착)
														[HOTEL] 이즈마일로보 알파 호텔 (095-166-0163) [HOTEL] 이즈마일로보 감마 호텔 (095-166-0163)

날자	요일	출발 시각	도착 시각		투어 도시	출발지	도착지	교통편		단가	합계금액	소요시간	항목	비고
7/05	토				**모스크바**									
					기상 / 호텔조식					€	₩			
					●크레믈린궁 (kremlin) [내부]					€	₩			- 모스크바의 상징으로 대통령 관저가 있는 궁 (12사도 사원 (twelve apostles catedral) , 황제의 대포 (cannon of emperor) , 이반 대제의 종루 (tower of ivan), 황제의 종 (bell of emperor) , 우스펜스키 사원 (uspenskin katedraali) 등)
					우스펜스키 사원 (uspenskin katedraali) 									
					● 붉은 광장 (krasnaya ploshchad) 					€	₩			- 구소련 시절 각종 기념일 식전이 열렸던 곳
					● 성 바실리 성당 (st.basil cathedral) [외관]					€	₩			- 모스크바의 화려하고 웅장한 러시아 교회 건축의 백미로 알려진 곳

					● 굼 백화점 (gosudarstvenny univermag in moscow) 					€	₩			- 러시아의 국영 백화점
					● 무명용사의 묘 (unknown soldiers tombs) 					€	₩			
														공항으로 이동
		19:55	00:05		Moskva airport Terminal No.:	모스크바	도하	항공			-			QR 230 Flighttime 05H15M Moskva airport Terminal No.:- to:Doha airport
날자	요일	출발 시각	도착 시각		투어 도시	출발지	도착지	교통편		단가	합계금액	소요시간	항목	비고
7/6	일	01:15	16:00		Doha airport Terminal No.:	도하	인천	항공			-			QR 858 Flighttime 09H00M Doha airport Terminal No.:- to: Incheon airport